personality and communication

인성과 의사소통

금진호 최혜경 박경미 최성규 김향남 배상정 공저

양 성 원

오늘날 성공하고 행복한 사람들의 공통점은 무엇일까? 그것은 바로 자신의 이익을 넘어 타인과 세상을 위해 의미 있는 일을 하고 있다는 점이다. 이는 남을 밟고 올라서는 성공이 아닌 타인과 더불어 새로운 가치를 만들어내는 성공이 필요함을 보여준다. 이처럼 협력과 집단지성이 중요한 시기에 인성은 자신을 조율하고 타인과 함께 살아갈 수 있는 실력이자 능력으로서 성공과 행복의 밑거름이다.

인성에 필요한 요소들은 시대가 변해도 다르지 않다. 대학에서 배우는 교양과목과 전공과목 외에 인성이라는 지식이 아닌 정신적 빈곤을 채워주는 것이며, 사람의 본질임을 가르쳐야 한다. 저자들은 이처럼 지식 습득과 인성을 나누어 생각하는 우리 사회의 시각을 바로잡고자 '인성'을 강조하며 나와 타인에게 올바른 행동과 바람직한 행동을 하여야 한다.

사회가 발전하면서 나타나는 각종 사회 문제와 개인의 문제 중에는 인성의 부족으로 인하여 일어나는 것이 많다. 폭력, 왕따, 성적 차별, 사회적 차별, 우월감, 열등감 등과 같은 인성의 부재 현상은 어제, 오늘의 일이 아니며, 이러한 점에서 우리 사회는 인성의 필요성을 절감하고 있다. 최근 들어 OECD와 같은 국제기구에서도 미래사회의 핵심 역량으로 타인과 잘 지내는 능력, 민주시민의식과 같은 사회적이고 협력적인 역량을 중요한 능력으로 설정하고, 이를 향상하기 위한 노력을 많이 하고 있다.

우리는 지금 플랫폼 시대에 살고 있다. 페이스북, 아마존, 구글은 대표적인 플랫폼 기업이다. 인터넷 발달은 온라인 플랫폼 시대를 열었다. 수요자와 공급자를 연결해서 새로운 부가가치를 창출하는 플랫폼이다. 이곳에서 원하는 물건을 구매하고, 원하는 서비스를 찾는데 이는 디지털로 연결(소통)하는 시스템을 보여준다. 제4차 산업혁명(Industry 4.0)은 이미 대세를 이루고 있는데 이러한 흐름을 읽어내는 초연결(소통 역량)이 플랫폼 시대의 핵심이다.

사람에 대한 면에서도 의사소통능력은 올바른 인성을 표출하는 기본적인 수단이자 도구다. 직업에서 요구하는 능력은 크게 직무능력과 직업기초능력으로 구분할 수 있다. 직업기초능력은 직무를 수행하는데 필요한 기본적이고 공통적인 직업능력으로, 모든 유형의 직무를 수행하는데 기초가 되는 능력을 포함한다. NCS에서는 우리나라 직업인들에게 공통으로 요구되는 10가지 직업기초능력을 선정하고 이들 직업기초능력을 개발하기 위해 대학에서 교육하도록 하였다. 이 교재는 사람의 인격과 가치를 올바르게 세우는 기본적인 인성과 의사소통능력의 내용을 다루고 있다.

집필 과정에서 NCS 학습 모듈의 목표를 달성할 수 있도록 주요 내용을 반영하였고 이와 함께 학습 목표와 연계된 주제와 내용을 보완하여 직업현장에서 요구하는 의사소통능력을 습득할 수 있도록 하였다. 이 책에서는 직업과 사회적 측면에서 피할 수 없는 주제인 의사소통능력을 다루며 여기에 가치를 더하는 인성에 대한 다양한 내용과 방법을 통해 올바른 가치관을 세우고자 제시하였다.

집필진들은 사회와 대학에서 다양한 경험들을 토대로 인성과 의사소통에 대한 지식과 실제 사례, 핵심적인 내용을 알기 쉽게 구성하였고 누구나 피할 수 없는 취업에 대한 준비를 통해 다가올 미래를 준비할 수 있을 것이다. 아무쪼록 본 교재를 통해 이 땅의 젊은이들이 더 높고 원대한 희망과 비전, 그리고 인성에 대한 자존감을 높이길 바란다.

2021년 2월

연구실에서 늦은 밤, 저자 일동

Contents

■ 머리말 / 3

chapter 01 살아 있는 인성 / 9

1. 인성의 중요성 ············ 11
2. 인성의 구성요소 ············ 18
3. 인성이 실력 ············ 24

chapter 02 직업과 인성 / 27

1. 직업이란 ············ 29
2. 직장(직업)과 인성 ············ 31
3. 직장생활에 필요한 인성 ············ 36

chapter 03 사회와 인성 / 51

1. 사회생활과 인성 ············ 53
2. 정직한 사회, 공정한 사회 ············ 57
3. 사회생활에 필요한 인성 ············ 62

chapter 04 살아 있는 의사소통 / 75

1. 살아있는 의사소통이란 무엇인가 ············ 77
2. 현대사회와 의사소통 ············ 84
3. 인간관계와 의사소통 ············ 92

chapter 05 효율적인 의사소통 / 101

1. 열린 마음, 자기개방 ········ 103
2. 느낌 메시지, 지각확인 ········ 112
3. 대화의 시작, 공감 ········ 120

chapter 06 문서를 통한 의사소통 / 133

1. 문서의 이해 ········ 135
2. 문서의 작성 ········ 142
3. 현대사회에서의 글쓰기 ········ 150

chapter 07 회의와 의사소통 / 155

1. 비즈니스 회의와 소통 ········ 157
2. 비즈니스 회의 ········ 160
3. 효율적인 비즈니스 회의진행 ········ 166
4. 비지니스 회의와 소통(비대면 방식) ········ 168

chapter 08 경청과 의사소통 / 179

1. 경청과 소통의 개념과 중요성 ········ 181
2. 경청과 소통의 훈련 ········ 190
3. 경청과 소통 능력(비대면 방식) ········ 195

chapter 09 질문과 의사소통 / 199

1. 질문과 피드백의 의미와 중요성 ······ 201
2. 질문의 유형과 유의점 ······ 204
3. 피드백의 유형과 요령 ······ 208

chapter 10 협력과 의사소통 / 219

1. 협력 ······ 221
2. 소통 ······ 224
3. 의사소통 ······ 227

chapter 11 의사표현과 의사소통 / 237

1. 대화하기 ······ 239
2. 나 - 메시지 ······ 249

chapter 12 프레젠테이션과 의사소통 / 255

1. 프레젠테이션이란 무엇인가 ······ 257
2. 프레젠테이션의 과정 ······ 261
3. 바람직한 프레젠테이션의 모습 ······ 267

참고문헌 / 272
찾아보기 / 275

personality and communication | chapter

01

살아 있는 인성

[학습목표]

1. 인성과 인성의 중요성에 대해 설명할 수 있다.
2. 인성의 구성요소를 이해하고 설명할 수 있다.
3. 인성이 주는 경쟁력을 이해하고 높일 수 있다.

[미리 보기]

인성과 재능

중국에 사는 남다른 기억력을 가지고 태어난 암기 천재가 한낱 범죄자로 전락했다. 중국 쓰촨성 청두에 사는 한 청년은 최근 절도 혐의로 경찰에 붙잡혔다. 2년 넘게 남의 현금 카드나 신용카드를 훔쳐서 몰래 돈을 빼내다가 꼬리가 밟힌 것이다.

영어신문 차이나 데일리에 따르면 이 청년이 이렇게 훔친 돈은 총 3,600만 원이 넘는다. 그는 돈의 대부분을 유흥비로 흥청망청 썼다. 유죄가 확정될 경우 최대 5년 징역형에 처한다. 청년의 주변인들은 그가 범죄를 일으키기 전까지 착실한 생활을 했다고 입을 모았다.

실제로 컴퓨터 수리공이었던 이 청년은 지금껏 사소한 범법행위도 하지 않고 성실하게 살았다. 그런 그가 범죄를 일으키기 시작한 데는 남다른 암기력 때문이었다. 한 번 본 숫자를 몇 년 동안 잊지 않을 정도로 탁월한 기억력을 가진 이 청년이 자신의 강점인 능력을 범죄에 악용하기 시작한 것이다.

① 천재지만 바른 인성을 갖추지 못한 이 청년의 미래는 어떠할까?

② 이러한 사례에서 '올바른 인성'이 주는 의미는 무엇일까?

chapter 01 살아 있는 인성

1. 인성의 중요성

최근 유튜브에서 화제인 영상이 하나 있다. 바로 "당신 인성 문제 있어?"라는 유행어를 만든 유튜브 채널 '피지컬 갤러리'의 '가짜사나이'다. 평균 이하 체력을 가진 일반인들의 특수 부대 훈련과정 모습을 담은 '가짜사나이'는 영상 조회수가 1,500만 뷰를 기록하며 큰 인기를 끌고 있다. 해군 특수전전단(UDT) 출신인 한 교관은 방송의 여러 예능 프로그램에서 폭발적인 인기를 끌고 있는데, 그 교관의 가장 유명한 대사가 "당신 인성 문제 있어?", "당신 이기주의야!"이다. 그만큼 군인들을 훈련하는 짧은 공동체 생활에서도 '인성'을 강조하니 평생을 살아가는 사회나 직장에서 우리의 인성은 매우 중요한 요소임에 틀림없다.

미래사회를 선도할 인재는 창의성과 인성을 겸비한 인재라는 데 많은 학자나 전문가들은 의견을 같이하고 있다. 창의성을 새롭고 가치 있는 것을 만들어 낼 수 있는 능력이라고 한다면 인성은 이러한 창의성을 사회에서 바람직한 방향으로 활용할 수

있는 능력이라고 할 수 있다. '인성'은 개념 자체가 매우 포괄적이고 추상적인 개념을 함축하고 있으므로 한마디로 단정하기는 어렵다. '인성'과 유사한 의미로 쓰이는 단어를 살펴보면 인품, 인격, 성품, 기질, 성격, 인간성, 사람 됨됨이, 인간의 본성, 생태적으로 타고난 심성 등이 있다. 다소의 차이는 있으나 교육학 분야에서는 인성으로, 정신분석학에서는 인격으로, 심리학 분야에서는 성격으로 통용되고 있다.

사람들은 저마다 자신의 처한 환경에서 타인이 자신에 대해 어떻게 생각하는지 관심이 많다. 그리고 서로를 설명할 때 성격과 직・간접적으로 관련된 단어를 사용하여 타인을 묘사한다. 예를 들어, 누군가를 소개해 달라고 부탁했을 경우 '정직하고 신뢰가 가는 사람', '활발하고 주도적인 사람' 또는 '성실하고 근면한 사람'이라고 소개한다. 이렇듯, 사람들은 각자가 지닌 독특한 특성을 바탕으로 서로를 평가하고 그 사람을 정의하는데 이를 '성격' 또는 '인성'이라고 말한다.

요즘의 청년들은 다양한 매체의 발달과 그 매체들의 영향으로 인지능력이 우수하고 수준도 아주 높다. 그러나 그들의 지적인 능력이나 발달 정도만큼 인성이 갖추어져 있는 경우는 드물다. 이성 간의 데이트 폭력이나 단체 카톡방에서의 왕따 등이 자주 발생하여 사회적인 문제가 되는 것을 보면 정서가 부족함을 알 수 있다. 그 이유는 무엇일까? 지나치게 경쟁을 부추기는 교육이나 황금만능주의가 그 원인이라고 볼 수 있는데, 선진국이 되려면 지적 수준이 높아야 하고 경제적으로도 부족함이 없는 환경도 중요하지만 무엇보다 인성이 잘 갖추어진 지성인들을 많이 키워 내는 교육제도와 그것을 중요시하는 사회적 분위기가 우선되어야 할 것이다.

1) 인성이란

인성이란 자신만의 스타일로서 이러한 성격으로 인해 결정짓는 다른 사람들과 구분되는 지속적이고 일관된 심리 행동 양식이다. 인성은 내적 동기나 욕구와 이들의 표현을 조절하거나 제한하는 내외적 통제 간의 화해를 나타내는데, 이는 개인과 그의 환경 간에 안정적이고 호혜적인 관계를 유지하기 위해 기능하기 때문이다. 달리 표현하면, 인성은 일상생활을 유지하고 더 관계를 잘 만들기 위한 개인의 스타일을 특색 지우는 일련의 습관이라 할 수 있다.

먼저 인성은 모든 인간에게 공통적인 기능 속성뿐만 아니라 개인에게 독특한 속성을 나타낸다. 인성은 더욱 안정적이고 변화하지 않는 측면의 개인 기능과 더욱 유동적이고 변화하는 측면을 포함한다. 인성은 개인의 인지와 정서, 그리고 외현적 행동 과정 사이의 복잡한 관계에 관여한다.

인성이라는 용어는 한 마디로 간단하게 정의하기가 쉽지 않으며, 시대와 학자에 따라 다양하게 정의되었다. 수천 년 동안 성직자와 철학자들이 각 영역에서 인성의 핵심요소와 덕목들을 체계적으로 잘 정리해 놓았다. 인성의 본질은 비슷해서 어떻게 구분하든 일맥상통하는 면이 있기에 여기에서는 인격적인 면, 도덕적인 면, 심리적인 면으로 설명한다.

(1) 인격적 인성

사전에서는 인성을 인간의 성품(性品)으로 정의하고 있다. 성품은 사람의 성질과 품격을 합한 말로서, 성질은 마음의 바탕이고, 품격은 사람으로서의 모습, 즉 사람 됨됨이를 의미한다. 또 인성은 마음의 바탕과 사람됨이라는 두가지 요소로 구성되어 있다고 보았다. 그에 따르면, 마음의 바탕은 사물을 인식하고 이해하며 판단하는 지(知, 앎), 사물에 느끼어 일어나는 정(情, 느낌), 무엇을 하겠다고 속으로 다짐하는 의(意, 다짐)로 구성되어 있다. 결국 사람됨은 가치를 추구하고 실현하는 모습으로 정의된다. 따라서 인성교육은 마음의 바탕을 교육하고 인간이 되는 것을 교육하는 것이다.

(2) 도덕적 인성

인성을 도덕적 측면에서 정의하는 것은 주로 윤리학자들에 의해 이루어졌고, 인성을 인격(character)으로 정의한다. 'character'는 새기는 사람, 조각용 도구, 도장, 낙인 도구, 조각된 표시, 인상 등의 뜻을 가진 그리스어 '카락테르(charakter)'에서 유래된 것으로, 인간만이 가지는 고유한 품격이다. 이런 차원에서 보면 인성은 가치관이 내재된 개인의 고유한 특성으로서 도덕적이고 실천적인 선택과 행동에 관련된 인격적 특성이라고 정의한다.

(3) 심리적 인성

인성을 개인적 특성으로 이해하는 것은 주로 심리학자들에 의해 이루어지고 있고, 그들은 인성을 성격(personality)으로 정의한다. 일반적으로 성격은 '한 사람에게 반복적이고 지속적으로 나타나는 독특한 생각, 감정, 행동들'이라고 정의한다. 결국, 인성은 개인의 독특하고 고유한 특성으로서 개인이 지닌 어떤 심리적 특성에 의해 드러나는 특징적인 반응 양식 또는 행동 양식이다. 또 환경과 상호작용하면서 나타나는 독특하고 일관성 있으며 안정된 인지적 · 정의적 · 감정적 · 행동적 양식이다.

2) 인성의 가치

우리의 시야를 세계로 돌려 보아도 나라마다 사정은 비슷하고, 그에 대한 처방도 유사하다. 각기 다른 환경과 문화 속에서 다양한 방식으로 살아가지만, 기본적인 상식이 통하는 곳이라면 어디에서나 사람으로서의 바른 모습과 태도를 추구하며 살아가도록 요구받고 있다. 글로벌시대에 성공하고 행복하게 살아가기 위해 모든 사람이 갖추어야 하는 것은 바로 인성이라는 결론에 쉽게 도달하고 있다.

결국 인성이란, 인품, 성품, 사람 됨됨이를 말하며, 사전적 의미로는 '사람의 성품', 다른 사람과 구별되는 사고(뇌)와 태도(몸) 그리고 행동의 특성이다. 인성은 사람이 태어날 때부터 가지고 있는 본연의 성질이고, 성격에 사람 됨됨이와 사람다움의 가치에 따른 인격이 내포되어 인성을 형성하고, 선천적으로 타고난 기질과 후천적으로 주어진 환경으로 가치관과 의지 등에 의해 변화하는 것이므로 '처음부터 고정된 것이 아니라 삶을 통해서 형성되어 간다'는 것을 의미한다.

- 개인적 가치 - 자아확립, 긍정적인 생활태도, 심리적 소양, 도덕적 책임의식, 도덕적 판단력
- 대인 간 가치 - 타인 이해와 동정, 타인 용서와 관용, 타인에 대한 존중, 타인 배려와 협력
- 사회적 가치 - 사회구성원 역할, 책임, 공동善 추구, 세계시민의식

[그림 1-1] 인성의 가치 체계

3) 인성의 요인

사람은 누구나 고유하고 독특한 방식으로 행동하는데, 그것은 그의 인성을 결정짓는 요인들에 의해 좌우된다. 따라서 한 사람을 제대로 이해하기 위해서는 인성이 어떤 요인들에 의해 결정되고, 형성되는지를 미리 알아 두는 것이 필요하다. 그런데 이런 얘기를 할 때 꼭 등장하는 질문이 있다. 바로 "인성은 타고난 것인가? 아니면 환경의 영향을 받는 것일까?"라는 물음이다.

(1) 유전적 요인

대부분 사람은 인성은 유전적인 요인, 즉 선천적으로 타고나는 체질적 · 정신적 특성들에 의해 많은 영향을 받는다고 믿는다. 유전(heredity)은 임신 상태에서 결정되는 요인들을 말한다. 어떤 한 사람의 신체적 크기, 얼굴의 생김새, 성(性), 기질, 근력과 에너지 수준, 생리적 리듬 등은 전부이든 혹은 일부이든 부모의 생물학적, 신체적, 심리적 기질에 의해 영향을 받는다. 이처럼 유전적 접근방법을 따르는 사람들은 한 개인의 인성이 염색체상에 위치하는 유전자의 분자구조로 설명될 수 있다고 말한다.

그들의 주장은 태어나면서부터 헤어져서 자라 온 1,000여 쌍의 일란성 쌍둥이에 대한 연구결과에 바탕을 두고 있다. 만일 유전이 인성 결정에 별다른 영향을 미치지 않는다면 헤어져서 자라 온 쌍둥이들 간에 유사점을 거의 찾아보기 어려울 것이다.

하지만 각기 따로 자랐음에도 불구하고 쌍둥이들은 여러 가지 공통적인 특성이 있다. 39년간 70㎞나 떨어진 곳에서 따로 자란 쌍둥이들은 같은 모델, 같은 색상의 자동차를 운전하고 있었다. 같은 브랜드의 줄담배를 피우고 있었고, 또한 같은 이름의 개를 키우고 있었으며, 서로 근접한 휴양지에서 정기적으로 휴가를 즐겼다는 것도 확인되었다.

(2) 환경적 요인

인성은 환경과 주위의 영향을 받는다고 생각한다. 사실 환경은 유전적 특징보다 더 중요한 역할을 한다. 즉, 부모로부터 물려받은 유전자 못지않게 한 사람이 어릴 때 경험하는 환경은 그의 인성 형성에 중요한 역할을 한다. 성인, 친구, 누군가 어린 아이를 대하는 방식이 그의 인성에 영향을 미친다. 예컨대, 온화하고 교육적인 가정에서 성장한 사람은 냉정하고 메마른 환경에서 성장한 어린이보다 훨씬 적응을 잘하는 사람이 될 가능성이 있다.

① 문화

문화나 환경이 인성 형성에 중요한 영향을 미친다고 생각한다. 즉, 한 개인들이 독특한 유전적인 특성이 있어도 결국 그들이 각자 일상생활에서 접하고 있는 문화에 따라 반응하며, 그것에 기초하여 사람들의 인성이 형성된다는 것이다. 한 사람이 어떤 문화에서 태어나고 자라는지에 따라 그의 인성 형성과정이 다른 형태를 띨 수 있다. 그래서 문화 또는 문화적 가치관(cultural values)이 개인의 인성 형성과정에 의미 있는 영향을 미치는 중요한 결정요인으로 간주될 수 있다.

② 가족

한 개인이 사회적으로 특정한 문화에 적응하도록 하는 1차적인 수단은 직계 가족이다. 부모와 친척들은 한 사람의 인성 형성에 중요한 역할을 담당한다. 조부모, 숙부와 숙모, 삼촌, 사촌 등과 같은 사람들은 한 사람의 인성 형성에 영향을 미칠 수 있다. 가족의 상황 역시 한 사람의 인성 형성에 중요한 영향을 미친다. 가족의 크기, 사회

경제적 수준, 인종, 종교, 지리적 위치, 가족 내 출생 순위, 부모의 교육 수준 등 상황적 요인이 이에 속한다.

③ 경험

한 개인이 일생 동안 직접 겪은 구체적이고 독특한 사건과 경험 역시 한 사람의 인성형성에 영향을 미친다. 신분상의 차이, 지위와 역할의 차이, 목표 달성의 기회 등 한 개인이 살아가면서 경험하는 수많은 것들이 그의 인성 형성에 영향을 미친다. 한 사람이 살아가면서 겪게 되는 다양하고 복잡한 삶의 경험은 그의 인성 형성에 중요한 영향을 미친다.

(3) 후천적 인성

앞서 언급한 질문을 다시 한번 더 생각해 보자. 한 사람의 인성은 타고난 것인가? 아니면 환경의 영향을 받는 것인가? 여러분의 생각도 대충 정리되었을 것이다. 초기의 논쟁에서는 환경요인 쪽에 좀 더 무게를 두고 있었으나 그 이후에 쌍둥이에 대한 연구가 공개되면서 그 무게가 유전요인 쪽으로 기울어지기도 했다. 그러나 최근 들어 뇌에 대한 연구가 진행되면서 이런 논쟁은 거의 정리되는 것 같다. 즉, 뇌가 처음에는 유전적으로 형성되지만, 사람이 환경과 상호작용하는 과정을 거치면서 뇌 자체가 상당한 변화를 경험한다는 것이다. 그래서 인성을 형성하는 것 역시 환경의 영향을 받을 수밖에 없다는 것이다.

그렇다면 한 사람의 인성도 하는 일에 따라서 얼마든지 변할 수 있다는 결론에 이르렀고, 성격을 둘러싼 유전이나 환경에 대한 논쟁은 정리되었다. 요약하면, 인성은 유전적인 요인과 환경적인 요인에 기초하여 형성된다고 보면 된다. 다시 말해, 한 사람의 인성은 태어나기 전에 받은 유전자에 의해 영향을 받고, 자라면서 가족, 친구들, 학교, 그가 맡은 업무와 역할, 문화 등에 의해 후천적인 영향을 받는다.

2. 인성의 구성요소

사람은 사회적 동물인 이상 다른 사람과 더불어 살아갈 수밖에 없다. 그리고 사람은 항상 다른 사람과 많은 관계를 맺으며 살아간다. 사람은 관계 속에서 태어나고 관계 속에서 살아간다. 그리고 관계가 다 소진될 때 죽는다. 인성(人性)이 바로 그 관계를 성숙하게 만들고 지속하게 만들며 아름답게 만드는 것이다. 서로 이해하고 신뢰하며 배려하고 양보하는 사회가 되는 데 가장 필요한 것이 인성이다. 여기에선 품성과 도덕적 측면에서 필요한 인성의 요소를 설명한다. 달리 말하면, 한 사람이 원만하게 사회생활을 해 나가고, 한 마을이 성숙한 공동체로 진전하려면 가장 필요한 것이 인성인데, 인성에 대한 요소를 파악하고 갖추어야 한다.

〈표 1-1〉 품성과 도덕적 측면의 인성의 필요 요소

<table>
<tr><th>하위 영역</th><th colspan="2">하위 요소</th></tr>
<tr><td rowspan="2">품성(character)으로서 인성의 하위 요소</td><td>개인적 덕목
(individual virtue)</td><td>정직(Honesty)
성실(Integrity)
책임(Responsibility)
절제(Moderation)</td></tr>
<tr><td>인간관계 덕목
(interpersonal virtue)</td><td>배려(Caring)
관용(Tolerance)
정의(Justice, Fairness)
협동(Teamwork)</td></tr>
<tr><td rowspan="2">정의적 특성 및 도덕적 능력으로서 인성의 하위 요소</td><td>심리적 특질
(psychological traits)</td><td>자기존중감(Self-respect)
도덕적 감수성(Moral sensitivity)
도덕적 열정 · 의지(Moral passion and will)</td></tr>
<tr><td>도덕적 능력
(moral capability)</td><td>관점채택 능력(Perspective-taking)
공감 능력(Sympathy)
판단 능력(Judgement)
행위 능력(Behavior)</td></tr>
</table>

1) 품성(character)으로서 인성의 요소

(1) 개인적 덕목

① **정직**(Honesty)

마음에 거짓이나 꾸밈이 없이 바르고 곧음을 의미한다. 인간 사회의 다양한 관계와 질서는 대부분이 약속에 기인하고 있다. 거짓이나 꾸밈은 궁극적으로는 그러한 약속을 망가뜨릴 뿐만 아니라 자기 자신을 파괴하게 만든다. 사회질서의 유지만이 아니라 자기 자신을 위해서도 정직이라는 덕목을 습득할 필요가 있다. 창의성의 신장에 기여하는 인성의 덕목으로서 정직은 사회의 질적 발전을 위한 탐구과정에서 산출된 아이디어나 자료에 대해 거짓 없이 임하는 태도를 의미한다.

② **성실**(Integrity)

정성스럽고 참되어 거짓이 없음을 의미한다. 일반적으로는 부지런하다는 의미를 연상시키기도 한다. 성실은 진정으로 옳다고 생각하는 것을 변치 않고 실행해 가는 자기 진실의 덕목이다. 그런 점에서 성실은 다른 모든 덕목들을 실현하는 바탕이 되는 덕목이라 할 수 있을 것이다. 창의성의 신장에 기여하는 인성의 덕목으로서 성실은 공동체 구성원들의 행복을 위해 자신이 산출한 올바른 결과물이나 대안을 외부의 압력이나 유혹에 흔들리지 않고 실행해 나가는 덕목이라고 할 수 있다.

③ **책임**(Responsibility)

맡아서 해야 할 임무나 의무를 의미하기도 하고 행위의 결과에서 생기는 손실이나 제재를 받는 일을 의미한다. 사회 조직이 복잡해지고 기술이 발달하면서 인간 행위의 결과를 파악할 수 없거나 직접 체험하지 않는 경우가 많아지고 있다. 자유의지를 지닌 존재로서 스스로 판단한 행위에 대해 책임을 다하려는 자세가 더욱 절실한 때이다. 이러한 개인적 덕목으로서 책임의 개념은 창의성의 신장에 기여하는 인성의 덕목으로서 책임과 크게 다르지 않다.

④ **절제**(Moderation)

감정이나 욕망을 알맞게 조절하여 제한하는 것을 의미한다. 현대 사회가 과도하게 소비를 부추기고, 감각적 욕망을 자극하며, 극심한 경쟁을 조장함으로써 지구촌 곳곳에서 불평등, 환경오염, 폭력이 발생하고 있다. 절제를 통해 욕망과 감정을 다스릴 수 있다면 이러한 문제들의 상당 부분을 해결할 수 있을 것이다. 이러한 절제 덕목은 기존의 창의, 인성교육 연구에는 없는 덕목이다.

(2) 인간관계 덕목

① **배려**(Caring)

어떤 대상을 도와주거나 보살펴 주려고 마음을 쓰는 것을 말한다. 배려는 개인, 사회, 국가, 자연과의 관계에 걸쳐 도덕적 행위를 하는 데 수반되어야 하는 마음가짐인 것이다. 인간관계 덕목으로서 이러한 배려는 자라나는 세대들이 자신의 이익만이 아니라 주변 사람들, 다른 생명을 지닌 존재들의 어려움에 대해 걱정하고 배려하려는 자세를 통해 창의성이 나만을 위한 창의성으로 흐르지 않도록 하는 역할을 하게 된다.

② **관용**(Tolerance)

개인 간의 관계뿐만 아니라 종교・정치・국가를 포괄하는 사회적인 차원에서 다른 종류의 직관과 행위 양식을 존중할 뿐만 아니라 자유롭게 승인하는 태도를 의미한다. 관용은 중립적인 관조가 아니라 타자에게서 가치를 발견하고 삶의 권리를 부여하고자 하는 행위지향적 태도이다. 세계화・다문화사회로 접어든 우리 사회에서 관용은 서로 다른 문화와 전통에 대한 존중을 의미하며, 이를 통해 사회갈등을 줄여나갈 수 있다. 인간관계 덕목으로서 이러한 관용은 자라나는 세대들이 서로의 다름을 존중하는 것뿐 아니라 나아가 다문화사회에서 서로 다른 문화를 존중한다.

③ **정의**(Justice)

질서를 정립하고 특히 인간과 인간 사이에서 균형을 이루고 유지하는 기능을 가진 인간의 원리를 의미한다. 우리 사회는 전통적으로 이성의 원리에 기초한 균형보다 따뜻한 정서에 기초한 인간적 유대를 중시해 온 경향이 있다. 사회가 복잡해짐에 따라 권리나 재화의 균형을 유지해 줄 수 있는 원리의 중요성이 커지고 있다. 인간관계 덕목으로서 이러한 정의는 사회적 불평등을 최소화함으로써 소외계층의 불만을 해소하고 개인에게는 행복한 삶을, 사회에는 나눔과 공동선을, 국가에는 복지와 번영을 추구하기 위한 창의적 발상에 이바지한다.

④ **협동**(Teamwork)

두 명 이상의 사람이 공통의 목표를 위해 힘을 합하는 것을 말한다. 죄수의 딜레마가 보여 주듯이 협동의 파기는 일시적인 이익을 줄 수는 있어도 장기적으로는 개인과 사회 모두의 이익을 감소시킨다. 공동의 최대 이익을 산출할 뿐만 아니라 자기 자신의 적절한 이익을 안정적으로 보장받기 위해서도 협동은 반드시 필요한 덕목이다. 인간관계 덕목으로서 이러한 협동은 창의성의 신장에 기여하는 인성의 덕목으로서 기존의 총론 연구에서는 배제되었던 덕목이다.

2) 도덕적 능력(moral capability)으로서 인성의 요소

(1) 심리적 특질

① **자아존중감**(self-esteem)

자아존중감은 존중받고 긍정적인 자아 평가를 유지하려는 인간 욕구에 기초한 것으로, 자기 수용감, 자아에 대한 개인적인 선호, 자기 자신에 대한 적절한 존경의 형태를 의미한다고 볼 수 있다. 자아존중감은 자기 자신에게 일어나는 의미 있는 타인의 가치를 존중하는 바탕이 되며, 가정, 학교, 사회에서의 대인관계에서 큰 영향을 받는다. 즉, 자신에 대한 내적 이미지와 부모, 교사, 친구 등 중요한 의미 있는 타인과의 경험에 의해 주로 후천적으로 형성되고 전생에 걸쳐 변화된다. 인성의 심리적 특질로서 자아존중감은 인간 자신이 다른 사람들과 크게 다른 생각을 가지고 있거나 생활태도를 지니고 있다는 것에 위축되지 않도록 한다.

② **도덕적 감수성**(Moral Sensitivity)

일반적으로 감수성 혹은 예민성은 자극이나 타인에 대한 반응과 관련된 특성을 말하는 것으로 인성적 측면에서는 문제가 되는 상황이나 사태를 정서적으로 느낄 수 있는 자질을 의미한다. 따라서 도덕적 감수성은 주어진 상황에서 도덕적인 문제를 파악해 내는 능력을 말한다. 도덕적으로 민감한 사람은 상황에 처한 문제를 도덕적인 문제로 인식하고, 어떠한 행동을 취할 경우 관련된 사람들이 어떠한 영향을 받을지에 대해 고려하며, 그러한 결과에 대해 감정이입을 하게 된다.

③ **도덕적 열정 · 의지**(Moral Passion and Will)

도덕적 열정이란 선을 사랑하고(loving the good), 악을 미워하는 것, 선을 좋아하고 그것을 행함에 있어 즐거움을 느끼면서 그것을 실행하기 위해 기꺼이 노력하는 어떤 마음의 성향이다. 도덕적 의지란 옳고 바른 삶을 살고자 의욕을 갖고 이를 추구하는 마음의 동력, 즉 선과 의무, 도덕적 가치 규범을 추구함에 있어 유혹에 굴복하지 않고 어려움을 극복하면서 마땅히 해야 할 일을 향해 나아가는 내적인 힘을 가리킨다.

(2) 도덕적 능력

① **관점채택**(Perspective-taking)

관점채택은 다른 사람의 견해를 취할 수 있는 능력이다. 다른 사람의 입장에서 자신의 상황을 바라보고 그들이 생각하고 반응하고 느끼는 것을 상상해 보는 것이다. 다른 사람의 입장과 견해를 이해할 수 있다면 우리는 상대방을 존중할 수 있고, 상대방의 요구를 정당하게 수용하거나 거부할 수도 있기 때문에 관점채택은 도덕 판단을 위해 필수적인 조건이다. 도덕적 능력으로서 관점채택 능력은 도덕적 문제사태를 해결하기 위해 가장 먼저 취해야 할 자세이자 능력이다. 상대방의 입장을 고려하지 않고는 합리적인 해결방안을 도출할 수 없기 때문이다.

② **공감 능력**(Sympathy)

공감은 다른 사람의 내적 상태와 동일시 혹은 다른 사람의 내적 상태에 대한 대리적 경험을 의미한다. 공감은 자아와 타아의 경계를 제거해 주기 때문에 우리는 공감을 통해 다른 사람이 느끼고 있는 것을 같이 느끼게 된다. 공감하기는 상대방의 입장에서 문제 상황을 바라보고 문제를 파악하는 역지사지(易地思之)하는 태도의 정서적 측면이 된다. 공감은 상대방의 입장을 이해하여 같은 기분을 경험하거나, 도덕적 능력으로서 공감능력은 이성적 측면에서 타인의 입장에서 문제를 바라볼 수 있는 능력인 관점채택을 보완하는 정서적 측면이다. 공감능력은 사회 내 구성원들이나 단체, 사회의 각 부문들이 겪는 어려움이나 불편함을 창의적으로 해결함으로써 공동선을 추구하는 데 있어 필수적인 정서적 능력이다.

③ **판단 능력**(Moral Judgement)

도덕적 판단 능력이란 구체적인 문제 상황에서 합리적으로 사고하는 도덕적 사고과정에 기초하여 올바른 판단과 결정을 할 수 있는 능력을 말한다. 여기에서 도덕적 사고란 우리가 습관 등에 의해 통상적으로 처리하기 어려운 도덕적 상황에 도달할 때 그것을 해결하기 위해 동원하는 모종의 정신활동을 말하며, 합리적 의사결정 능력이란 선택을 요하는 도덕적 문제사태에서 숙고된 지식과 가치를 바탕으로 최선의 해결방안을 도출해 내는 능력을 의미한다.

④ **행위 능력**(Moral competence)

행위 능력은 실천능력으로서 도덕적 판단과 감정을 효과적으로 도덕적 행동으로 옮길 수 있도록 해 주는 능력을 말한다. 이러한 실천능력은, 첫째, 개인이 상호작용 과정에서 자신을 표현하고 효율적인 인간관계를 유지하는 것과 관련된 기능이다. 이러한 능력으로는 자신의 의견을 표현하고 전달하는 기술, 다양한 집단 상황에 적응하는 것, 상호작용의 관계를 알고 서로의 필요를 충족시키기 위해 노력하는 것 등이 포함된다. 둘째, 집단 내 상호작용 능력으로서 집단의 고무적인 분위기를 조성할 수 있는 것, 집단 규칙을 만들 수 있는 것, 집단의 지도자나 구성원으로서 역할을 충실하게 수행할 수 있는 능력, 집단 내 갈등을 해결할 수 있는 능력 등이 포함된다. 셋째, 사회적 참여 능력으로서 사회문제에 대한 관심과 지식을 갖고 타인과 협력하여 올바른 방향을 결정하고, 사회적 책임을 수용할 수 있는 능력 등과 같은 것이 포함된다.

3. 인성이 실력

1) 인성은 성공의 핵심

성공하는 데 있어 인성이 중요한지 실력이 중요한지 또한 흥미로운 주제가 아닐 수 없다. 이에 대한 각자의 견해가 다르겠지만, 최근 들어 '인성이 진정한 실력'이라고 주장하는 사람들 쪽에 힘이 좀 더 실리는 것 같다. 이처럼 인성을 실력이라고 강조하는 이유는 그러지 않으면 일반적으로 사람들이 성공하기 위해 소위 실력이라고 간주하는 국어 · 영어 · 수학, 즉 공부를 더 선택할 것이라는 걱정 때문이다.

최근 들어, 실제로 많은 사람이 원만한 사회생활을 위해 실력과 함께 인성이 중요하다는 것을 강조하고 있다. 그런데 놀라운 것은 실력과 인성이라는 두 개념이 마치 서로 상반되는 것처럼 구분하고 있다는 점이다. 그러다 보니 학교나 사회 전반에 인성과 실력을 이분법적으로 나누는 사고방식에 젖어 있는 사람들이 의외로 많다. 예컨대, 기업에서 신입사원을 선발할 때 '실력과 인성을 모두 갖춘 직원'을 선호한다거나, 언론에서 어떤 사람을 소개할 때 그 사람은 '실력과 인성을 두루 겸비한 분'이라서 그 자리에 잘 어울릴 것 같다는 평을 내놓기도 한다. 심지어 "실력이 없으면 인성이라도 있어야지"라는 말도 서슴지 않는다. 이 말은 실력이 없다면 그저 숨죽이고 자존심을 굽히며 자신의 감정을 숨기면서 참고 견디는 '인성이 좋은' 사람이라야 살아갈 수 있다는 뜻으로 들릴 수 있다.

과연 인성은 실력이 없는 사람들에게 필요한 처세술 같은 것일까? 그렇지 않다. 인성은 성공하고자 하는 사람이 반드시 갖추어야 할 핵심 역량이고, 날마다 연습하고 훈련해야 하는 성공의 핵심요소이다. 인성이 뒷받침되지 않은 실력은 모래 위에 지은 집과 같아서 강력한 힘을 발휘하기 어렵고 오래 가지도 못한다. 제대로 된 인성을 갖추고 실력까지 겸비한 사람이야말로 장기적으로 큰 힘을 발휘할 수 있다. 그런 차원에서 인성은 한 사람의 경쟁력을 높이는 데 있어 핵심적인 요소가 아닐 수 없다.

2) 인성이 경쟁력

사회적으로도 '인성'을 매우 중요하게 생각하고 있다. 대부분 기업에서도 인성검사와 적성검사를 시행하는 것을 보면 직장에서도 '인성'은 매우 중요하게 생각하는 것이다. 똑똑하고 추진력이 있어도 그 '인성'이 형편없고 동료들과 어울리지 못한다면 소용없을 것이다. 취업을 최고의 목표로 삼는 대학생들이 너무 많다. 보기가 안쓰럽다. 당장 취업이 되고 안되고를 떠나 인생의 설계도를 어떻게 그릴 것인가가 더 중요하다.

사회생활과 직장생활에서 인간 사이에 일어나는 모든 일은 매뉴얼대로 이뤄지지 않는다. 그 기본 바탕에 인성이 갖춰져 있는 자만이 다른 사람들에게 감동을 줄 수 있고, 기업과 사회의 대인관계에서 성공할 수가 있다. 요즘 대학생들은 취업이 최고의 목표처럼 돼 버렸다. 물론 경기침체가 주 원인이긴 하지만, 너무 안타깝다. 취업은 인생의 많은 길 중에 하나다. 문제는 취업 이전에 자기 스스로가 얼마나 위대한 존재인지를 모른다는 것이다.

요즘 기업은 인・적성을 강조한 특별한 면접도 있다. 인・적성시험, 집단토론에서부터 맥주집, 찜질방, 해병대 면접 등 수많은 면접형태가 있다. 그런데, 이것들의 함정은 면접관 스스로 인성을 잘 모르고, 일시적으로 지원자들에게 속을 수도 있다는 것이다. 사실 인성을 파악하려면 오랫동안 관찰해야 하지만, 그런 환경이 안 된다. 스펙은 기본적으로 있어야 하지만, 알맹이는 사람한테 풍기는 냄새다. 그 과정을 어떻게 준비하는가가 면접 통과의 핵심이다. 이제 지원자들 스스로 자신이 제대로 된 사람인지를 알고, 나를 뽑지 않으면 회사가 손해라는 전략을 세워야 한다.

3) 인성에서 나오는 협력

앞으로 우리가 살아가야 할 세상은 협력(collaboration)이 중요한 시대가 될 것이다. 첨단기술의 급격한 발전, 홍수처럼 쏟아져 나오는 정보, 그로 인한 복합적인 사회문화적 변화 등으로 인해 우리가 학습해야 할 것들은 매일 쌓여 가고 있다. 이것은 한 명의 천재가 해결할 수 있는 수준의 일이 아니다. 지금은 실력과 재능을 갖춘 다양한 사람들이 함께 협력하여 고민을 풀어 가야만 하는 시대이다. 집단지성을 발휘하여 문제를 해결하는 것이 바람직한 시대가 되었다. 이때 가장 중요한 것이 집단 구성원들의 인성이다.

집단지성은 각자의 생각을 하는 사람들이 함께 어울려 일을 할 때 기대할 수 있다. 그러려면 무엇보다 집단 구성원들 간의 원활한 협력이 중요하고, 그 협력은 다시 그들 간의 굳건한 인간관계를 바탕으로 싹틀 수 있다. 인간관계는 인성이 중요한 자양분이 되어 형성되고 구축된다. 결국, 집단지성의 힘은 구성원 각자가 가지고 있는 인성에서 태동한다고 보아도 과언이 아닐 것이다

바른 인성이란 무엇일까. 사전적 의미는 '사람의 성품, 각 개인이 가지는 사고와 태도'다. 사전적 정의를 빌리면 좋은 인성을 지닌 사람이란 좋은 성품과 좋은 사고, 좋은 태도를 지닌 사람을 뜻한다. 현대 사회에서 여전히 강조되고 있는 것은 사람의 '인성'이다. 사회생활을 하면서 사람과의 관계 속에서 인성이 중요하다는 것은 진심이 깃든 배려와 존중이 일상에서 자연스럽게 배어 나오는 것으로 조화롭게 사회에서 살아가기 위한 기본이다.

그리고 인성이 좋은 사람들의 특징을 살펴보면, 훌륭한 경청자면서 자신이 마음먹은 것을 꼭 이뤄 낸다. '우리는 하나'라는 연대감이 강하다. 즐겁고 재미있는 대화 상대이다. 남의 일도 내 일처럼 여긴다. 융통성이 뛰어나고 상호작용을 잘한다.

02

직업과 인성

[학습목표]

1. 직업에 대한 가치를 설명할 수 있다.
2. 직장생활과 인성에 대해 이해하고 설명할 수 있다.
3. 직장생활에 필요한 인성을 습득하고 실천할 수 있다.

[미리 보기]

내가 SK에 처음 갔을 때 강조했던 것이 하나 있다. 인사 하는 것이다. 신임 감독으로 본부석에 앉아 연습을 지켜 보고 있는데, 머리를 숙이는 선수가 없었다. 겨우 2~3미터 떨어져 있는데도 인사하는 사람이 한 명도 없었다. 그때 내가 생각한 게 선수들 실력도 없지만, 기본예의가 참 부족하구나 싶었다. 인사하지 않는다는 것은 상대방에 대한 존중이 없다는 것이고, 존중이 없다는 것은 겸손이 없고, 겸손이 없으면 오만하다는 뜻이다. 오만이 무슨 뜻인가. 자신의 실력을 제대로 모르고 있다는 말 아닌가.

훈련을 지켜보니 자기 쪽으로 날아가는 공을 제대로 잡는 선수가 없었다. 잡겠다는 의지 자체가 안 보였다. 자신의 실력도 모르고, 의지도 없다면 뻔한 거다. 그런 선수들 데리고 어떻게 야구를 잘할 수 있나. 어떻게 승부의 세계에서 살아남을 수 있나. 그래서 제일 먼저 가르친 게 인사하는 것이었다. 어디를 나갔다 들어오면 반드시 인사할 것. 나갈 때 한 번, 들어올 때 한 번, 그리고 만날 때마다. 그래도 제대로 안 하는 선수들에게는 넌 왜 인사를 안하냐, 그때그때 지적했다. 상대가 나에게 예의를 갖추고 있다고 생각되면 나 역시 상대에게 함부로 하지 못하게 된다. 이러면서 존중하는 마음이 생기고, 그 위에 동료애도 쌓이는 것이다.

나는 이런 기본을 중요하게 생각한다.

기본이 되어 있지 않으면 아무리 야구를 잘해도 오래갈 수 없다고 본다. 삼성과의 한국시리즈 4차전에서 우승을 확정 지은 후 마운드의 김광현이 자신을 향해 팔 벌리고 다가오는 박경완에게 모자 벗고 90도로 인사하는 장면은 많은 팬에게 깊은 인상을 남겼다. 야구가 감동을 전하는 아름다운 모습이었다.

어떤 일을 하든 사회생활의 기본은 인사다. 회사를 갈 때 "다녀오겠습니다", "다녀왔습니다" 인사를 한다. "미안합니다", "감사합니다" 역시 기본예의를 아는 사람이 할 수 있는 말이다. 그런데 김광현은 그걸 놓치고 있었다. 그래서 나는 팀의 김광현의 위치를 가르쳤다. 사실 그만한 선수는 콧대가 높아져 문제가 되기 쉽다. 그렇게 기본을 가르친 것에서 모자를 벗고 인사하는 모습이 나오지 않았나 싶다. LG 시절에 양준혁이 나하고 30미터 앞에서 눈이 마주쳤는데, 인사를 안 해서 혼냈다. 김재현도 그렇게 가르쳤다.

출처: 김성근(2011).

02 직업과 인성

1. 직업이란

1) 직업의 정의

직업(職業)의 사전적 의미는 생계를 유지하기 위하여 자신의 적성과 능력에 따라 일정한 기간에 계속하여 종사하는 일을 갖는 것이다. 현대를 살아가기 위해서는 필수적으로 직업을 가져야 하고, 어떤 형태로든 자신의 노동을 제공하고 그에 따른 경제적 보상을 받아야 생계를 유지할 수 있다. 게다가 직업을 가진다는 것은 생존을 위한 것일 뿐만 아니라 자아실현과 사회참여의 의미도 함께 가진다. 다시 말하면, 직업은 생계유지와 사람에게 꼭 필요한 물질적 자원을 정당하게 취득할 수 있게 하는 수단이고, 바람직한 사회적 역할을 수행하는 수단이며, 자신의 개성을 발휘하고 자아를 실현하는 수단이다. 이처럼 직업은 한 개인에게 있어 다양한 의미를 갖고 있다. 따라서 직업을 선택한다는 것은 한 개인의 삶의 질과 직접적으로 연결되기 때문에 신중하게 선택해야 한다. 유망한 직업을 살펴보면 다음과 같다.

첫째, 유망 직업은 일자리가 많고 급여가 높은 직업이다. 일자리가 계속 생기거나 증가하여 다른 직업보다 취업하기가 쉽고 급여 수준이 높은 직업을 말한다.

둘째, 유망 직업은 고용 안정성이 높은 직업이다. 안정적으로 계속해서 일할 수 있는 직업이다.

셋째, 유망 직업은 삶의 질을 높여 줄 수 있는 직업이다. 육체적 · 정신적인 스트레스가 적고 쾌적한 근무 환경 속에서 일할 수 있으며 자유롭게 여가를 선용할 수 있는 직업을 말한다.

마지막으로 유망 직업은 전문성과 기술력이 필요한 직업이다. 앞으로는 이직과 전직이 지금보다 더 자유로워질 것이기 때문에 해당 분야의 전문성과 기술력을 갖춘 사람을 찾는 기업이 늘어날 것이고, 그런 전문성을 갖춘 사람은 유망 직업을 가질 확률이 높아질 것이다.

2) 직업관의 변화

시대 흐름이 바뀜에 따라 직업도 다양하게 바뀌고 있다. 다시 말하면, 직업은 경제 발전과 시대의 흐름에 따라 생성, 통합, 분화, 쇠퇴 및 소멸하는 과정을 반복하면서 계속 바뀌고 있다. 어떤 직업은 없어지고, 새로운 직업이 생기며, 많은 사람들에게 주목을 받는 직업이 있는가 하면 사람들의 관심 밖으로 점점 멀어지는 직업도 있다.

이렇게 직업이 빠르게 바뀌는 것은 4차 산업혁명의 급격한 기술 발전, 인터넷을 중심으로 한 대중매체의 발달, 정보통신기술의 발달에 따른 소통방식의 다양화, 핵심적인 산업구조의 변화 등에서 기인한 것이다. 이런 다양한 사회적 · 경제적 변화는 사람들의 인지, 정서 및 가치관 등에 영향을 미치고, 이런 변화는 다시 연쇄적으로 생활양식, 가족제도, 대인관계 방식 및 직업관의 변화를 가져왔다.

최근에는 젊은 세대일수록 자신이 하고 싶은 일이나 만족감이 극대화될 수 있는 일을 찾고, 그 일을 통해 자아실현에 도달하는 것이 직업을 갖는 목적이라고 생각하는 경향이 있다. 다시 말해, 직업을 자아실현의 도구로 인식하는 경향이 강해졌다. 그러나 지금 우리의 현실을 보면 취업대란 현상이 갈수록 심화되면서 자아실현보다는 생업으로서의 직업관이 우선시되고 있다. 그래서 올바른 직업관에 대한 자신만의 생각과 의견을 정리하는 것은 매우 의미 있는 일이다. 따라서 직업을 갖기 전에 자신에게 있어 직업이 어떤 의미를 갖는지 생각해 볼 필요가 있다.

2. 직장(직업)과 인성

직업을 통해 일하는 직장생활에서의 인성이란 일상생활이나 직장생활에서 서로 마찰을 없애고 불편을 덜기 위한 마음가짐으로 나를 낮추고 상대방을 존중하는 마음 자세이자 예절이다. 특히, 직장생활의 인성은 서로 상대에게 갖추어야 할 말투나 몸가짐, 행동을 말하는 예의와 일상생활의 모든 일의 순서나 절차이다. 그런 차원에서 함께 일하는 동료의 인격을 존중하는 마음으로 그에 맞는 형식을 갖추어 표현하는 행위라 할 수 있다. 직장 내에서 예절이 바로 지켜질 때 서로에 대한 신뢰가 쌓이고, 대외적으로 해당 조직의 경쟁력이 향상된다.

1) 직장의 인성, 예절

직장은 성격이나 가치관과 살아온 환경 등이 서로 다른 사람이 만나 공동의 목표 아래 함께 일을 하면서 그 목표를 실현하는 곳이다. 따라서 개인보다는 조직의 역량이 강조되는 곳이다. 당연히 혼자서는 직장생활을 해 나가기 어렵고, 다른 사람의 도움과 협력이 있어야 한다. 이런 상황에서는 나보다는 타인을, 나아가 '내'가 아닌 '우리'를 먼저 생각해야 한다.

상사에게는 항상 존중하는 마음을 가질 필요가 있다. 아무리 능력이 없어 보이는 상사라 하더라도 그 위치에 오르기까지는 나름의 경험과 노하우가 있다. 내가 진행하는 업무에 조언을 해 주고, 결정적인 순간에 힘이 되어 주는 사람은 연륜이 많은 상사일 경우가 많다. 한편, 직장 동료는 함께 일하는 동반자이고, 나에게 실질적인 도움을 주는 믿음직한 파트너이다. 업무뿐만 아니라 개인적인 일로도 수시로 부담없이 만날 수 있고, 관심사를 공유하며 공감해 줄 수 있는 사람이 동료이다. 여기에서는 직장인이라면 누구나 기본적으로 갖추어야 할 몇 가지 사항에 대해 간단하게 살펴보고자 한다.

(1) 밝은 표정

밝은 표정은 다른 사람에게 좋은 이미지를 줄 수 있고, 몸을 건강하게 변화시켜 줄 수도 있다. 밝은 표정은 좋은 인상을 갖게 하며, 긍정적으로 인식되게 하는 후광효과(halo effect)를 가지고 오기도 한다. 첫인상이 그런 생각에 많은 영향을 준다. 일반적으로 밝은 표정으로 웃음을 짓는 사람에게 호감을 갖는 경우가 많다고 한다.

(2) 단정한 용모와 복장

깔끔하고 단정한 용모와 품위가 묻어나는 복장은 타인에게 신뢰감을 가져다준다. 옷의 분위기나 색상 등 전체적인 디자인이나 느낌이 일에 대한 의욕을 좌우하는 경우가 있다. 용모와 복장은 청결하고 단정하게 하되, 업무에 적합하고 효율적인 것인 것이 좋으며, 회사의 이미지와 자신의 인격을 고려하는 것이 바람직하다.

(3) 품위 있는 태도

직장인의 태도는 자신의 인격과 함께 회사의 이미지를 결정한다. 따라서 직장에서 바른자세를 생활화하며 다른 사람에게 불편한 자세와 태도를 보이지 않도록 주의할 필요가 있다.

- 상대방을 힐끔거리며 위아래로 훑어보는 행위
- 대화할 때 상대방을 너무 집중적으로 보거나 시선이 산만한 행위
- 대화할 때 반응이 전혀 없는 것
- 대화 시 팔짱을 끼거나 머리를 긁는 행위
- 다리를 꼬고 앉아 떨거나 흔드는 습관
- 걸을 때 팔짱을 끼는 습관
- 신발 끄는 소리를 많이 내는 습관

2) 직장에서 나의 인성

성공하는 사람은 자신의 타고난 강점을 계발하고, 그것을 학습과 경험을 통해 더욱 단련시킴으로써 강점을 강화한다. 다시 말하면, 자신의 강점을 완벽하게 계발한다면, 그것은 자신의 약점이나 험난한 세상살이를 이겨 낼 힘이 된다. 한 사람의 강점과 미덕은 불행과 심리적 장애의 고통을 완화시킬 수 있기에 생활의 활력을 찾는 데 핵심적인 역할을 한다. 자신의 강점에 초점을 맞추고 자신의 강점을 탐색하여 발견하고, 그것을 자신이 하는 일에 활용하는 것은 정말 의미 있는 일이다.

(1) 나를 바로 알자

오늘날 학교와 직장에서는 유능한 사람이 되려면 자신의 약점을 발견하여 이를 분석하고 보완하기 위한 노력을 기울여야 한다. 그 속에서 자라고 살아가는 우리도 자연스럽게 자신의 약점을 찾고 그것을 보완하려고 갖가지 노력을 기울여 왔다. 이에 비해 삶의 긍정적 가치를 부각시키려는 노력은 상대적으로 소원해질 수밖에 없다. 대개의 사람이 궁극적으로 바라는 것은 살아가는 동안 정말 행복한 삶을 사는 것임에도 불구하고 오히려 불행의 원인을 찾고 있던 것이다.

진정한 행복은 개인의 강점을 파악하고 계발하고, 그것을 일, 사랑, 자녀 양육, 여가 활동이라는 삶의 현장에서 활용함으로써 실현된다고 주장한다. 긍정심리학은 덧없이 사라질 쾌락을 맛보고 최소한의 만족을 느끼는 것 이외의 어떠한 의미도 찾을 수 없는 삶에서 벗어날 수 있는 길이 있다는 밝은 희망의 메시지를 전해 준다. 사람들은 저마다 자신 속에 있는 긍정적이고 새로운 나를 찾고 강점을 발견함으로써 진정한 행복을 추구할 수 있다. 사람들이 각자 선택한 분야에서 성공을 거두고 나아가 그 과정에서 만족감을 얻고자 한다면 자신이 가진 강점의 독특한 점을 이해할 필요가 있다.

(2) 성격보다 인성

마틴 셀리그먼(Martin E. P. Seligman)은 “기본적으로 품성을 전제로 하지 않은 학문은 결코 인간 행동을 제대로 설명하는 이론으로 인정받지 못할 것이다. 나는 바야흐로 인간 행동을 연구하는 학문의 핵심 개념으로서 품성을 부활시킬 때가 되었다고 믿는다."라고 하였다. 그는 세계에서 공통적으로 중요하게 생각하는 다양한 미덕, 즉 지혜와 지식, 용기, 사랑과 인간애, 정의감, 절제력, 영성과 초월성을 제시하기도 했는데, 이 여섯 가지 미덕은 대부분 종교나 철학에서 핵심 덕목으로 간주하고 있을 뿐만 아니라 선한 품성이라는 개념을 함께 포함하고 있다.

우리나라의 경우, 과학기술의 발달로 인한 급속한 사회 변화, 압축 성장의 폐해 발생, 신자유주의 체제로 인한 양극화, 초(超)고령화 사회로의 진입, 개인주의의 팽배 등 다양한 현상들이 복합적으로 작용하여 예전에 경험하지 못했던 일들과 범죄들이 자주 생기곤 한다. 이런 일들이 사회문제로 대두되고, 그럴 때마다 인성이라는 단어가 사람들의 입에 오르내리며, 학교 현장에서의 인성교육의 부재와 중요성이 함께 거론되고 있다.

기업에서도 인성을 갖춘 인재를 채용하려는 경향이 점점 증가하고 있다. 개인의 인성을 함양하기 위한 가장 실천적인 활동 중의 하나가 봉사 활동이라는 인식하에 다양한 재원과 제도를 통해 그것을 장려하고 있다. 대개 봉사 활동은 이기주의에서 벗어나 이웃을 사랑하고 자신이 가진 것을 다른 사람과 함께 나눈다는 취지를 근본 배경으로 하는 활동이기 때문이다. 그래서 기업들도 직접 자원봉사센터를 운영하거나 구성원들이 봉사 활동에 참여하는 것을 독려하며 지원하고 있다.

3) 강점의 인성

(1) 강점의 정의

사람은 누구나 다른 사람과 비교하여 특별히 잘하는 일이 있기 마련이다. 문제는 그것을 얼마나 잘 발견하느냐에 달려 있다. 그러나 안타깝게도 대부분 사람은 자신이 가지고 있는 독특한 장점을 발견하지 못하고 생을 마치는 경우가 많다. 따라서 한 사람에게 있어 가지고 있는 독특한 장점, 즉 강점을 발견하는 일은 정말 중요한 일이고, 그것을 위해 적절한 시간과 노력을 투자해야 한다. 강점(strength)이란 한 가지 일을 완벽에 가까울 만큼 일관되게 처리하는 능력으로 재능과 지식과 기술의 총합체이다.

(2) 강점의 특성

① 강점은 자율의지에 따라 결정된다.

재능은 기계적으로 습득하는 경우가 많지만, 강점은 대개 자율 의지에 따라 결정되기 때문에 선택의 문제와 연결된다. 예컨대, 대형할인매장의 직원이 잘못 계산하여 7,000원을 더 거슬러 주었을 때 그것을 사실대로 말하는 데는 개인의 의지가 필요하다. 그 직원에게 7,000원을 되돌려 주면서 뿌듯함을 느끼는 것은 정직이라는 자신의 재능을 칭찬받았기 때문이 아니라 올바른 일을 한 것에 자부심을 느끼기 때문이다. 그렇게 한 자신의 자율적인 의지에 대한 자부심이 그를 뿌듯하게 하는 것이다.

② 강점은 낭비할 수 없다.

"홍길동은 아주 총명한데 좋은 머리를 썩히고 있다."라는 표현은 그가 높은 지능지수를 선택한 것은 아니지만 우수한 두뇌를 활용하지 않고 잘못 선택함으로써 자신의 재능을 낭비하고 있다는 뜻이다. 이처럼 강점은 낭비할 수 있는 것이 아니고, 언제 발휘하고 어떻게 지속적으로 계발하느냐와 관련된 문제이다. 그래서 강점은 결단을 내리고 꾸준히 노력한다면 평범한 사람들도 얼마든지 습득할 수 있다.

③ 강점을 발휘한다고 해서 주위 사람들의 강점 기회가 줄어드는 것이 아니다.

도리어 강점과 미덕을 베푸는 것을 보면 감동과 용기를 얻는다. 지켜보는 사람들의 마음에 질투가 아닌 부러움이 가득 차오른다. 강점을 발휘하는 사람은 긍정적인 정서, 즉 자부심, 만족감, 기쁨 및 성취감 등을 느끼게 된다. 강점과 미덕에 따라 행동할 때 우리는 모두 승자가 될 수 있다.

3. 직장생활에 필요한 인성

사람들은 스스로 자신의 미래에 대한 목표를 세우고 그 목표를 달성하기 위해 계획하고 실천하려고 노력한다. 그 과정에서 우리는 스스로 "나도 남들처럼 혹은 남들만큼 잘할 수 있을까?"라는 질문을 많이 하게 된다. 그러나 오늘보다 더 나은 내일의 자기 모습을 찾기 위해 필요한 것은 이런 질문보다는 자신에 대해 자신감을 갖는 것이 더 중요하다. 자신감(自信感)을 한자로 풀어 보면 스스로 자(自), 믿을 신(信), 느낄 감(感)으로 스스로 믿는 마음을 갖는 것을 의미하며, 어떤 일을 스스로의 능력으로 충분히 감당할 수 있다고 믿는 마음으로 정의할 수 있다. 이를 자존감이라 하며 항상 자신감과 자기 자신을 존중하고 할 수 있다는 자존감을 갖는 것이 바람직하다.

1) 자아존중감의 인성

자존감(self-esteem)이라고 하는 자아존중감은 자신을 중요하다고 생각하거나 성공적이고 가치가 있다고 믿는 정도를 의미한다. 즉, 자존감이란 자기 자신에 대한 평가로서 자신이 능력 있고 가치 있으며 중요한 의미를 가진 존재라고 믿는 정도를 뜻하는 것으로 긍정적이거나 부정적인 태도로 표현된다. 습관적인 부적응 행동을 변화시키고자 하는 결정은 개인의 가치와 관련이 있는 독특하며 정서적인 과정이기 때문에 자신이 어떠한가에 대한 내적 느낌, 삶의 의미, 부여된 고유한 역할들에 대한 지각 등이 변화 동기에 영향을 미친다. 즉, 낮은 자아존중감, 수치심, 무력감과 같은 감정을 극복하고 자아존중감을 되찾고자 하는 욕구 등이 변화의 촉진제가 된다.

(1) 자존감 향상

자존감이 중요한 이유는 자존감은 우리의 삶을 더욱 당당하게 만들어 주는 에너지이며, 사람들에게 용기를 주고 한계를 극복하게 해 주기 때문이다. 다시 말해, 자존감은 큰 위험을 극복하게 하여 스스로 가능하다고 생각했던 것 이상의 효과를 낼 수 있도록 해 주고, 또한 사람들에게 기회를 제공하게 되며, 불가능할 것이라고 단정하고 실행시키지 못했던 일들에 도전하여 성공과 미래의 행복을 가져오게 한다.

직장생활에 있어 중요한 자존감은 자신의 노력에 의해 달라질 수 있다. 자신의 노력에 의해 자존감을 가질 수도 혹은 자신감 없이 인생을 살아갈 수도 있다. 이것의 선택은 본인 자신이 하는 것이다. 개인의 변화 동기를 높이기 위한 방법은 자신에 대해 알기, 자신의 장점 찾아하기, 소중한 것 찾기, 학습된 무기력 극복하기 및 성공 경험 나누기 등으로 이러한 것들이 중요한 요소로 파악되고 있다.

(2) 자신에 대해 알기

당신은 누구십니까? 라는 질문을 받는다면, 이름, 사는 곳, 출신 지역과 출신 학교 및 가족관계에 대해 이야기하는 경우가 대부분이며, 그 외 자신에 대해 구체적으로 말할 수 있는 사람은 많지 않을 것이다. 그러나 자기 자신에 대해 올바르게 이해하는 것은 매우 중요하다. 자기 자신을 올바르게 이해하는 사람은 가장 합리적이고 현실적인 행동을 선택하고 실행할 가능성이 매우 높기 때문이다.

〈표 2-1〉 자신을 잘 표현할 수 있는 단어들

다음에 제시된 단어 중 자신을 잘 표현하고 있는 단어에 체크해 봅시다.

따뜻함		사교적		꿈이 많은	
정열적		활동적		독특한	
활기찬		수용적		예의 바른	
재능 있는		친절한		안정적인	
상상력이 많은		낙천적		개성이 강한	
정이 많은		경쟁적인		인내심이 있는	
창의적		이성적인		목표지향적인	
가능성		감정적인		배려하는	
자립심이 강한		꾸밈없는		꼼꼼하고 철저한	
융통성 있는		강인한		유머가 있는	
예술적인		의사결정이 빠른		리더십이 있는	
봉사하는		근면한		상냥한	
믿음직한		동료애가 있는		열성적인	
재치 있는		조직적인		관대한	

출처: 인성과 리더십, 양성원.

표를 보고 자신을 잘 표현하고 있는 항목에 대해 알아보자. 일상생활에 영향을 미치고 있는 자신의 장점 항목들이다. 자신의 장점을 나타내는 형용사들의 의미분석을 통해 현재 자신의 성격을 정확하게 파악하여 장점은 극대화하고 단점은 보완할 수 있다. 다음으로 자신의 장점 항목들을 살펴보았다면 현재 자신의 자존감 정도는 어느 정도가 되는지를 살펴보는 것이 필요하다. 자신의 자존감 정도를 파악해 봄으로써 현재 자신의 모습을 점검해 볼 수 있고, 변화의 필요성을 파악해 볼 수 있기 때문이다.

또 다음의 표는 자신의 자존감 정도를 파악할 수 있는 척도이다. 두 개의 표를 통해 자신을 객관적으로 매우 정확하게 파악하는 경우도 있지만 왜곡할 가능성도 있다. 왜냐하면 우리나라의 경쟁적인 직장생활과 사회생활에서 무능감과 부정적 자아개념을 가지고 있는 경우가 많기 때문이다. 자존감이야말로 직장생활을 잘할 수 있는 첫 번째 인성이며 실력이다.

〈표 2-2〉 **자존감 척도**

내용	대체로 그렇지 않다	보통 이다	대체로 그렇다	항상 그렇다
나는 내가 다른 사람들처럼 가치 있는 사람이라고 생각한다.	①	②	③	④
나는 좋은 성품을 가졌다고 생각한다.	①	②	③	④
내 자신에 대하여 긍정적인 태도를 가지고 있다.	①	②	③	④
나는 대부분의 다른 사람들과 같이 일을 잘할 수 있다.	①	②	③	④
나는 내 자신에 대하여 대체로 만족한다.	①	②	③	④
나는 자랑할 것이 별로 없다.	④	③	②	①
나는 대체적으로 실패한 사람이라는 생각이 든다.	④	③	②	①
나는 내 자신을 좀 더 존경할 수 있으면 좋겠다.	④	③	②	①
나는 가끔 내 자신이 쓸모없는 사람이라는 생각이 든다	④	③	②	①
나는 때때로 내가 좋지 않은 사람이라고 생각한다.	④	③	②	①
합계				
긍정적 문항(1-5), 부정적 문항(6-10)으로 구성되어 있으며, 체크한 항목에 표시된 점수를 합산하면 된다. 점수가 높을수록 자아존중감은 높은 것을 의미한다.				

출처: 인성과 리더쉽, 양성원.

(3) 자신의 자존감 찾기

새로운 것에 대한 시도, 창의적 사고로 도전을 감행하거나 미지의 것을 탐색하려는 용기는 자신에 대해 긍정적 자아개념이 형성되어 있을 때 가능하다. 긍정적 자아개념을 형성할 수 있는 방법 중 하나가 자신의 장점에 대해 파악하는 것이다. 사람들은 누구나 장점을 갖고 있는데, 그것을 발견하지 못하고 지내는 경우가 흔하다. 또 자신의 장점을 이야기하는 것이 부끄럽고 겸손하지 못한 사람으로 비추어지는 것에 대한 두려움을 가지고 있다. 과거에는 겸손이 미덕이라고 했지만 현대는 자기 홍보(puhlic relations)의 시대라고 하여 자신을 브랜드화할 수 있어야 한다. 그것이 자신감이자 자존감이다.

맥스 루카도(Max Lucado)의 베스트셀러 『너는 특별하단다』라는 동화의 한 장면에서는 자신의 특별함과 소중함에 대해 생각해 보도록 하고 있다. 이 작품은 아무것도 잘하는 것이 없는 펀치넬로가 다른 사람들의 평가나 시선과는 상관없이 자신이 왜 세상에 단 하나뿐인 특별한 존재인지를 발견해 가는 아름다운 과정을 그린다.

이처럼 우리 자신도 세상에 하나뿐인 존재이기 때문에 매우 소중한 존재이다. 그러나 자신의 장점을 찾지 못하고 자신을 부정적으로만 생각하며 살아가는 것은 매우 안타까운 일이다. 따라서 자신의 장점을 찾아서 자신이 귀중한 존재인지를 발견하는 것은 매우 중요한 일이다. 지금부터 자신의 장점을 찾아보자. 처음 시작은 사소한 장점부터 찾아보는 것이 좋다. 예를 들어, 어떤 사람은 밥을 맛있게 잘 먹는 것이 장점이 될 수 있고, 어떤 사람은 남을 잘 배려하는 것이 장점일 수 있다. 평소 주변 사람들로부터 칭찬받은 내용 혹은 자기가 장점으로 생각하는 것들에 대해 생각해 보자.

생각해 보기

『너는 특별하단다』 동화 이야기

웸믹이라는 작은 '나무 사람들'이 있었습니다. 그들은 모두 엘리라는 목수 아저씨가 만들었답니다. 작은 나무 사람들은 서로에게 금빛 별표나 회색 점표를 붙이며 하루를 보냅니다. 재주가 뛰어나거나 색이 잘 칠해진 잘생긴 웸믹들은 금빛 별표를 받았고, 나무결이 거칠거나 재주가 없는 웸믹들은 잿빛 점표를 받았습니다. 아무것도 잘하는 것이 없는 펀치넬로는 태어나서 한번도 금빛 별표를 받아 본 적이 없는 골칫덩이였습니다. 온몸이 회색 점표로 뒤덮여 있거든요. 펀치넬로는 항상 잿빛 점표를 받아 기분이 많이 안 좋았어요. 그러던 어느 날 펀치넬로는 별표도 점표도 없는 루시아를 만나게 되었습니다. 루시아라는 친구를 통해 자신을 만든 엘리 아저씨를 만나게 되었습니다. 엘리 아저씨는 펀치넬로 에게 이렇게 말을 했습니다. "내가 나무 사람들을 하나하나 만들 때 정성껏 나름대로의 개성을 가진 특별한 인형을 만든단다. 그래서 펀치넬로도 이 세상에 하나뿐인 아주 특별한 인형이란다." 펀치넬로는 자신이 이 세상에 하나뿐인 존재라는 것을 깨닫고 누구나 좋고 아름다운 점이 있다는 것을 알게 되었습니다. '나는 나라는 이유 하나만으로도 아주 특별해'라고 말이죠.

나의 장점은?

① ______________________________

② ______________________________

③ ______________________________

④ ______________________________

⑤ ______________________________

⑥ ______________________________

⑦ ______________________________

⑧ ______________________________

⑨ ______________________________

⑩ ______________________________

출처: 인성과 리더십, 양성원.

(4) 성공 경험 나누기

잠시 자리에 앉아서 자신의 가족, 친구, 직업에 대해 생각해 보도록 하자. 각각의 영역에서 자신은 어떻게 행동해 왔는가? 만족스러운 행동이 있었는가? 가슴 깊은 곳까지 충만감을 준 사건이 있었는가? 이것은 일시적인 행복을 말하는 것이 아니라 무언가를 능숙하게 처리하여 일의 결과가 좋게 나오고 자신이 그 일로 인해 스스로 가치를 높게 평가하는 것을 말한다. 누구나 살아가면서 힘든 일을 겪은 적이 있었을 것이다. 또 이것을 적절하게 잘 풀어 나가고 극복한 경험이 있을 것이다. 이제 유아기, 아동기, 청소년기를 거쳐 살아오면서 힘들고 어려운 일들을 어떻게 극복했는지를 생각해 보자. 학교 다닐 때 열심히 공부했거나 운동했던 것, 가정과 학원 등에서 여러 가지 어려움 등을 극복해 가면서 시험에 좋은 성적을 거두고 훌륭한 결과를 가져온 것, 봉사 활동을 통해서 신체적으로 힘들었지만 보람을 찾았던 일, 친구들과의 관계를 지혜롭게 극복한 일 등 힘든 일을 슬기롭게 잘 처리한 것들을 생각해 보고 적어 보자.

생각해 보기

〈성공 경험담 작성하기〉

자신이 살면서 어려움을 극복하고 성공한 경험을 적어 보자(3가지 이상).

① ______________________________

____

② ______________________________

____

③ ______________________________

____

2) 근면의 인성

근면이라고 하면 게으르지 않고 부지런히 일하며 힘쓰는 것이라고 정의될 수 있다. 성공신화를 이루었다고 지칭되는 이들의 공통점을 살펴보면 부지런함을 빼놓을 수 없다. “성공도 실패도 하나의 버릇에서 온다.”라는 유대인의 속담에도 있듯이 근면함은 인생에 있어서 성공을 이끄는 필요조건임은 틀림없다. 근면하기 때문에 성공한 사람은 있어도, 게을러서 성공했다는 사람의 이야기는 동서고금을 막론하고 들어본 적이 없을 것이다. 물론 근면한 것만으로 성공할 수 있다는 얘기는 아니지만, 근면한 것은 성공을 이루게 되는 데 있어 없어서는 안 될 조건인 것이다.

성공을 위해서는 자연히 수고와 고생이 따른다. 근면이라든가 게으름은 본성에서 나오는 것이라기보다 습관화된 경우가 많은데, 어렸을 때의 가정환경이나 가정교육, 학교 교육도 커다란 영향력을 미친다. 인간의 본성은 괴로움을 피하고 편한 것을 향하기 마련이다. 그러나 근면이 주는 진정한 의미를 알고 힘들지만 노력하는 태도를 길러야 할 것이다.

(1) 근면의 이해

근면은 사람들이 부지런하게 열심히 일하도록 하는 원동력이 무엇인지에 따라 두 가지로 구분된다. 외부로부터의 강요에 의한 근면과 스스로 자진해서 하는 근면이 그것이다. 공부에 대한 자세로 예를 들어, 살펴본다면, 집안이 가난하여 어렸을 때 공부를 못 한 사람이 나이가 들어서 그 한을 풀기 위하여 만학의 길에 뛰어드는 경우가 있다. 그런 경우 그는 자연히 적극적 자세를 취하게 되고, 시간을 아껴 가며 남보다 더 열심히 공부에 전력한다. 그에게는 공부하는 시간이 즐거운 시간이고, 힘은 들어도 괴로운 줄을 모른다. 그는 스스로 자진해서 하는 근면을 보인다고 할 수 있다.

두 가지 종류의 근면으로 나누어 볼 수 있는 사례는 우리 주위에서 쉽게 찾아볼 수 있다. 가난한 시절 논밭이나 작업장에서 오랜 시간 동안 열악한 노동조건에서 기계적으로 일을 하던 것은 삶을 유지하거나 필요에 의해서 강요된 근면이었다. 그렇지 않으면 생계를 유지할 수가 없었기 때문이었다. 이러한 근면은 외부조건으로부터 강요된 것이다. 반면에, 은퇴 후 정원 생활을 꿈꾸며 귀촌하여 논밭을 열심히 가꾸는 일은 스스로 자진해서 하는 근면한 생활이라고 볼 수 있을 것이다. 몸은 고단하지만 논밭에서 나는 농작물을 수확했을 때 느끼게 되는 기쁨과 행복은 크기 때문이다.

자기 사업을 하는 사람 또는 성과에 따라서 보수의 액수가 결정되는 세일즈맨의 경우는 대개 능동적이며 적극적인 자세로 일을 하게 되지만, 일정한 봉급을 받게 되어 있는 일반 직장인의 경우에는 일을 적게 하고 싶은 충동을 느끼는 사람들이 많을 것이다. 그러나 한편으로는 일을 열심히 해야 한다는 '양심의 소리'도 들리는 듯하여 마음의 갈등을 느끼는 경우가 흔히 있다. 편히 일하여 돈을 벌고 싶다는 욕망과 열심히 일해야 한다는 양심의 소리로 인한 갈등 속에서 힘겹고 괴롭게 일하는 것보다는 직장생활 속에서 우리 직장인들이 자진해서 부지런히 힘쓸 수 있도록 동기 유발할 방법을 스스로 찾는 일이 필요할 것이다.

(2) 근면에 필요한 자세

몸과 마음은 비록 힘들지라도 스스로 자진해서 부지런히 힘쓰면서 즐거운 마음으로 직장생활을 하기 위해서 가장 필요한 것이 무엇일까? 가장 기본이 되는 마음가짐은 자신이 하는 일을 가치 있고 귀중한 일이라고 생각하는 것이다. 일을 단순히 돈벌이의 수단에 불과하다고 생각한다면 수동적 자세로 마지못해 하기 쉬울 것이고 그 시간이 지루하고 괴롭게 느껴지기 마련이다.

등산객에게는 산에 가는 것이 즐거운 일이고, 나무꾼에게는 산에 가는 것이 괴로운 일이다. 경치 좋고, 공기 좋은 산에 갈 경우에도 등산객에게는 그것이 즐겁고 나무꾼에게는 그것이 괴롭다. 도대체 왜 이러한 차이가 생기는 것일까? 나무꾼은 산에 가서 마른 나뭇가지나 관목을 베는 등 힘든 일을 해야 하고, 또 무거운 짐을 지고 내려오는 고역을 치러야 하나, 등산객에게는 그런 부담이 없다는 사실을 지적할 수 있을 것이다. 줄에 매달려서 암벽을 오르는 등산이나 혹한과 눈보라를 무릅쓰고 세계의 고산에 도전하는 산악인의 수고는 나무꾼의 수고보다도 몇 배 힘들고 어렵지만, 산을 타는 사람들은 그 어려움 속에서 환희를 느낀다. 등산객의 산행이 즐거운 가장 근본적인 이유는 그것이 자진해서 하는 일이라는 사실에 있다. 나무꾼의 산행이 괴로운 가장 근본적인 이유는 그것이 강요당한 노동이라는 사실에 있다.

3) 성실의 인성

'최고보다는 최선을 꿈꾸어라'는 말은 어릴 때부터 어른들에게 수없이 들어온 이야기일 것이며 인생을 살아가는 데 중요한 '성실'의 의미와 매우 밀접하게 관련된다. 최선을 꿈꾸었기 때문에 결국은 최고가 된다는 의미와도 일맥상통한다. 성공한 사람들은 대부분 성실한 사람이기에 성실은 삶의 기본임과 동시에 세상을 살아가는 데 있어 가장 큰 무기이기도 하다. 이는 삶의 경험에서 나오는 자연스러운 진리이다.

아무리 뛰어나더라도 성실이 뒷받침되지 못하면 그 관계는 오래갈 수 없고 신뢰는 깨어진다. 천재는 1%의 영감과 99%의 노력으로 만들어진다고 하지 않는가? 성실만 뒷받침된다면 1% 모자란 부분은 그리 중요하지 않다. 조직에서도 마찬가지이다. 조직의 리더가 조직 구성원에게 원하는 첫째 요건이 바로 성실성이라고 한다. 즉, 성실은 조직 생활에서 가장 큰 무기가 될 수 있는 것이다.

(1) 성실의 이해

성실은 일관하는 마음과 정성의 덕이다. 자식에 대한 어머니의 정성이 대표적인 한국인의 '정성스러움'이다. 정성스러움은 '진실하여 전연 흠이 없는 완전한 상태에 도달하고자 하는 사람이 선을 택하여 노력하는 태도'라 말할 수 있다. 그러한 태도가 보통 사람들의 삶 속으로 스며들면서 자신의 일에 최선을 다하고자 하는 마음자세로 연결되는 것이 성실의 태도이다. '지성(至誠)이면 감천(感天)이다' 혹은 '진인사대천명(盡人事待天命)' 등의 말은 인간으로서 자신이 할 수 있는 모든 노력을 경주하고자 하는 정성스러움을 함축하고 있다.

나무에 물을 주는 일에 단순히 대비해 생각해 본다면 근면함은 나무에 물 줄 때를 놓치지 않고 열심히 골고루 물을 주는 행위에 해당될 것이고, 여기에 애정을 가지고 나무를 온 마음으로 정성껏 돌보는 마음이 보태어진다면 물을 주는 행위는 성실한 태도로 볼 수 있을 것이다. 또 다른 예로는 음식점에서 음식을 주문한 대로 빨리빨리

늦지 않게 잘 만들어 내는 것은 근면이라는 단어에 알맞고, 여기에 그 음식을 만들면서 먹는 손님께서 기분이 좋아지고 몸과 마음이 건강해지기를 바라는 마음으로 정성스러움과 진실한 마음을 담아 음식을 만든다면 성실한 태도와 일맥상통한다고 할 수 있을 것이다.

(2) 성실과 불성실

어느 A의 집에서 멀지 않은 곳에 전자기기 수리점이 두 곳 있었다. 한 수리점은 간단한 일로 부르는 고객의 집에는 바쁘다는 핑계로 가기를 거부하고, 전기의 합선을 고치는 따위의 돈벌이가 됨직한 일만 찾아다녔다. 뿐만 아니라 고객에게 터무니없는 많은 대가를 요구하는 버릇이 있었다. 다른 수리점은 고객의 요청만 있으면, 일의 크고 작음을 가리지 않고 곧 달려 갔을 뿐 아니라, 부당하게 많은 돈을 받는 일도 없었으며 작은 일에도 정성을 다해 수리를 해 주었다. 불성실하게 영업을 하던 첫째 수리점은 결국 규모를 줄여서 변두리로 나갔다. 성실하게 가게를 운영한 수리점은 둘째 동생에게도 기술을 가르쳐서 또 하나의 점포를 낼 수 있을 정도로 성업을 이루었다.

성실한 사람과 성실하지 않은 사람의 가장 큰 차이는 돈벌이가 쉬운가 아니면 쉽지 않은가의 경우에서 발생할 가능성이 크다. 단시간에 큰돈을 벌거나 적은 노력으로 좋은 결과를 얻기 위해서 요행을 바라는 마음이 성실하지 않은 사람의 큰 특징일 것이다. 어떠한 요행을 바라며 큰돈이 되는 일만 하려는 마음가짐과 행동은 단기적으로 봤을 때 이익이 되는 것처럼 보이지만 장기적으로 봤을 때는 결코 성공할 수 없음을 본 사례는 보여 주고 있다.

단기적으로 생각했을 때 성실한 사람이 손해를 보는 것 같지만, 장기적으로 볼 때 그렇지 않다. 일단 부정직하고 불성실한 자세로 번 돈은 쉽고 무가치하게 써 버릴 가능성이 높다. 뉴스에서 우리는 복권당첨 후 인생역전을 한 듯 보이는 사람들이 흥청망청 돈을 다 써 버린 후 불행한 삶을 살아가는 기사를 종종 본다. 반면에 성실하게 번 돈은 성실하게 번 만큼 가치 있게 쓰기에 결과적으로 남는 것이 크다. 더 나아가 자신처럼 성실하게 일하는 사람들과 어려운 사람들의 마음 또한 헤아릴 수 있는 사람이 될 수 있다.

4) 정직의 인성

정직은 어떠한 상황에서도 생각, 말, 행동을 거짓 없이 표현하여 신뢰를 얻는 것이라고 정의할 수 있다. 이러한 정직이 없다면 어떻게 될까? 공동체를 이루어 더불어 잘 살아가기 위해 사람과 사람 사이에 필요한 신뢰라는 것이 사라져 버리고 불신이 쌓여 유기적인 사회 시스템 자체의 유지가 어려울 것이다. 구성원들이 서로 믿을 수 없다면 각자의 일을 위해 처음부터 끝까지 일일이 직접 확인해야 할 것이고 큰 조직과 사회체제의 유지 자체가 불가능할 것이기 때문이다. 물론, 정직이 신뢰를 형성하는 충분한 조건은 아니다. 신뢰를 얻기 위해서는 정직 이외에도 약속을 잘 지키거나 필요능력을 갖춰야 하는 등의 다른 필요사항도 있어야 하겠지만 정직이 신뢰를 위해서 빠질 수 없는 요소인 것만은 틀림없다.

(1) 정직의 이해

우리는 정직함으로 신뢰를 얻어 성공한 사례들을 쉽게 찾아볼 수 있다. 한 방송국의 유명 프로그램인 '착한 식당'을 찾는 방송을 통해 손쉽게 그 예를 살펴볼 수 있다. 착한 식당으로 선정된 음식점들의 공통점은 자신들의 음식 재료에 거짓이 없다는 점이며, 따라서 소비자들은 믿고 그 음식점에서 음식을 먹을 수 있다. 착한 식당의 주인들은 자신들의 재료 공개에 있어 거리낌 없고 당당하며 착한 음식을 만드는 것이 무엇인지 나름의 가치관과 생각을 가지고 열심히 살아가고 있음을 볼 수 있다. 직장에서의 정직은 누가 감시하거나 지켜보지 않더라도 옳은 일을 선택할 수 있는 용기가 있고 손해가 되더라도 자기의 생각을 솔직하게 표현하고 행동하는 것과 일맥상통한다고 할 것이다.

직장에서의 정직함과 가장 상반되는 행동으로는 거짓말과 잘못에 대한 침묵이 될 것이며 이는 조직 구성원 간의 신뢰를 떨어뜨리는 가장 부정직함의 형태일 것이다. 물론, 산업스파이와 부정직한 뇌물 수수 또한 직장에서의 일어날 수 있는 정직과 위배되는 형태일 것이며 이는 준법을 어기는 큰 문제가 될 수 있다.

앞서 '착한 식당'의 예에서 살펴본 것처럼 정직함이 갖춰진 사람은 숨길 것도 두려울 것도 없다. 그들의 삶은 열린 책과도 같다. 또 정직함을 지닌 사람은 올바르게 산다는 것이 무엇인지 잘 알고 있으며 당당하게 이를 실천할 수 있는 사람이다. 자신의 삶을 올바른 방향으로 이끌 수 있는 생각과 시각을 가지고 당당하고 정직하게 살아가는 사람들은 돈으로 계산할 수 없는 큰 재산, 신뢰라는 큰 자산을 얻을 수 있다.

직장에서의 정직에서 가장 기본이 되는 것은 무엇일까? 사실을 정확히 파악하고 전달하며, 용기 있게 보고하는 것이 그 핵심이라고 할 수 있다. 직장생활에서의 정직과 관련하여 다음의 세 가지 측면을 명심해야 한다.

(2) 정직과 신용

27년간 3,800대의 자동차를 판 한 판매의 달인에게 영업의 비법을 물어보았을 때 그의 대답은 '정직한 영업'이었다. 정직한 영업이 승리하는 영업이라고 믿기 때문에 단점은 단점대로 알리고 장점은 장점대로 부각해 정직하게 고객을 응대하여 신뢰를 얻어, 구매고객이 다시 재구매 고객으로 돌아왔다고 한다. 자동차 판매왕처럼 개개인이 자신의 정직과 신용을 구축할 수 있는 지침은 4가지로 나누어 생각해 볼 수 있다.

첫째, 정직과 신뢰의 자산을 매일 조금씩 쌓아 가자. 정직은 돈보다 소중한 자산임을 항상 염두에 두고 돈을 아끼고 모으듯, 매사에 정직한 태도를 지녀 신뢰라는 자산을 차곡차곡 축적하자. 자신의 일과 생활 속에서 정직한 삶을 산다는 것이 무엇인지에 대한 가치관과 생각을 확립한 후 실천해 나간다면 티끌 모아 태산처럼 신뢰 또한 축적될 것이다.

둘째, 잘못된 것도 정직하게 밝히자. 자랑할 만한 일에는 누구나 정직할 수 있다. 부끄럽고 숨기고 싶고, 밝히면 손해볼 것 같은 일 때문에 부정직하게 되는 것이다. 잘못된 것, 실패한 것, 실수한 것에 대하여 정직하게 인정하고 밝히는 것은 잘못을 줄이고 더 큰 잘못을 막기 위한 최고의 전략이다. 고객에게나 동료에게나 상사에게나 마찬가지이다. 모든 일은 투명하고 남이 알 수 있도록 진행하며, 사실 그대로 보고하고 사실 그대로 알려 주어야 한다.

셋째, 정직하지 못한 것을 눈감아 주지 말자. 미국 공군사관학교에서 어떤 교관이 불법적으로 술을 소지하고 있는 생도를 붙잡았다. 엄히 꾸짖고 술을 빼앗은 후, 교관은 그 생도에게 자기가 보고는 하지 않을 테니까 다시는 규율을 어기지 않겠다고 약속하라고 했다. 규율 위반 사실을 보고하면 그 생도는 교칙에 의해 중징계를 받아야 한다는 사실을 알고 있었기 때문이었다. 몇 달 후, 그 생도가 또 술을 소지하고 있다가 적발되었다. 학교 당국으로부터 견책을 받게 되자 그는 교관이 일전에 자기를 적발하고 보고를 하지 않은 사실을 실토했다. 며칠 후 그 교관은 다른 곳으로 문책성 전출을 당하고 경력에 오점을 남겼다. 개인적인 인정에 치우쳐 부정직을 눈감아 주거나 타협하는 것은 결국 자신의 몰락은 물론, 또 다른 부정을 일으키는 결과를 가져오게 된다.

넷째, 부정직한 관행은 인정하지 말자. "나야 정직하고 싶지. 업무 관행과 환경들이 그렇게 안하면 안 되게 되어 있는데?"라고 이야기할지도 모른다. 시대도 변하고 환경도 변하는데, 언제까지 과거의 관행을 가지고 경쟁할 수 있다고 보는가? 과거에는 한때 부정직이 경쟁의 한 방편인 적도 있었다. 그러나 그러한 관행은 이제 뿌리 뽑지 않으면 살아남지 못하는 시대가 되었다. 관행 때문에 그렇게 했다는 것은 잘못을 합리화하는 근거가 될 수 없다. 누가 강요했든, 관행이 어찌 되었든 내가 한 행위는 나의 책임이다.

5) 책임의 인성

책임(責任)은 맡아서 해야 할 임무나 의무를 중히 여기는 마음이다. 자신의 능력을 조절하여 맡은 임무를 완성하고 나아가 자신의 역할을 다해 사회에 기여하는 것이다. 특히 직장에서 업무에 대한 과오나 오류가 발생하였을 경우 동료나 후배 사원에게 미루는 행동은 절대 하지 말아야 한다. 거짓은 나중에 밝혀지는 경우가 대부분이며 직장에서 낙인이 찍히거나 신뢰를 잃으면 생활하기가 쉽지 않다.

(1) 책임의식

취업포털 잡코리아와 월간 인재경영이 공동으로 '최고 vs 최악동료 키워드'에 관해 조사한 결과, 책임감의 여부가 최고 직장 동료 또는 최악의 직장 동료를 구분하는 기준인 것으로 나타났다. 그 결과 최고와 최악의 직장 동료를 판가름하는 주요 키워드는 '책임감'과 '성실'인 것으로 밝혀졌다. 책임감과 성실성이 있고 없고의 차이에 따라 최고와 최악이 극명하게 나뉘었기 때문이다.

그렇다면 직장 내에서 일 잘하는 직원과 인성이 훌륭한 직원 중 어떤 사람이 더 높은 연봉을 받아야 할까? 질문 결과, 근소한 차이로 '인성'보다는 '능력'이 더 높게 평가되었다. 설문 참여자들 중 '인성(성실성, 대인관계)은 다소 떨어지지만 업무 능력이 출중한 동료가 그런 대우를 받아야 한다'고 답했고, 나머지는 '업무능력은 다소 떨어지지만 인성이 훌륭한 동료'가 더 높은 평가 또는 연봉을 받아야 한다고 응답했다.

(2) 책임과 자유

일반적으로 책임의 문제는 불행을 초래하는 일이나 범죄와 같은 사건이 발생했을 때 제기된다. 예컨대, 집에 불이 났을 경우를 생각해 보자. 재산상 손실은 물론이고 사람이 다치거나 죽을 수도 있다. 화재의 원인은 낙뢰일 수도 있고 누전일 수도 있다. 그러나 이 경우 하늘의 번개 혹은 낡은 전선에 책임을 묻는 사람은 없다. 번개와 전선은 화재의 물리적 '원인'을 제공했을 뿐, 그에 대한 '책임'을 질 수도 없고, 질 필요도 없다. 책임은 오직 인간만이 질 수 있다. 오직 인간만이 자유의지를 가지고 있으며, 책임은 이러한 자유의지에 의해 발생한 행위의 결과와 관계할 뿐이기 때문이다. 화재의 원인이 낡은 전선에 의한 누전으로 밝혀질 경우, 화재라는 사건에 대한 책임은 전선이 아니라, 전선의 관리를 소홀히 한 집 주인 혹은 관리자에게 돌아간다.

〈표 2-3〉 최고 VS 최악 직장인 키워드 설문조사

	최고 직장 동료 키워드		최악 직장 동료 키워드	
1위	책임감 있는	63.2%	책임감 없는	67.4%
2위	성실한	55.5%	불성실한	66.7%
3위	능력 있는	45.9%	이기적인	64,0%
4위	협동심 있는	40.2	능력 없는	48.8%
5위	따뜻한	38.9%	경솔한	28.2%
6위	긍정적인	36.3%	우울한	25.0%
7위	밝은	31.0%	화내는	23.8%,
8위	센스 있는	28.6%	비난하는	21.6%
9위	재미 있는	22.1%	둔한	17.9%
10위	쾌활한	21.9%	반항적인	15.7%

출처: 인성과 리더십, 양성원.

책임은 오직 인간에게만 가능할 뿐이라는 이러한 생각의 근저에는 인간과 자연의 날카로운 구분이 놓여 있다. 즉, 자연필연성과는 전적으로 다른, 오직 인간만이 소유하고 있는 자유의지에 대한 확고한 믿음이 자리 잡고 있다. 인간의 행위는 그의 자유의지의 소산이라는 의미에서 인과율의 사슬에 얽매여 발생하는 자연현상과는 질적으로 전혀 다르다고 보는 것이다. 인간과 자연의 근본적인 차이에 대한 이러한 믿음, 즉 인간의 자유의지에 대한 믿음은 행위의 결과에 대한 책임을 행위 주체, 즉 그 결과를 초래한 당사자 개인에게 묻는 것을 당연하게 만들었다.

03

사회와 인성

[학습목표]

1. 사회속의 인성에 대해 설명할 수 있다.
2. 정직한 사회와 공정한 사회에 대해 설명할 수 있다.
3. 사회생활에 필요한 인성에 대해 습득하고 실천할 수 있다.

[미리 보기]

지난 2009년 1월 15일. 승무원을 포함한 155명을 태우고 미국 뉴욕 라과디아 공항(La Guardia Airport)을 출발한 US에어웨이 1549편 여객기에 문제가 생긴 것은 이륙 후 3분 30초가 지나서였다. 새 떼와 충돌해 양쪽 엔진에 문제가 생겼고, 850m 상공에서 추진력을 잃었다. 그때 체슬리 설렌버거 기장 설리는 '208초'라는 짧은 순간에 판단을 내리고 허드슨 강에 비상 착수했다. 관제탑에서는 근처 공항으로 회항을 지시했지만, 설리 기장은 자신의 판단을 믿었다. 비행기가 허드슨 강에 불시착한 순간부터 전원 구조까지 걸린 시간은 불과 24분. 승객 150명과 승무원 5명 중 누구 하나 목숨을 잃지 않았다.

설리 기장은 짧은 순간, 혹시라도 남보다 자신을 먼저 챙기지 않았을까? 그는 단호한 어조로 "208초 동안 단 한 번도 나의 안위를 생각하지 않았다. 어떻게 하면 승객들을 오래 보살피고, 전부 살릴 수 있을지에 대해 생각했다"고 말했다. 전원이 사망했어도 이상하지 않았을 상황을 기적 같은 결과로 이끈 것은 자기 자리에서 최선을 다한 이들이었다. 그저 묵묵하게 자신이 해야 할 일을 한다.

훌륭한 리더 곁에는 '어벤져스'급의 팀원들이 있었다. 부기장 제프 스카일스(아론 에크하트)는 끝까지 설리 기장을 보좌하며 승객을 챙기고, 여성 승무원인 도나 덴트(앤 쿠삭) · 쉴라 데일(제인 가버트) · 도린 웰시(몰리 하건)는 흔들리는 기내에서 두려움에 떠는 승객들을 안전하게 이끈다. 그들은 이렇게 말한다. "그저 내가 해야 할 일을 했을 뿐".

허드슨 강의 기적은 한국 사회가 겪은 엄청난 비극인 세월호 참사와 그 아픔을 떠오르게 한다. 극과 극처럼 비교되는 허드슨 강의 기적은 감동을 주는 한편, 보다 더 우리의 가슴을 답답하게 한다. 2014년 4월 16일 10시 30분 세월호는 침몰했다. 배가 기울어진 8시 49분부터 101분 만이었다. 구조된 인원은 172명. 헬기 3대가 바스켓으로 한 명씩 끌어올려 35명을 서거차도로 옮겼고, 123정이 선원 17명을 포함해 79명을 태웠다. 10시 전후에 도착한 어업지도선과 어선이 마지막까지 남아 승객 58명을 구조했다. 304명이 희생됐다.

'세월호, 그날의 기록'은 이러한 당시 사실들을 전하면서 "바보같이 말하고, 마음에 들지 않게 말하고, 슬프게 말했다"고 적고 있다. 이는 무엇을 말하는가? 왜 이런 참사가 발생했을까? 사회의 책임일까? 개인의 책임일까?

chapter

personality and communication

03 사회와 인성

1. 사회생활과 인성

1) 정의로운 사회

(1) 시민의식

길거리에서 걸어가며 담배를 피우는 행동은 담배를 피우는 사람에게는 개인의 취향이자 권리이겠지만, 다른 사람을 배려하지 않는 것이고 다른 사람의 권리를 방해하는 측면을 동시에 가지고 있다. 모든 사람이 줄을 서서 곧 도착할 버스를 기다리고 있는데, 자신이 바쁘다고 해서 새치기를 하는 것은 다른 사람을 배려하고 존중하는 것이 아니라 자신만을 생각하는 이기주의이자 사회질서를 무너뜨리는 행위이다. 공동 화장실의 화장지를 모두 가져가는 것이나 대형 마트에서 과일을 담을 수 있는 비닐 팩을 필요 이상으로 많이 뽑아 가는 행위 역시 사회구성원으로서 바람직한 행동은 아니다.

오늘날 일상생활에서 시민은 사회가 합의한 단순한 약속이나 규칙들을 지킴으로써 함께 살아가며 공동체를 유지하는 존재이다. 공공장소에서 내가 지켜야 한다고 스스로 생각하거나 때로는 불편하다고 생각하는 작은 규칙을 지키는 것은 그렇게 함으로써 내가 살아가는 사회가 좀 더 쾌적하고 안전해지기 때문이다. 지키고 싶지 않기 때문에 강요당한다고 생각할 수 있는 간단한 약속을 지키는 것은 그렇게 함으로써 내가 사회 속에서 좀 더 자유로워지기 때문이다.

이처럼 매우 사소한 것부터 함께 지켜 나감으로써 더불어 살아갈 수 있는 사회를 유지하는 데 꼭 필요한 요소들에 대해 깨닫고 실천하는 것이 시민의식이자 규범이다. 시민의식은 자신이 속한 조직의 구성원으로서 조직이 개인에게 어떤 윤리적 태도를 원하는지를 알 수 있어야 한다는 점과 자신이 속한 사회가 요구하는 책임의식이 무엇인지를 실행할 수 있어야 한다는 점을 함께 포함하는 개념이다.

(2) 사회적 정의

하버드 대학 마이클 샌델(Michael J. Sandel) 교수가 쓴 『정의란 무엇인가』라는 책이 베스트셀러가 된 적이 있었다. 당시에 이런 현상을 두고 인문학 시장에 활기를 불어넣었다는 세간의 평과 함께 우리 사회가 그만큼 정의롭지 못하니까 그에 대한 갈망이 낳은 것이라는 진단까지 나왔다. 급기야 저자가 우리나라에 와서 특별강연을 했고, EBS에서는 그의 수업을 통째로 방영하기도 했다.

정의(正義, justice)에 대한 사전적 의미는 '사회나 공동체를 위한 옳고 바른 도리'를 말한다. 즉, 사회를 구성하고 유지하기 위해 구성원들이 올바르고 공정한 상태를 추구해야 한다는 가치를 정의라고 말할 수 있다. 원래 정의라는 말은 그리스어로 '자기 자신의 할 일에 마음을 쓴다'는 의미를 갖고 있다. 다시 말하면, 마땅히 자신이 해야 할 일을 하되, 외람되게 남의 일을 대신해 주겠다면서 분별없는 행동을 하지 않는 것이 정의이다.

다섯 명의 사람들이 동일한 출발선에 서 있고, 가장 먼저 결승선에 도착한 사람에게 우승컵을 수여하는 것이 경기 규칙이다. "공정한 경쟁을 해야 하니 모두 출발선에서 주시기 바랍니다."라는 심판의 말을 듣고 경기에 나선 사람들이 모였다. 자동차 운전자, 오토바이 운전자, 자전거 운전자, 휠체어를 탄 사람, 그리고 맨몸으로 달릴 사람이 동일한 출발선에 서 있다. 이와 같은 상황을 과연 정의롭다고 할 수 있을까? 형식적으로는 모두에게 같은 기회를 주는 것 같지만 실질적으로는 기회가 균등하게 주어지지 않은 것이다. 당연히 정의로운 상황이 아니다. 그렇다면 어떻게 하는 것이 정의가 샘솟는 상황이 될지 각자 생각해 보기 바란다.

사람은 존엄한 존재로서 인종, 성별, 종교, 신념, 빈부, 신체적·정신적 조건에 관계없이 평등하다. 사람의 이런 존엄성 때문에 누구에게나 자유와 권리가 보장되어야 한다. 어떤 차별과 억압이 있어서는 안 된다. 이것이 정의로운 것이고, 이것이 보장되는 사회가 정의로운 사회이다.

2) 정의로운 국가

우리는 앞서 정의는 시대와 상황, 장소 그리고 이념적 입장에 따라 다양한 견해가 공존하는 개념이라고 말한 적이 있다. 한 개인과 국가의 역사에 대해서도 정의라는 개념을 적용할 수 있다. 특히, 한 국가가 자신들의 지난 역사에 대해 얼마나 정의롭고 정직한가는 그들이 저지른 과오에 대해 얼마나 솔직하고 정직하게 인정하고 반성하는지를 살펴보면 쉽게 알 수 있다.

제2차 세계대전의 전범국인 독일과 일본의 사례가 대표적인 경우이다. 이것은 두 나라의 지도자들이 자신들의 역사에 대해 얼마나 정직한지, 인류 보편적인 가치를 제대로 존중하는지를 판단할 수 있는 좋은 사례이다.

먼저, 독일은 자신들의 과거를 정직하고 철저하게 반성하고 있다. 지금까지도 나치 전범들을 색출하여 단죄하고 있고, 피해국가와 개인들에게 배상하고 있다. 1970년 12월 7일 당시 독일 총리 빌리 브란트는 폴란드 수도 바르샤바의 유대인 위령비 앞에서 무릎을 꿇고 애도하면서 자신들의 잘못에 대해 사죄했다. 당시 독일은 이런 상징적인 조치와 함께 폴란드와 체결한 조약에 "전쟁의 첫 희생자가 폴란드이고, 전쟁은 유럽 국가들에게 엄청난 고통을 안겨 주었다."라는 문구를 명시했다. 또 독일은 독일공화국을 수립한 후 전후 배상법을 제정하여 나치 피해자들에 대한 배상을 시작하여 1986년까지 총 5,700만 명에게 35억 마르크를 배상했다. 그리고 그것을 시작으로 지금까지 생존 유대인과 나치 희생자들에게 모두 890억 달러(약 100조 원)를 배상했다. 한마디로 자신의 잘못된 과거를 철저하고 정직하게 인정하고, 희생자들을 위해 최선을 다해 배상하고 있는 것이다.

이에 비해 같은 전범국인 일본은 어떠한가? 일본의 행보는 독일의 그것과 극명하게 대비된다. 자신들이 저지른 과거의 잘못을 정직하게 인정하지도 않거니와 오히려 역사를 왜곡하며 진실을 덮으려는 데 급급하고 있다. 그 예로 일본 도쿄 중심지인 지요다(千代田)구에 전사자들을 호국의 신으로 모시기 위해 지은 시설인 야스쿠니신사(靖國神社)가 있는데, 그곳에 태평양전쟁을 도발했던 A급 전범 14명을 함께 합사하고 있다. 제2차 세계대전의 A급 전범들도 나라를 위해 순직한 애국자라면서 함께 모시고, 일본 정부의 대표인 총리나 각료들이 공식적으로 참배하며 전범들의 넋을 기리고 있다. 일본제국주의의 피해국인 한국, 중국 및 동남아시아 각국의 반발을 사면서도 도덕적인 참회나 반성의 마음을 전혀 보이지 않는 것이 역사에 대해 정직하지 못한 일본의 태도이다. 나아가 자신의 과오를 후세들에게 가르치지 않으려고 역사 교과서를 왜곡하는 일을 서슴없이 하는 것을 보면 그들이 과연 국제사회에서 정의와 정직을 말할 수 있는가에 대해 의문을 가지지 않을 수 없다.

〈유대인 위령비 앞에서 애도하는 독일 총리〉

〈야스쿠니신사를 방문하는 일본 총리〉

자신의 잘못을 정직하게 인정하고 철저하게 반성하고 있는 독일과 전혀 그렇지 않은 일본을 보며 역사에 있어 정의란 무엇인가에 대해 곱씹어 볼 필요가 있다. 인간의 존엄성을 지켜 주고, 모든 사람의 자유와 권리를 존중하는 것이 정의라는 차원에서 두 나라의 행동은 '역사적 정의'와 관련하여 많은 생각을 갖도록 하는 의미 있는 사례이다. 물론 우리도 이와 유사한 과거사가 없는 것은 아니다. 베트남전쟁에서 우리가 저질렀던 일들이 대표적인 사례이다. 그런 사례를 구체적으로 언급하는 것이 이 책의 주요 목적이 아니기에 여기서 자세하게 언급하지는 않겠지만, 우리가 저지른 역사적 과오에 대해서도 관심을 갖고 반성의 시간을 가질 필요가 있다.

2. 정직한 사회, 공정한 사회

1) 정직한 사회

우리는 일상생활 속에서 얼마나 정직할까? 우리는 지금 이 순간에도 곳곳에서 벌어지고 있을 갖가지 부정행위로부터 얼마나 자유로울까? 만약 선량한 자원봉사자들이 범죄를 저질렀다면 여러분은 어떤 생각이 드는가? 이런 질문들에 대해 자신의 생각을 정리해 보는 것도 지성인으로서 의미 있는 일이라 생각한다. 대부분의 사람들은 대규모로 부정행위를 저지르지 않는다. 스스로가 나쁜 사람으로 보이는 것에 저항감을 느끼기 때문이다. 우리는 대개 아주 조금씩 부정행위를 저지름으로써 부정행위를 통한 이득을 보면서도 동시에 자기 자신을 합리화할 수 있는 능력을 가지고 있다.

어느 대학 기숙사에서 한 가지 실험을 했다. 기숙사 부엌 냉장고에 콜라 캔과 현금을 넣어 두고 어떤 일이 일어나는지 살폈다. 학생들은 콜라 캔을 몰래 가지고 갔지만, 현금에는 손을 대지 않았다. 현금을 가져가는 것은 도둑질이라는 생각이 상대적으로 더 컸고, 따라서 저항감을 느꼈기 때문이다.

또 한 가지 사례가 있었다. 1970년대 미국 케네디 예술센터가 운영하는 선물 매장에서 생긴 일이다. 거기서 일하는 직원은 대략 300여 명인데, 대부분 나이가 지긋한 자원봉사자들이었다. 이 매장에는 금전등록기가 없었고 대신 물건을 팔고 받은 돈을 보관하는 현금 상자들만 있었다. 문제는 이 매장의 1년 매출액이 40만 달러인데, 그중에서 15만 달러를 누군가가 훔쳐 간다는 점이었다. 당시 매니저는 이런 부정행위를 눈치채고 조사를 시작했고, 마침내 범인을 잡았는데 결과는 뜻밖이었다. 도둑은 한 사람이 아니었고, 어떤 한 사람이 큰돈을 훔친 것도 아니었다. 예술을 사랑해 자원봉사자를 자청한 수십 명의 선한 노인들이 현금 상자에서 돈을 빼내고 물품을 몰래 빼돌렸던 것이었다. 수많은 평범한 사람들이 조금씩 돈과 물품을 훔쳤던 것이다. 당시 매니저는 이렇게 말했다. "사람은 누구나 기회가 닿으면 언제든 다른 사람의 물건을 훔치려 한다. 그래서 사람에게는 나쁜 일을 하지 못하도록 제어해 주는 통제 장치가 필요하다."

(1) 정직성과 일탈

그렇다면 인간은 자연스럽게 부정행위에 이끌리고 마는 나약한 존재일까? 그래서 누구나 쉽게 거짓말을 하는 착한 사람들이 될 수 있다는 말인가? 이에 대한 여러분의 대답이 어떨지 궁금하다. 여기서는 우리가 매일 삶을 살아가면서 정직함을 지키려고 노력하는 것이 필요하다는 점을 강조하고 싶다. 그런 차원에서 정직함을 지키게 해주는 장치가 과연 무엇인지 살펴보는 것은 의미 있는 일이라고 생각한다. 생활 속에서 정직함을 지키는 방법으로 다음 몇 가지를 생각해 볼 수 있다.

첫째, 사람들이 정직하지 못한 행동을 하는 이유를 파악하는 일부터 시작해야 한다.

그 이유를 파악함으로써 좀 더 효율적인 처방들을 찾을 수 있다. 사람들은 기본적으로 정직한 바람을 가지고 있으면서도 부정행위를 통해 이득을 얻고자 하는 유혹을 받으므로 유혹의 순간에 도덕성을 상기시키는 방법은 매우 효과적일 것이다. 종교에는 스스로 행동을 반성해 타락한 생활을 중단하고 새로운 생활을 시작하는 기회를 제공하는 의식들이 더러 있다. 천주교의 고해성사, 유대교의 욤 키푸르(금식과 속죄 기도), 이슬람의 라마단, 개신교의 안식일 등이다.

둘째, 사소한 잘못을 대수롭지 않게 여기는 관행을 깨뜨려야 한다.

잘못된 행동 하나하나가 모여 만드는 효과가 단 하나의 부정직한 행동에서는 상상할 수 없는 엄청난 결과를 빚어 낼 수도 있다는 사실을 깨닫는 것이 중요하다. 사소한 범죄라 해도 쉽게 용서하거나 대수롭지 않게 여기면 사정은 점점 나빠진다. 어떤 한 사람의 작은 부정직함이 한 사람에서 다른 사람으로 바이러스처럼 증식된다면 마지막에는 어마어마한 재앙이 되어 나타날 수도 있다. 깨진 유리창을 즉각 바로잡는다면 잠재적인 파괴자들의 행동은 이전보다 크게 줄어들 것이다.

셋째, 부정행위를 저지른 사람에게 과거의 잘못을 그만두고 새롭게 출발할 기회를 제공하는 방법이다.

이 방법은 잘못을 저지른 사람에게 그 자리에서 면박을 주며 잘못을 지적하는 것이 아니라 그에게 다른 책임을 지우거나 계속해서 믿음을 표현하는 방법을 통해 부정행위를 억제하는 방법이다.

어느 날, 한 여인은 자신의 집에서 일하는 가사도우미가 며칠에 한 번씩 냉장고에서 고기를 훔친다는 사실을 발견했다. 한 번에 훔치는 양은 많지 않았지만, 그 여인은 가사도우미의 행동을 바로잡을 필요가 있다고 생각했다. 첫 번째 조치는 가사도우미에게 누군가 냉장고의 고기를 훔치는 것 같아 냉장고에 자물쇠를 채우기로 했다고 말하면서 열쇠는 자신과 가사도우미 두 사람만 가지고 있을 것이라고 알려 줬다. 두 번째 조치는 냉장고의 고기 감시라는 또 다른 책임을 지우는 대가로 약간의 돈을 더 주겠다고 제안했다. 그러자 가사도우미가 고기를 훔쳐 가는 행위는 사라졌다. 그 여자 주인은 냉장고의 문을 자물쇠로 잠그고 냉장고를 감시하는 과제를 가사도우미에게 부여함으로써 그녀가 예전의 도덕성을 회복할 기회를 주었다. 또 가사도우미에게 열쇠를 맡기며 신뢰를 보여 준 여자 주인의 행동은 가사도우미가 도둑질이라는 행동에 대한 시각을 바로잡고 그 집에서 지켜야 하는 정직성의 규범을 확립하는 데 중요한 요소로 작용했다.

대부분 사람은 정직하게 살아가고 있다. 다른 사람에게 들키지 않고 부정행위를 할 기회가 있지만 우린 그 기회를 이용하지 않았다. 동료 학생이 책상 위에 지갑을 둔 채로 자리를 비우고 긴 시간 동안 오지 않지만 우린 거기에 손대지 않았다. 커피숍에서 낯선 사람이 화장실에 다녀올 동안 자기 노트북을 봐 달라고 했을 때도 당신은 그 노트북을 들고 나오지 않았다. 새 학기마다 교과서를 구입하는 데 많은 돈이 들지만 저자의 허락 없이 어떤 교과서도 무단으로 복사하지 않았다. 마트에서 점원이 깜빡 잊고 물품 하나를 계산하지 않았을 때 당신은 그 사실을 점원에게 알려 주었다. 또 당신은 아무도 없는 거리에 자물쇠가 채워지지 않은 자전거를 보고도 그냥 지나쳤다.

2) 공정한 사회

사람마다 가지고 있는 욕구, 욕망, 기대가 모두 다르고, 그 강도도 각기 다르다. 따라서 그것을 어떻게 파악하고, 만족시킬 것인지에 대한 문제는 가정, 학교, 사회나 조직 등 모든 집단에서 항상 주요 관심사가 될 수밖에 없다. 특히, 기업과 같은 조직 내에서 개인에게 어떤 행위를 하도록 유발시키고, 또 바람직한 행위가 항상 일정한 방향으로 지속되도록 유지하는 것에 대한 이해가 매우 중요하다. 물론 개인 간의 관계에서도 마찬가지다.

사람이 어떤 일정한 방향으로 행동하도록 움직이게 하는 것이 바로 동기(motivation)이다. 동기를 유발하는 것이 무엇이고, 어떻게 동기를 유발시킬 수 있는지는 많은 학자들의 관심거리였고, 지금도 그렇다. 그 결과 학자들은 필요(needs), 욕구(desire), 기대(expectancy), 만족을 주는 것과 그렇지 못한 것, 형평성(equity), 목표(goal) 등과 같이 동기부여와 관련된 다양한 요소들을 발견했다. 공정성(justice)도 그중의 하나다.

우리가 공정함이나 공평함에 관해 언급할 때 자주 거론되는 고사가 '읍참마속(泣斬馬謖)'이다. 제갈량(諸葛 亮)이 위나라와 싸울 때의 일인데, 그 당시 마속은 그가 아끼는 장수였다. 마속은 어린 나이였음에도 불구하고 지략이 뛰어난 사마의(司馬懿)를 상대로 싸우기를 간청했고, 참패할 경우 사형에 처해도 좋다는 약속을 했다. 그러나 그 싸움에서 마속은 졌고, 제갈량은 군율을 지키기 위해 주위 사람들의 만류에도 불구하고 마속의 목을 베었다는 얘기이다. 이 고사는 자신과의 친소관계나 이해관계를 떠나 정확한 기준에 근거하여 일을 처리하는 것이 중요하다는 의미로 사람들의 입에 자주 오르내리고 있다.

현대에 와서도 이런 기준이 필요한 경우가 많다. 특히, 어떤 조직 내에서 구성원들에게 있어 자신이 받는 보상의 크기가 공정한가의 여부, 그리고 보상의 크기를 결정하는 절차와 과정이 공정한지에 대한 것들은 초미의 관심사가 아닐 수 없다. 이와 관련하여 많은 이해관계가 얽혀 있고, 갈등과 다툼이 생기기 때문이다. 따라서 무엇이 공정한 것이고, 어떻게 해야 공정하게 일을 처리하는지에 대해 분명하게 인식할 필요가 있다.

(1) 분배의 공정

주로 자원을 분배할 때, 관리적 차원에서 공정성이 강조된다. 누구에게나 형평성(equity) 있게 나누어 주어야 한다는 공정함의 기본이다. 그러나 이것만이 공정하게 나누어 주는 분배인 것은 아니다. 무언가를 나누어 주어야 하는 상황이 모두 같은 것은 아니기 때문이다. 학자에 따라서는 여러 상황에 두루 알맞은 단 하나의 분배 원칙은 존재하지 않으며, 사회구성원들이 서로를 어떤 관계로 느끼느냐에 따라 형평(equity), 균등(equity), 필요(need)라는 기준을 각기 다르게 적용할 수도 있다.

생산성을 중시해야 하는 상황에서는 기여만큼 나누어 주는 형평 원칙이 선호되고, 팀워크나 구성원 간의 원만한 관계가 중시되는 상황에서는 똑같이 나누어 주는 균등 원칙이 좋으며, 아주 친밀한 관계로 구성된 집단에서는 좀 더 필요한 사람에게 조금 더 나누어 주는 필요 원칙이 분배 기준으로 사용될 수 있다.

(2) 절차의 공정

그런데 우리가 서로 나누어야 할 자원이 임금(賃金, wage)이라면 달리 생각할 점이 있다. 앞서 말한 형평의 원칙, 균등의 원칙 및 필요의 원칙만으로 희소한 자원을 분배하는 것이 반드시 모든 사람에 좋을 수만은 없는 상황도 있다. 희소한 자원을 배분할 때, 구성원 간에 조금씩 양보하는 방안이 선호되는 상황도 얼마든지 있고, 그렇게 하는 것이 모두에게 더 좋은 결과를 가져다주는 경우도 얼마든지 많기 때문이다. 사람들은 이런 상황에서 어떤 어려운 의사결정을 해야 할 때, 그 절차와 과정이 공정해야 한다는 점이 매우 중요하다는 것을 깨닫기 시작했다.

그래서 최소한 자원을 어떻게 분배하고, 그 결과가 어떠한지에 대한 것보다 과정과 절차가 더 중요할 수도 있음을 알기 시작했고, 연구도 이어졌다. 여기서 절차와 관련된 원칙 중 한 가지를 간단하게 소개하면 다음과 같다.

- 모든 사람과 시간에 대해 절차를 일관성 있게 적용했는가?
- 절차가 편견 없이 잘 진행되었는가?
- 잘못된 결정을 수정할 기회(절차)가 있었는가?
- 모든 사람의 관심을 고려하여 절차를 진행했는가?
- 사회가 공유한 윤리 기준에 부합하는 절차를 진행했는가?

3. 사회생활에 필요한 인성

길을 건너기 위해서 횡단보도 앞에 서는 순간 보행자 신호등에 빨간불이 들어온다. 사람들은 멈춰 서고 초록불을 기다린다. 단지 빨간불에 멈추고 초록불에 지나간다는 아주 작은 약속을 지키는 것이 사회성이다. 학교 내에서는 비흡연자들을 위해 정해진 곳에서 흡연한다. 사실은 걸어가면서 또는 화장실에서 흡연하고 싶지만 참는다. 공공장소에서는 비흡연자들을 위해 흡연하지 않는 것도 사회성이다.

사회에서 시민은 단순한 약속, 즉 규칙들을 지킴으로써 함께 살아가는 사회 공동체를 유지하는 존재이다. 공공장소인 공공의 영역에서 내가 지켜야 한다고 스스로 생각하거나 때로는 불편해서 지키고 싶지 않기 때문에 강요당한다고 느껴질 수 있는 작은 규칙이나 약속들을 지킴으로써 타인과 내가 사회 속에서 조금 더 자유롭고 쾌적하며 안전하게 살아갈 수 있다. 시민 윤리는 매우 사소한 것부터 함께 지켜 나감으로써 더불어 살아갈 수 있는 사회를 유지하는 데 꼭 필요한 요소들에 대하여 인식하고 실천하는 것이다.

1) 신뢰의 인성

(1) 신뢰의 이해

우리나라는 민주국가다. 우리는 사회생활을 하면서 「헌법」에 정해진 규칙과 규범을 따른다는 것을 믿고 있다. 이웃을 믿으며 본인과 관계된 사람들의 잠재력과 가능성을 인정하고 자신감을 얻으라며 격려한다. “난 네가 잘할 수 있다는 것을 믿는다. 힘을 내라.” 또 업무차 찾아온 비즈니스 전문가들에게 어떤 사람을 추천할 때 이렇게 말하기도 한다. “저는 김 부장의 말은 팥으로 메주를 쑨다 해도 믿습니다. 그러니 그를 믿고 이번 프로젝트를 맡겨 주십시오.”

이처럼 우리는 사회생활에서 자신의 생각과 경험을 바탕으로 자신이나 다른 사람에 대한 믿음이나 신뢰를 자주 표현하곤 한다. 특히, 인간관계나 비즈니스 전개에 있어 믿음이나 신뢰를 정말 중요시하고, 계약의 성사 여부나 협업을 시작할 때도 상대방에 대한 신뢰를 근거로 판단하는 경우가 많다. 신뢰는 이처럼 개인의 일상생활의 많은 부분에서 매우 중요할 뿐만 아니라 기업 간 거래와 국가 간의 관계 형성에 있어서도 중요한 의사결정의 요소로 작용한다. 우리가 신뢰에 대해 매우 많은 관심을 두어야 하고, 또 실천해야 하는 이유가 바로 여기에 있다.

신뢰는 우리가 의존하고 있는 사람들이 그들에 대한 우리의 기대를 저버리지 않을 것이라는 믿음을 의미한다. 믿음이나 신뢰는 길을 가다 마주친 아는 사람에게 격려하는 말을 했다고 해서 생기지 않는다. 사람들은 서로를 진실되게 알기 전에는 믿지 않고, 믿지 않는 사람은 따르지 않는다.

(2) 신뢰의 중요성

신뢰는 다양한 영역에서 중요한 요소로 작용한다. 개인 간의 관계에서 믿음이나 신뢰는 인간관계의 출발점이자 그것의 지속적인 유지와 밀접한 관련이 있다. 대개 사람들은 믿을 만한 사람과의 관계가 지속적으로 이어지길 원하지만, 그렇지 않은 사람과는 잠시라도 함께 있길 원하지 않는다. 조직에서도 신뢰는 조직과 조직 구성원 간에 장기적인 관점에서 맺어지는 중요한 요소로 작용한다.

사회에서의 신뢰(trust in organization)란 국가 또는 지자체 구성원들 서로가 신의와 믿음으로 살아가며, 자신이 맡은 역할을 자율적으로 잘 해낼 수 있으리라는 신뢰를 가지며, 동시에 실제 필요한 능력과 자질, 자율성, 자발적 참여 의사를 스스로가 참여하는 것을 의미한다. 구성원들은 단기적으로는 자신에게 손해가 있을지라도 장기적으로는 서로가 이익을 얻게 되는 관계라는 믿음을 갖고 조직에 머물기 마련이다. 이처럼 신뢰는 어느 한쪽이 다른 한쪽에 대해 일방적으로 무엇인가를 해 주기를 바라고 의지하려는 의타적인 관계가 아니라 상호 도움을 주는 협력적인 의존관계를 맺고자 노력하는 과정이다. 조직 내에서 신뢰는 다음 몇 가지 점에서 중요성을 가진다.

첫째, 신뢰는 사회가 전반적으로 안전하다는 성과를 유지하도록 촉진한다. 구성원들끼리 서로 신뢰가 잘 형성되어 있으면 의사소통이 원활하여 그렇지 않은 구성원들보다 효과적으로 문제를 해결할 수 있다.

둘째, 신뢰는 공동체의 장기적인 안정성과 구성원의 행복을 달성하는 데 매우 중요한 요소다. 구성원 간에 신뢰가 형성되면 개인에게 존재적 안정감을 주고, 그렇지 않으면 구성원들은 불안과 정체성에 대한 자신감을 잃게 된다.

셋째, 신뢰는 사회적 공동체 의식에 일체감을 갖고 자율적이며 자발적으로 참여하도록 함으로써 유기적이고 인간 중심적인 조직 운영을 가능하게 한다. 신뢰가 공동체 내에서 이런 중요한 특징을 갖기 때문에 기업이나 사회에서 믿을 만한 사람과 함께 공동체를 이루길 원하고, 평소에 다른 사람에게 믿을 만한 사람이라는 평을 듣기 위해 노력하며, 또한 그런 사람이 되기 위해 노력하는 것도 사회생활이다.

2) 준법의 인성

(1) 준법정신

한 사회가 안정되고 질서 있게 운영되기 위해서는 구성원들의 준법정신이 길러질 필요가 있다. 준법이란 사람의 개인적, 사회적 삶의 기초가 되는 여러 가지 규칙들, 즉 기본 생활 규칙과 공중도덕, 법, 그리고 기타 사회적 약속과 의무를 준수하고 실천하는 성향을 가리킨다. 이 준법은 공동체 구성원들이 더불어 행복한 삶을 사는 데 필요한 기본적인 바탕이라 할 수 있다.

준법은 개인과 공동체 모두에 있어 그 존립의 기본이 된다. 개인적 측면에서는 인간이 자연 상태의 욕구에 따라 제멋대로 휘둘리다가 자기 파괴를 초래하게 되는 일을 방지해 준다. 공동체의 측면에서는 비개인적이고 추상적인 공동체의 규칙 그 자체에 대한 보다 고차적인 순응 성향을 지니게 함으로써 공동체의 안정과 질서를 가져다준다. 준법정신을 기르기 위한 가장 초보적인 형태는 역시 약속을 지키는 것에서 출발하게 된다고 하겠다. 약속은 자신과의 약속도 있고 다른 사람과의 약속도 있으며, 집단이나 공동체 내에서 약속도 있을 수 있다. 준법정신을 기르는 일은 먼저 자신과의 약속이 지니는 의의와 가치를 깊이 인식하고 힘들고 어렵더라도 그것은 애써 지켜 나가려는 자세를 기르는 일로부터 시작된다고 할 수 있다.

민주주의 사회는 법치주의를 기본으로 한다. 즉, 법치주의는 민주주의 사회가 정상적으로 작동하기 위해 필요한 핵심적 원리라고 할 수 있다. 그리고 이러한 법치주의가 올바로 실현되기 위해서는 국민들의 성숙한 법의식이 뒷받침되어야 한다. 감시와 처벌이 없어도 자발적인 동기에 의하여 법을 준수하는 시민을 양성하고 감시와 단속, 처벌을 피하려는 목적으로 법을 준수하는 사람보다 준법을 통해 민주사회를 발전시키는 의식이 중요하다.

> "세상을 형벌로만 다스리면 백성들이 죄를 짓지 않고 형벌을 피할 수 있지만, 부끄러워하지 않을 것이다. 하지만 덕과 예로 다스리면 백성들이 부끄러워할 뿐만 아니라 착해질 것이다."

이 말의 뜻은 법이나 형벌을 없애자는 것이 아니라 도덕적인 삶을 사는 것이 법을 지키는 근본이 됨을 의미하는 것이다. 우리는 법이 모든 것을 해결해 줄 것이라는 법 만능주의적 사고보다는 인간다움과 인간다운 삶의 의미에서 법을 바라보아야 할 것이다. 또 형벌을 피하기 위해 법을 지키기보다는 그 이전에 올바른 삶을 살기 위해 노력하는 사람이 되어야 할 것이다

(2) 한국의 준법의식

국민 10명 중 8명은 낯선 사람을 믿지 못하고, 자신은 법을 잘 지키지만 다른 사람들이 법을 지키지 않는다고 생각한다. 언제, 어디서 발생할지 모를 위험에 대비하기 위해 사생활을 포기하고서라도 곳곳에 폐쇄회로(CC)TV를 설치한다. 이마저도 모자라 차량마다 블랙박스를 설치해 서로 감시하고 증거를 수집한다. 법치 수준에서 경제협력개발기구(OECD) 34개 회원국 가운데 25위를 차지한 '법치 후진국' 대한민국의 현재 모습이다.

고교생의 절반 가량(47%)이 "10억 원이 생긴다면 죄를 짓고 1년 정도 감옥에 가도 괜찮다"고 응답했다. 한국 청소년들의 낮은 준법의식과 도덕 불감증을 여실히 드러낸 사례이다. 청소년들의 법의식 수준은 그 사회에서 법이 얼마나 잘 지켜지는지를 가늠할 수 있는 척도란 점에서 한국 사회의 준법 수준이 그만큼 형편없음을 보여 주는 대목이기도 하다.

① 기초질서 위반, 문제없다

기초질서나 사소한 법규는 위반해도 별문제가 되지 않는다는 의식이 우리 사회에 만연한 것이 사실이다. 기초질서 위반에 관대한 분위기를 감안하면 일상 속에서 위법행위가 훨씬 더 많이 일어날 것으로 추정된다. 교통법규가 무시되는 경우도 허다하다. 지난해 운전자가 과속으로 경찰에 적발된 경우는 792만 8천 건으로, 지난 5년간 연평균 800만 건 정도가 속도위반 단속에 걸린 것으로 나타났다. 이처럼 교통법규 위반을 사소하게 여기는 경우가 많지만, 해마다 발생하는 교통사고 10건 중 1건은 신호 위반이나 과속으로 인해 발생한다.

② 법 위반 부추기는 사회

한국 사회의 준법 수준이 떨어지는 데에는 법 위반을 부추기는 사회적 분위기가 한몫하는 것으로 지적된다. 위법행위를 하고도 '안 걸리면 그만'이라는 사고가 팽배하다 보니 웬만한 편법은 용인되는 실정이다. 차량에 설치된 내비게이션의 과속 단속지점 안내 기능이 대표적인 예이다. 운전자 대부분이 이를 이용하면서 사실상 단속이 어려워지자 현재는 규정 속도 준수를 통해 사고를 미리 방지한다는 데 있지만 이 기능이 보편화하면서 제한속도는 '카메라가 있는 곳에서만 지키면 되는 것'이 되어 버렸다.

최근에는 음주 단속을 피하기 위해 음주 단속지점을 실시간으로 알려 주는 스마트폰 앱까지 등장했다. 앱 사용자가 단속지점을 지나면서 신고 버튼을 클릭하면 해당 지점이 지도에 저장돼 다른 사용자들과 단속에 대한 정보가 공유되는 방식이다. 특히 과거 단속지점까지 표시돼 얼마든지 단속 장소와 단속 예상지점을 피해 가면서 음주운전을 할 수 있게 한다는 점에서 음주운전을 부추긴다는 우려가 제기되고 있다.

③ 법과 원칙에 대한 불신

법 집행과정이나 법에 대한 국민의 불신이 높은 것도 준법 수준을 떨어뜨리는 요인이다. 재벌과 권력자에 대해 상대적으로 관대했던 처벌이 이 같은 불신사회를 만들어냈다. 또한 '우리 사회에서 분쟁을 해결하는 데 가장 유용한 수단'으로 '법'을 꼽은 응답자가 절반에도 미치지 못해 법에 대한 신뢰도가 떨어지는 것으로 나타났다. 심지어 '법을 지키면 손해'라고 생각하는 등 법에 대한 불신이 상당한 것으로 나타났다. 이런 현실에서 국민에게 아무리 준법의식을 강조한다고 해도 냉소의 대상이 될 뿐이다.

생각해 보기

김 씨는 부모님을 극진히 모시는 소문난 효자다. 김 씨의 어머니는 몇 년 전부터 몸져 누워 계신다. 가정형편이 그리 넉넉하지 못하지만 김 씨는 병든 어머니를 정성껏 간호했다. 어머니의 병은 더욱 깊어지고 어머니는 아들에게 고통을 호소해 왔다. 어머니는 자살할 용기가 없었기 때문에 아들에게 자기를 죽여 달라고 했다. 김 씨는 이런 사정을 친구인 이 씨에게 털어놨다.

어느 날 고통에 몸부림치는 어머니를 본 김 씨는 어머니를 편하게 해 드리는 것이 효도라고 생각하고 독이든 음식을 먹여 어머니를 죽게 했다. 김 씨의 어머니가 돌아가셨다는 소식을 들은 친구 이 씨는 김 씨가 어머니를 죽였다는 것을 알았다.

이 씨는 어떻게 해야 할지 망설였다.
① 이 씨는 김 씨를 고발해야 하는가?
② 김 씨는 처벌받아야 하는가?
③ 이 씨는 김 씨와 친구 관계를 유지해야 하는가?

김 씨는 재판을 받게 되었고 검사는 김 씨의 유죄를 주장했습니다.
판사는 어떻게 판결을 내려야 할까요?

3) 공동체의 인성

(1) 공동체의 개념

전 세계가 코로나19로 인해 많은 어려움을 겪고 있을 때, 우리나라의 경우 매우 양호한 방역시스템과 자원봉사자들의 헌신에 세계인들은 칭찬과 박수를 보냈다. 특히 2020년 3월, 대구 지역에서 특정 종교 집단으로부터 급속한 확산으로 인해 우왕좌왕할 때 전국에서 서로 돕겠다고 자신의 직업을 뒤로하고 대구로 나서는 의료진과 봉사자들의 모습은 진정한 공동체의 소중함과 함께하는 중요성을 보여 준 감동의 모습이다. 사회적 동물인 사람은 모여서 다양한 집단(group)을 형성한다. 집단은 특정한 목표를 가진 두 명 이상의 사람들이 목표를 달성하기 위해 서로 힘을 모으고 영향을 주고받는 사람들의 집합이다. 여기서 중요한 것은 집단은 공동의 규약이 있고, 집단에 속한 구성원들이 상호작용하면서 동시에 상호의존적이라는 것이다. 우리가 자주 접하는 동아리나 학회도 특정한 목적을 갖고 만든 것이기 때문에 공동체라고 볼 수 있다.

첫째, 사람들은 공동체에서 개인의 기본적인 욕구를 충족시켜 주고, 개인의 자아정체성을 인식하도록 도와주기 때문에 집단을 형성한다.

둘째, 사람들은 개인이 달성하기 어려운 목표를 공동체를 통해서 성취할 수 있기에 크고 작은 공동체에 가입한다. 다시 말해, 혼자서는 달성할 수 없거나 어떤 목표를 여러 명이 협력할 경우 더 효과적으로 달성할 수 있을 때 집단을 형성한다.

셋째, 사람들은 혼자 있을 때보다 여러 명이 함께 있을 때 안전감을 느낀다. 그래서 사람들은 안전을 확보하기 위해 공동체를 형성하거나 집단에 가입한다.

마지막으로, 사람들은 다른 사람들로부터 선망의 대상이 되는 공동체에 가입함으로써 자신도 인정을 받고 특정 신분을 얻을 수 있기에 함께한다. 사회는 가장 중요하면서도 기본적인 사회공동체다.

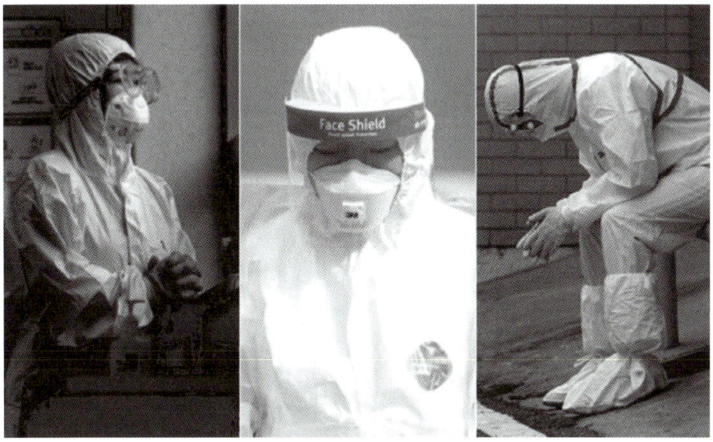

〈 대구 코로나19 전국에서 모인 봉사 의료진 〉

이처럼 사람들은 다양한 형태의 공동체를 형성하고, 그것이 모여 조직을 이루며, 나아가 조직이 모여 사회가 되고 국가를 형성한다. 그리고 지향하는 이념에 따라 다양한 형태의 집단, 즉 공동체(community)가 발생한다. 잘 알다시피 공동체는 시대와 이념을 떠나 다양한 모습과 여러 가지 형태를 띠고 있다.

사람들은 자신이 원하는 집단 또는 공동체에 속하길 원하고, 그 속에서 다른 사람과 관계를 형성해 간다. 그 속에서 사람들은 자신이 원하는 관계를 형성하지만, 이해관계가 서로 맞지 않아 갈등을 경험하기도 한다. 그리고 공동체 속에서는 소속 구성원들에게 해야 할 역할(roles)을 정해 주고, 지켜야 할 행동을 정해 주는가 하면, 구성원들 사이의 서열도 정해 준다. 또 구성원들이 자신이 맡은 일을 제대로 이행하지 않거나, 공동체에서 정한 행동 기준을 지키지 않거나 공동체에서 정한 서열을 지키지 않으면 제재를 가하거나 자격을 박탈하는 등 잘못된 사람의 행위에 크고 작은 영향을 끼친다.

(2) 공동체의 속성

우리는 앞에서 더불어 살기 위한 노력의 일환으로서 공동체 정신에 대해 살펴보았고, 개인이 공동체를 구성하는 일원으로서 구체적으로 무엇을 배우고 어떻게 행동해야 하는지에 대해 간단하게 살펴보았다. 하지만 그것만으로는 부족하다. 우리가 매일의 삶을 살아가면서 스스로 공동체의 일원으로서 자신이 속한 집단과 조직, 사회와 국가, 나아가 인류를 위해 해야 할 일이 더 남아 있다. 그것은 개인적으로 각각 다르기 때문에 일률적으로 선정하기는 쉽지 않다. 따라서 개인의 가치관이나 관심사에 따라 각각 자신이 필요로 하는 것들에 대해 고민하고 공부해야 할 것이다.

여기서 최근 들어 우리 사회에서 일어나고 있는 바람직하지 못한 현상들을 해소하고, 나아가 더 나은 공동체를 유지하기 위해 추가로 필요한 몇 가지 개념을 제안하고자 한다. 물론 이것들이 세상을 살아가는 데 있어 반드시 필요한 모든 것은 아닐 것이고, 제안된 것들에 대해서도 모두 동의하지도 않을 것이다. 그렇다면 당신의 생각은 어떤가? 선택의 권한은 전적으로 독자들에게 달려 있다. 당신에게 있어 더불어 살아가는 데 있어 가장 소중하다고 생각하는 것은 무엇인가?

이처럼 사람들이 공동체 속에서 살아가기 위해서는 기본적으로 공유해야 하는 것이 있는데, 그것은 다른 사람들과 더불어 살아가는 것과 상대방에 대한 기본적인 생각이다. 이것은 공동체를 이루고 살아가는 사람들이 갖추어야 할 가장 기본적인 삶의 태도 중의 하나이다.

4) 나눔의 인성

(1) 나눔

사람은 무언가를 가지고 있으면 더 가지고 싶은 것이 인지상정(人之常情)이다. 그러나 나누어 주면 더 커지는 것 또한 세상의 이치다. 혼자 가지고 있으면 혼자만의 기쁨이 되지만, 자기의 것을 다른 사람과 나누게 되면 기쁨이 다른 사람에게 전달되기 때문이다. 그래서 나누고 베풀면 더 커지고 남지만, 혼자 가지려고 다투면 작아지고 모자라는 것이다. 비록 작은 것일지라도 나누고자 하는 마음이 모이면 이처럼 큰 일을 이룰 수 있다.

중국 송나라 시대의 『송고승전(宋高僧傳)』에 이런 얘기가 나온다. 어느 사람이 대중을 향해 물었다. “작은 솥 하나에 떡을 찌면 세 명이 먹기도 부족합니다. 그러나 천 명이 먹어도 남습니다. 그 이유를 아시는 분 있습니까?” 그러나 아무도 대답을 하지 못했다. 그때 멀찍이 서 있던 노스님이 말했다. "서로 다투면 모자라고 나누면 남지." 이 얘기는 성경에 나오는 떡 다섯 개와 물고기 두 마리로 5,000명이 나누어 먹었다는 '오병이어(五餠二魚)의 기적'과 같은 맥락의 이야기다.

우리나라에도 이런 아름다운 나눔의 사례가 많은데, 그중 대표적인 것이 경주 최부자(崔富者)이다. 이것은 우리나라 역사에서 가장 오랫동안 부를 지켜 온 가문의 대표적인 사례로 알려졌지만, 최근에는 나눔을 통해 노블레스 오블리주(noblesse oblige)를 실천한 사례로서 모든 사람의 입에 오르내리고 있다. 경주 최부자 가문은 끝없는 부를 추구하기보다는 어느 정도 넉넉하게 먹고 살 수 있으면 더는 욕심을 부리지 않고 마을 사람들에게 나누어 줌으로써 함께 잘살 수 있도록 실천했다는 점에서 높이 살 만하다. 자신의 재산을 아껴 어려운 사람들을 돕는 진정한 나눔을 실천하고, 재물과 권력을 과시하는 대신 겸손함과 절제를 가풍으로 굳혀 왔기에 경주 최부자 가문은 오늘날까지 세상 사람들에게 큰 존경을 받는 것이다.

지난 1990년 11월, 자신이 김밥 장사로 평생 모은 전 재산을 기부한 '김밥 할머니' 고(故) 이복순(李福順) 여사의 훈훈한 얘기와 또 다른 김밥 할머니의 미담은 세상을 참으로 아름답게 만들고 있다. 이런 사례는 사회적 압력에 떠밀려 마치 세금 내듯 하는 일부 재벌 총수들의 모양 사나운 기부나 자신의 입신양명(立身揚名)에 걸림돌이 되는 재산 일부를 어쩔 수 없이 환원하거나 기부하는 사회 최고위 지도층들의 정략적 나눔과 감히 비교할 수 없는 숭고한 나눔이 아닐 수 없다. 하지만 재산이 많은 부자만 나눌 수 있는 것은 아니다. 중요한 것은 얼마나 많이 가졌냐가 아니라 다른 사람에게 나누어 주고 베풀고자 하는 마음이다.

(2) 기부

앞서 예로 든 것처럼 자신의 재산을 나누는 방법이 가장 전통적인 나눔과 기부방법이다. 그러나 최근 들어 과거와는 다른 새로운 기부방식이 생겨서 기부 문화를 선진화하는 데 기여하고 있다. 대표적인 것이 '뷰티풀 도네이션(Beautiful Donation)' 프로그램이다. 이것은 승진, 생일, 졸업 등 경사를 맞이한 사람에게 축하의 뜻을 표하고자 하는 사람이 당사자 이름으로 복지관에 기부하면 그곳에서 감사카드와 세액공제용 기부금 영수증을 보내 주는 프로그램이다. 축하도 하고 기부도 하는 일거양득(一擧兩得)의 좋은 프로그램이 아닐 수 없다.

또한 '아름다운 재단'이 주도하고 있는 '1% 나눔 운동'도 기부 문화를 확산시키는 데 기여하고 있다. 이 운동은 자신의 월급이나 수입의 1%를 떼어 기부하는 프로그램으로서, 기부할 수 있는 영역이 나누어져 있어 자신이 원하는 영역에 기부할 수 있는 소액 기부 운동의 대표적인 사례이다(https://beautifulfund.org). 이 밖에 각종 포털 사이트들이 운영하는 온라인 기부 프로그램도 소액 기부와 상시적으로 기부하는 문화를 확산시키고 있다. 또 최근 들어 자신이 가지고 있는 재능과 시간을 기부하는 프로그램도 다양한 방법으로 시행되고 있어 이제는 기부하는 것이 그리 낯설지 않은 바람직한 현상으로 이어지고 있다.

(3) 봉사 활동

다른 사람에 대한 봉사는 오히려 봉사하는 사람의 기분을 좋게 한다. 또 봉사 활동은 개인뿐만 아니라 사회 전반에 팽배해져 있는 이기심과 개인주의를 나눔의 코드로 순화시켜 주고 이타심을 가지게 하는 소중한 일이다. 즉, 자신의 봉사로 인해 다른 사람의 고통이 덜해지고 더 행복해지면 내 기분도 좋아지고, 불행한 이웃을 도와주는 것은 결국 우리 자신의 행복에도 도움이 되며, 자신의 신체적 건강과 정신적 건강에도 긍정적인 영향을 미친다.

이런 이유로 최근 들어 봉사 활동에 참여하는 기업이 점점 늘어나고 있고, 직원 채용 시에 봉사 활동 경력을 높게 평가하는 추세이다. 개인의 인성을 함양하기 위한 가장 실천적인 활동 중의 하나가 봉사 활동이기 때문이다. 대개 봉사 활동은 이기주의에서 벗어나 이웃을 사랑하고 자신이 가진 것을 다른 사람과 함께 나눈다는 취지를 근본 배경으로 하는 활동이기 때문이다. 그래서 기업들도 직접 자원봉사센터를 운영하거나 구성원들이 봉사 활동에 참여하는 것을 적극 독려하며 지원하고 있다. 또 기업들은 다른 직원에 대한 배려와 협동심을 알아본다는 차원에서 신입사원 채용 시 봉사 활동 경력을 우대하는 혜택을 제공하고 있다.

생각해 보기

나눔 또는 기부를 적극적으로 실천한 사람들의 사례를 조사해 보고, 그들을 통해 어떤 점들을 배울 수 있는지 팀원들과 함께 토론해 보자.

구분	정리된 생각이나 의견
고(故) 유일한 박사	
고(故) 이복순 할머니	
고(故) 권정생 작가	
김연아 선수	
그들을 통해 느낌 점	• • • • •
지금 바로 내가 실천해야 할 일	• • • • •

출처: 인성함양과 자기계발, 양성원

생각해 보기

〈인성에 대한 정리〉

인성은 참된 인간으로, 성실한 직장인으로, 정의로운 사회인으로 만들어 가는 아주 중요한 요소다. 우리는 올바른 인성과 건강한 시민의식을 갖고 크고 작은 다양한 공동체의 구성원으로 살아갈 때, 이런 인성을 갖추는 것이 진정한 인류애에 기여하며 살기 좋은 아름다운 나라를 만들어 가는 것이다.

1. 살아 있는 인성

1. 인성은 중요하다. 인격적, 도덕적으로 만들어져야 하며
2. 인성의 가치는 개인적으로, 사람과의 관계에서, 사회적으로 필요한 요소다.
3. 인성은 품성적인 면에서 정직, 성실, 책임, 절제, 배려, 관용, 정의, 협동이 필요하다.
4. 인성은 도덕적인 면에서 자아존중감, 감수성, 열정, 의지, 관점 채택, 공감, 판단, 행위가 필요하다.
5. 인성은 실력이다. 인성은 성공의 핵심이며, 경쟁력이자, 협력의 시작이다.

2. 직업과 인성

1. 개인적인 인성을 넘어 직업(직장) 속의 인성은 더욱 중요하다.
2. 직장의 기본예절과 직장생활엔 필요한 인성이 있다.
3. 직장생활에서의 인성은 강점으로 나타난다.
4. 직장생활에 필요한 인성은, 자존감, 근면, 성실, 정직, 책임이 따르는 인성이다.

3. 사회와 인성

1. 인성은 사회생활에서 중요하며 올바른 나를 보여 준다.
2. 사회공동체는 정의로운 사회, 정직한 사회, 공정한 사회가 되어야 한다.
3. 건강한 사회를 만들기 위해 우리에게는 각자의 인성이 필요하다.
4. 사회생활에서 필요한 인성은 신뢰, 준법, 공동체, 나눔의 역할이다.

04 살아 있는 의사소통

[학습목표]

1. 의사소통의 개념과 중요성에 대해 설명할 수 있다.
2. 현대산업사회에서 의사소통이 어떻게 변화되고 형성되는지 이해하고 설명할 수 있다.
3. 인간관계에 있어서 의사소통의 역할을 이해하고 설명할 수 있다.

[미리 보기]

사람은 하루 2,500번의 의사소통을 하면서 살아간다. 말을 주고받는 활동이 없다면 일상생활이 불가능하다. 의사소통은 산업의 발달과 함께 그 시대에 맞는 소통의 수단으로서 역할이 변화하였으며 인간관계에 있어서 매우 중요한 기능을 한다. 특히 4차산업혁명은 정보통신의 발달을 기반으로 의사소통의 획기적인 변화를 가져왔으며 인간관계에 있어서 네트워크 형성에 많은 영향을 미쳤다. 따라서 산업의 변화에 따라 의사소통의 기능과 역할의 변화를 살펴보고 그러한 변화가 인간관계에 어떠한 작용을 하는지 살펴보기로 한다.

chapter

04 살아 있는 의사소통

1. 살아있는 의사소통이란 무엇인가

1) 의사소통의 중요성

직장인들 대상으로 스트레스를 받는 주요 원인에 대하여 물어보았다. 답변자 중에서 25.2%가 직장 내에서 상사와 동료들 간의 인간관계에서 스트레스를 가장 많이 받는다고 하였다. 매일 마주 대하는 직장 내 사람들과 인간관계에서 스트레스를 받는다는 것은 상호 간에 의사소통이 원활하게 이루어지지 않고 있다는 것이다. 같은 공간 안에서 업무를 추진하고 생활해야 하는 직장인들이 인간관계가 원만하지 않다면 업무에 지장을 초래하고 나아가서는 자신의 일상생활에도 부정적 영향을 미칠 수 있다. 인간관계에서 의사소통이 이루어지지 않고 있다는 것은 무슨 문제를 가져올까 생각해 봐야 한다.

사람은 하루 평균 2,500번의 의사소통을 하며 살아간다. 하루의 70% 정도를 의사소통을 하며 지내면서도 대부분 그것을 의식하지는 못한다. 인간관계란 타인과 의사소통을 하면서 형성하는 사회화 과정이다. 하버드 대학교의 연구에 의하면 사람들이 직장생활과 사회생활에 적응하지 못하고 해고되는 이유는 대부분 성실하지 못하거나 지식 혹은 기술력이 부족해서가 아니라 의사소통능력이 부족하기 때문이라는 결과가 나왔다. 미국의 경제 잡지 『포춘Fortune』은 미국 500대 기업 하이테크 계열사의 최고기술경영자의 최고자질에 대하여 발표하였다. 최고경영자가 갖추어야 할 자질은 첫 번째가 사람됨이고, 두 번째가 의사소통능력이었다. 훌륭한 경영자의 자질로서 '인간관계능력'이 1위로 꼽혔는데 '인간관계능력'이란 의사소통능력을 의미한다고 할 수 있다.

사람은 다양한 관계 속에서 자신을 표현하고 정체감을 확립하며 타인들과 의사소통을 통하여 여러 가지 욕구를 충족시키려 한다. 자신의 욕구가 충족될 때 상대방에게 마음의 문을 열고 상대방의 말을 들으려는 자세가 생긴다. 미국 심리학회는 '재미와 생산성'에 관한 연구에서 재미있게 일하는 곳이 생산성과 이익이 더 높다는 결과를 발표한 바 있다. 재미있는 회사는 직원들의 욕구를 채워 주고 인정해 주는 회사이다. 직장에서 인정받고 욕구를 채우기 위해서 의사소통이 잘 되는 분위기가 조성되었을 때 생산성과 이익으로 연결된다는 것이다.

의사소통이 잘 이루어지지 않으면 개인이나 집단 간에 스트레스와 불필요한 오해가 생긴다. 이러한 결과는 인간관계나 업무적인 면에서 많은 피해를 입히고 불편한 관계를 초래한다. 그러므로 사람들과 관계를 잘 맺기 위해서는 효과적인 의사소통을 해야 한다.

자신의 감정이나 의견을 주고받을 수 있는 의사소통 기술은 바람직한 인간관계를 형성하고 유지하기 위한 필수적인 요소이다. 부모와 자녀의 관계나 직장 동료들, 선후배 사이, 친구들 간의 의사소통은 인간관계를 성공적으로 이끌어 갈 수 있는 사회적 기술이라고도 할 수 있다. 사람들은 자신이 생각하고 있는 것을 제대로 표현하지 못하거나 상대방의 의도를 그대로 받아들이지 않는 경우가 많아 인간관계에 어려움을 겪게 된다. 또한 실패와 좌절을 경험한 사람들은 자신감과 용기를 잃고 의사소통을 원만하게 하지 못하는 경우가 있다. 이러한 사람들은 자기 자신과의 의사소통이 원활하지 못해서 생겨나는 문제라고 볼 수 있다. 따라서 의사소통능력은 다른 사람과의 관계뿐만 아니라 자기 자신과의 관계를 맺는 데 있어서도 매우 중요하다.

의사소통은 인간관계와 자신의 성장에 기본이 되며 일상생활을 하는 데 매우 중요한 요소다. 타인을 이해하고 내가 이해받을 수 있으며 서로가 공감하고 공유할 수 있는 과정이기 때문이다. 따라서 의사소통능력을 배우고 기술을 익히는 것은 성공적인 인간관계를 맺고 적극적인 사회생활을 할 수 있는 실천적인 능력이라고 할 수 있다.

또한 급변하는 현대사회는 4차산업혁명의 발달로 인간과 인간 사이에 정보통신이라는 매체에 의한 의사소통이 이루어지고 있다. 정보화시대 의사소통은 시간과 공간을 뛰어넘는 쌍방향 소통이 가능해짐에 따라 사회적 인간관계를 유지하고 형성하는 데 큰 변화를 가져왔다. 정보통신이 발달할수록 인간 대 인간의 직접적인 의사소통은 더욱 어려워지는 현실이 되었다. 전통적인 면 대 면 의사소통은 같은 시간과 공간에 존재하며 서로의 메시지를 주고받기 때문에 세밀한 감정이나 생각까지도 전달할 수 있었다. 그러나 정보통신기술의 발달로 매체를 통한 사람들 간의 네트워크가 형성되면서 의사소통은 형식적이고 피상적인 수준에 머무르기 쉽고 목적 달성을 위한 관계에 그치는 경우가 있어 진정한 의사소통이 이루어지기 힘든 현실이기도 하다.

따라서 4차산업혁명시대의 의사소통은 매체의 발달이 가져오는 배경 안에서 이해해야 한다. 매체가 전달 경로의 역할을 하는 경우 직접 소통하기 어려운 상황에서 매체를 전달 장치로 활용하는 현대사회의 의사소통은 매체의 변화양상에 따라 달라지기도 한다. 매체를 통해 이루어지는 의사소통은 목적에 따라 공적인 기능을 가지면서 사적인 목적을 형성하기도 한다. 더욱이 정보매체가 발달할수록 현대사회의 의사소통은 인간의 존엄성을 잃지 않는 것이 중요하다. 인간관계를 형성하거나 유지하기 위해서 사람 사이에서 지켜야 할 도덕적 의식과 타인에 대한 배려를 통한 의사소통을 발전시켜 나가는 인식이 중요하다.

2) 의사소통의 개념

의사소통(communication)은 '나누다', '전달하다', '참여하게 하다', '관여, 공유하다'는 뜻의 라틴어 'commnicare'에서 유래하였고, 사람의 감정이나 소통 등을 말하는 것으로 커뮤니케이션(Human Commnication)이라고 한다. 의사소통은 두 사람 이상의 사이에서 언어적, 비언어적 수단을 통하여 상호교류가 이루어진다는 것을 뜻하며, 감정, 태도, 사실이나 정보, 생각, 그리고 행위 등을 전달하는 과정을 말한다.

의사소통은 인간관계를 유지하며 살아가는 데 필수적인 수단이다. 자신과 타인 그리고 주변상황과 세계를 알고 배우고 인간관계를 맺기 위해 의사소통을 하며 타인에게 영향력을 미치기도 한다. 의사소통은 두 사람 또는 그 이상의 사람들 사이에서 언어적 혹은 비언어적 과정을 통하여 자신의 생각과 감정, 정보들을 다른 사람과 주고받는 기술을 의미한다. 의사소통은 사람들이 서로를 이해하기 위해 다른 사람의 관점에서 문제를 보려는 것이며 다른 사람과의 관점의 차이를 알기 위하여 자기의 느낌과 의미를 상대와 교환하는 것이다. 우리는 의사소통을 통하여 타인으로부터 지지와 격려를 받기도 하고, 질책과 책망을 받으며 개인의 삶을 성장시키고 발전시키는 도구로 삼기도 하며, 삶의 의미를 상실하게 만들기도 한다.

3) 의사소통의 특징

의사소통은 몇 가지 특성을 가지고 있다.

첫째, 의사소통은 최소한 두 사람 이상으로 구성되는 소집단이나 조직체의 구성원을 필요로 한다. 두 사람만의 의사소통을 2인 커뮤니케이션이라고 하는데 의사소통은 두 사람에게만 국한되는 것은 아니다.

둘째, 의사소통을 하는 사람은 모두 화자이자 청자이다. 직접적으로 대면하는 의사소통은 함께 말하고 듣는 역할을 동시에 수행한다.

셋째, 의사소통은 직접 대면하는 경우가 많으나 현대는 4차산업의 발달로 정보통신을 매개로 하는 의사소통이 점차 늘고 있다.

넷째, 다른 사람과 의사소통을 할 때에는 의식적이거나 무의식적인 목적이 있으며 그러한 목적은 의도적이거나 비의도적일 수 있다. 남에게 부탁을 하거나 상황을 보고할 때는 신중하고 격식에 맞는 의사소통을 진행하지만, 화가 나거나 소소한 일상을 말할 때에는 의도적으로 말하지는 않기 때문이다.

다섯째, 한 번 이루어진 의사소통은 되돌릴 수 없고 반복될 수 없다. 말은 한 번 뱉으면 다시 주워 담을 수 없듯이 의사소통도 역시 과거로 되돌아가서 말한 내용이나 행동을 수정할 수는 없다. 그렇기 때문에 의사소통을 하는 과정은 매우 신중하고 예의 바른 태도를 요구한다. 또 의사소통이란 계속 진행되는 상황이기 때문에 반복하기는 어렵다. 시간과 장소에 따라 상황이 변화하고 의미와 반응이 달라지기 때문에 다시 반복하는 것은 무의미하다.

여섯째, 의사소통은 상황에 따라 영향을 받는다. 시간과 공간, 문화적, 심리적, 사회적 상황에 따라 해석이 달라지고 반응이 다르게 나타난다.

4) 의사소통의 구성요소

의사소통은 많은 연구자들에 의해 화자와 청자 사이의 정보교환을 하는 개념으로 정의되고 있다. 개인의 눈짓, 표정, 몸짓, 침묵, 태도 등에 기초한 언어적 요소와 비언어적 요소들을 사용하여 화자와 청자 사이에 정보를 공유하는 과정이라고 할 수 있다. 이러한 요소들은 인간관계의 환경과 경험의 장, 의사소통능력, 윤리 등에 의하여 결정된다(김동원 외, 의사소통의 리더십, 2015).

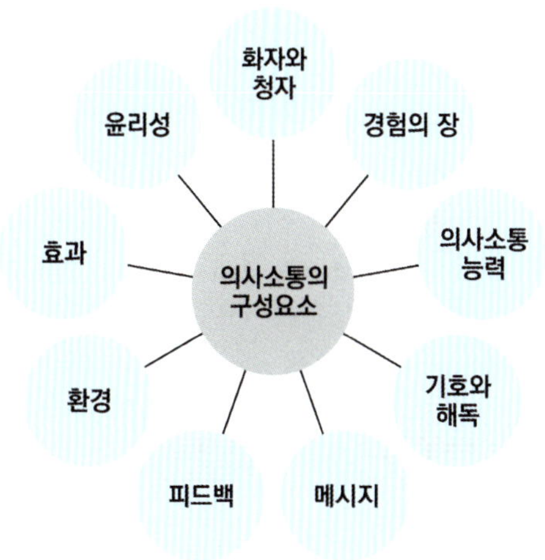

[그림 4-1] 의사소통의 구성요소

첫째, 의사소통이 잘 이루어지려면 화자와 청자의 구성원이 존재해야 한다. 최소한 두 사람 이상의 관계에서 생각, 감정, 정보 등의 메시지를 전달하는 사람을 화자라 하고 말을 들어주는 사람을 청자라고 한다. 화자와 청자는 말하고 듣는 작용에 따라 화자이면서 청자가 되는 것이다.

둘째, 의사소통이 잘 이루어지려면 의사소통이 이루어지는 경험의 장이 존재해야 한다. 의사소통이 이루어지기 위해서는 두 사람이 공유할 수 있는 경험이 있어야 한다. 같은 주제나 동일한 화제, 공통의 메시지 등 의사소통을 하는 사람들이 경험하고 있는 장은 공유의 정도, 대화의 질, 기분이나 마음상태를 결정짓는 요소가 된다.

셋째, 의사소통이 잘 이루어지려면 의사소통을 잘 할 수 있는 능력이 있어야 한다. 자신의 생각과 정서를 표현하는 것은 기본적인 성품이나 인성에서 나오는 것이지만 원만한 인간관계를 유지하고 향상시키기 위해서는 상대의 정서나 사회적 관계, 개인의 인격을 존중하고 배려할 줄 아는 의사소통능력이 필요하다. 이러한 능력은 개인마다 다르지만 인간관계를 형성하는 과정에서 언어적, 인지적 능력을 상황에 맞게 조절할 줄 알아야 한다. 누구와 어떤 정보를 전달하고 공유해야 하는지 알아야 하는 것은 언어능력 이상의 것을 요구하기도 한다.

넷째, 의사소통이 잘 이루어지려면 언어에 대한 의미를 잘 이해하고 전달하는 기호와 해독이 정확해야 한다. 언어를 통하여 정보를 전달하는 것을 기호라고 하고, 메시지를 이해하는 행동을 해독이라고 한다. 의사소통이 잘 이루어지기 위해서는 기호와 해독이 잘 이루어져야 두 사람 사이에 정보를 공유할 수 있다. 화자와 청자는 메시지의 내용이 왜곡되거나 변형, 삭제 및 소멸 등의 현상이 나타날 수 있기 때문에 정확하게 전달하는 능력이 중요하다. 동문서답(東問西答)이니 우문현답(愚問賢答)이니 하는 말들은 기호와 해독을 정확하게 파악하지 못하는 잘못된 현상을 표현하는 말이다.

다섯째, 의사소통이 잘 이루어지려면 두 사람 사이에 메시지가 존재해야 한다. 메시지는 화자가 청자에게 전달하려는 내용을 의미하는데, 화자는 언어적 혹은 비언어적 형태를 통하여 생각, 의도, 감정, 정보의 내용을 전달하는 것이다. 메시지는 화자가 전달하고자 하는 주제를 의미하는데 여기에는 화자의 내재된 욕구가 반영되기도 한다. 예를 들어, 흔히 하는 말로 '다음에 한 번 차 마시죠'하는 경우에는 여러 가지로 메시지를 해석해야 한다. 그냥 인사말로 하는 경우가 있고, 진심으로 차를 마시며 대화를 하고 싶은 경우가 있기 때문이다. 이처럼 메시지의 내용은 형식적인 요건과 내용적인 요건을 잘 구분하여 이해하고 해독해야 한다.

여섯째, 의사소통은 피드백이 있다. 피드백은 화자의 메시지에 대한 청자의 반응이 화자에게 전달되어지는 과정을 말한다. 화자는 청자의 피드백을 통해 자신의 의사소통 방법을 수정하거나 보완함으로써 메시지가 정확하게 전달되도록 해야 한다. 의사소통에서 피드백은 즉각적이고 직접적으로 이루어지는데 피드백을 접한 화자는 청자에게 메시지의 내용, 구성, 전달방법 등을 적절하게 바꾸거나 조절할 수 있다. 피드백은 자신의 내부에서도 이루어지는데 이를 자아피드백(self feedback)이라고 한다.

일곱째, 의사소통이 이루어지는 환경이 존재한다. 의사소통을 구성하는 모든 요소를 둘러싼 시간적, 공간적, 심리적, 사회적, 문화적, 정치적, 경제적, 역사적 환경이나 조건을 말한다. 의사소통은 이러한 상황 속에서 발생하고 이 상황으로부터 영향을 받는다. 의사소통의 환경에는 자동차소리나 고음, 음악소리 등과 같은 물리적 환경에 영향을 받기도 하고, 화자와 청자가 가지고 있는 편견이나 선입견 등 심리적 환경에도 영향을 받는다.

여덟째, 의사소통은 효과가 존재한다. 의사소통의 효과는 다른 결과일 수도 있고, 목적 달성에 따른 결과일 수도 있다. 긍정적이거나 부정적일 수도 있고, 직접적이거나 간접적일 수도 있으며, 즉각적이거나 지연적일 수도 있다. 의사소통 효과는 근본적으로 의사소통을 통해 상호작용하는 사람들의 인식, 태도, 행동에 일어난 변화를 뜻하며 이와 같은 변화는 개인적인 성격을 통해 나타낸다.

아홉째, 의사소통은 윤리적인 측면이 존재한다. 의사소통의 방법에 따라 그 사람의 인격과 도덕적 기준을 알 수 있으며, 그러한 영향력은 타인에게도 많은 자극을 준다. 현실적으로 의사소통의 윤리적 측면에서 발생하는 문제는 흔히 볼 수 있다. 대표적인 문제가 갑질 문제 같은 경우이다. 사회적으로 타인과 상호작용하거나 공존하는 생활은 서로의 인격과 사생활에 대한 존중의 범위가 있다. 이를 무시하고 개인의 의사소통을 강요하는 것은 타인의 인격을 침해하는 윤리적인 문제를 발생시킬 수 있다. 따라서 의사소통의 기준에서 윤리성은 매우 중요하게 고려해야 하는 요소이다.

2. 현대사회와 의사소통

1) 사회변화와 의사소통

10년이면 강산이 변한다는 말이 있다. 예전에는 강산이 변하는 데 10년이 걸렸으나 현대에는 6개월마다 강산이 변할 정도로 초고속 시대를 맞게 되었다. 10년 전 사회와 현재의 사회는 너무도 많은 변화를 보이고 있다. 이처럼 끊임없이 변화하는 사회를 '사회변화(social change)'라고 한다. 사회변화는 반드시 그 사회의 문화변화를 수반한다. 따라서 사회가 변화한다는 것은 문화가 변화한다는 뜻이기도 한데, 이러한 변화 요인은 과학기술의 발전과 인구구조의 변화, 자연환경의 변화 등에 따른 발명, 발견, 문화전파에서 비롯된다.

다보스포럼은 2016년에 '제4차산업혁명의 이해'를 주제로, 2017년은 '소통과 책임의 리더십', 2018년은 '분열된 세계에서 공유의 미래 만들기'에 대하여 세계의 석학들이 토론하였다. 다보스포럼의 주제는 변화하는 시대의 흐름에 따라 그 시대가 요구하는 메시지를 주제로 삼는다. 최근 3~4년 동안 다보스 포럼은 4차산업혁명을 이해하고 4차산업혁명시대를 이끌어 갈 수 있는 인재상과 공유된 미래를 추구하는 세계의 비전을 제시하였다. 산업의 발전과 사회의 변화에 맞추어 이에 대비하는 과제를 제시하고 동시에 문제를 해결하는 방안을 모색하자는 취지다.

4차산업과 소통의 리더십, 공유된 미래는 이 시대를 살아가는 우리가 대비해야 할 과제들이다. 4차산업시대를 살아가는 현대인들이 변화하는 사회와 문화 안에서 어떻게 의사소통을 해야 하는지 그에 대한 현안을 찾는 것은 현대 사회가 해결해야 할 문제이다. 개인의 라이프 스타일이 중요시되는 현실에서는 과거의 산업에서 중요하게 여겼던 공동체나 조직 문화의 의미가 상실되었으며, 네트워크를 통한 새로운 의사소통과정에서 그 가치를 찾아야 할 것이다.

(1) 현대사회와 인간관계의 의미

인간은 혼자서 살아갈 수 없는 사회적 동물로서 타인과 상호작용을 하며 생활한다. 사람끼리의 관계 안에서 한 인간으로 성장하기 위해서는 자아정체감을 형성하고 건강한 의사소통을 하며 사회적 관계를 맺는다. 인간은 기본적으로 사람들과 관계를 맺는 과정 속에서 자신의 존재를 확인하고 자신의 가치를 인정받으려 한다. 지속적인 변화와 환경 속에 적응하기 위해 노력하고 서로에게 영향을 주고받는 관계 안에서 삶의 질을 높인다. 인간관계는 사람끼리의 접촉과 만남을 통해서 서로의 마음을 교류하고 공감하는 상호작용 가운데 서로에게 존재의 의미와 가치를 발견한다. 다른 사람들과의 관계 속에서 많은 갈등과 문제가 발생하고 이를 해결하기 위한 경험과 노력을 통해서 인격과 성격을 형성하게 된다. 인간관계에서 받는 스트레스는 심리적 신체적 건강에 영향을 끼친다. 긍정적 인간관계는 자신의 삶의 의미를 찾고 성장할 수 있게 하는 원인이 될 수 있으나, 부정적인 인간관계는 우울, 불안, 분노 같은 정서를 경험하게 되고 수면장애나 소화불량, 두통과 같은 심리적인 스트레스를 받게 된다.

급변하는 현대사회는 미래에 대한 불확실성과 인간의 존재가치에 대한 불안심리가 작용하여 인간관계 형성이 어려워진다고 한다. 특히 4차산업혁명시대의 인간관계는 인간과 인간 사이에 정보통신이라는 매체를 통한 인간관계가 형성되고 있다. 정보화시대 인간관계는 시간과 공간을 뛰어넘는 쌍방향 소통이 가능해짐에 따라 사회적 인간관계를 유지하고 소통하는 데 큰 변화가 생겼다. 인간과 인간 사이에 정보통신매체를 매개로 하여 인간 대 인간의 직접적인 관계 형성이 더욱 복잡하고 어려워지는 현실이 되었다. 전통적인 면 대 면 의사소통은 같은 시간과 공간에 존재하며 서로의 메시지를 주고받기 때문에 세밀한 감정이나 생각까지도 전달할 수 있었다. 그러나 정보통신기술의 발달로 매체를 통한 사람들 간의 네트워크가 형성되면서 인간관계는 형식적이고 피상적인 수준에 머무르기 쉽고 목적 달성을 위한 관계에 그치는 경우가 있어 진정한 의사소통이 이루어지기 힘든 현실이 되었다.

현대의 인간관계는 매체의 발달이 가져오는 배경을 토대로 그 안에서 형성되는 인간관계를 이해해야 한다. 매체가 전달 경로의 역할을 하는 경우 직접 소통하기 어려운 상황에서 매체를 전달 장치로 활용하는 현대사회의 인간관계는 매체의 변화양상에 따라 사적인 성격을 지니기도 한다. 정보의 공개와 공유라는 공적인 목적에서 시작되었지만 개인 간의 관계 형성을 위한 매체의 성격이 강해졌다. 매체를 통해 이루어지는 인간관계는 목적에 따라 공적인 기능을 가지면서 공적인 목적을 가진 인간관계를 형성하기도 한다.

정보매체가 발달할수록 현대사회의 인간관계는 인간의 존엄성을 잃지 않는 진정성 있는 관계 형성이 중요하다. 인간관계를 형성하거나 유지하기 위해서 사람 사이에서 지켜야 할 도덕적 의식과 타인에 대한 배려를 통하여 관계를 발전시켜 나가는 인식이 필요하다.

(2) 현대사회와 의사소통의 가치

정보매체사회는 소통의 일방통행이 이루어지는 문제를 발생시킨다. 인간관계에서 최고의 의사소통 기술은 언어능력이다. 그럼에도 불구하고 정보매체가 발달할수록 인간관계는 자신의 언어능력을 발달시키고 향상시키기보다 매체를 통한 의사전달에 더 신경을 쓰고 의지한다. 이러한 현상을 어떤 식자들은 '더 많은 연결을 위한 새로운 시대의 진화'라고 포장하기도 하지만 매체에 의한 의사소통은 더 큰 단절을 유발하기도 한다. 편중된 정보의 방에 갇혀서 그 이상의 세계를 이해하지 못하는 단절을 불러오고 정보의 이념 속에 단절된 사고를 형성하는 아이러니를 유발한다. 정보통신이 발달한 시대의 인간관계는 소통일까 단절일까 무관심일까.

얼마 전 인터넷 댓글의 사회문제는 심각한 수준의 병폐로 등장하였다. 정보매체의 발달로 편향적 견해를 공유하는 현상은 같은 견해를 가진 사람들끼리 집단적 이기주의를 형성하고 계층 간 물리적 거리를 더욱 크게 만들어 인간관계의 단절을 가져왔다. 인터넷 정보를 통하여 서로의 의견을 주고받는 의사소통은 그에 준하는 도덕성과 책임을 요구한다.

그러나 이러한 도덕적 질서와 책임을 무시한 채 상대의 인격을 폄훼하고 비난하는 수위를 넘는 의사소통 방식은 정보화 사회의 갈등을 발생시킨다. 인간관계에서 매체를 통한 갈등은 여러 가지 요인에 의하여 생기나 효율적인 인간관계를 위해서는 협동적 행동이 가능한 조정의 수단으로서 매체를 활용해야 한다. 인간관계의 기본은 협동적 행동이 가능하도록 합리적이고 효율적으로 정보를 제공하고 교환하는 양질의 의사소통이 되어야 한다. 그러기 위해서는 의사소통의 내용이 정확하고 신속하고 적절하며 전달의 질이 우수한 도덕성과 책임성을 확보해야 한다. 그랬을 때 인간관계에서 참여감, 귀속감, 인정감, 유대감 등 사회 심리적 욕구를 충족할 수 있으며 이런 과정에서 자발적이고 협동적 행동의 동기를 유발할 수 있는 긍정적 의사소통이 이루어질 수 있다.

2) 산업혁명과 의사소통

유발 하라리는 『사피엔스』에서 인류는 세 번의 가장 큰 혁명을 겪었다고 한다. 그 첫 번째가 인지혁명이고, 두 번째는 농업혁명, 세 번째는 과학혁명이다. 인지혁명으로 인간은 새로운 유형으로 생각하고 새로운 형태의 언어를 사용하여 의사소통을 할 수 있는 능력을 얻었다. 언어를 사용하여 세계와 사회적 관계에 더 많은 정보를 전달하는 의사소통은 인간이 사회적 존재로서 인간 공동체를 형성하고 발전할 수 있는 위대한 능력이라고 하였다.

과학혁명은 인간이 진정한 세상의 지배자가 될 수 있는 사건이다. 과학기술의 발전은 인간의 말을 알아듣고 사람처럼 생각하는 인조지능까지 갖춘 인공지능을 개발하는 단계까지 이르렀다. 인공지능은 의사결정과정을 자동화하여 빠르고 합리적인 결정이 가능해지고 업무의 효율을 높일 수 있게 하였다.

이러한 변화를 앨빈 토플러는 '제3의 물결'이라는 용어로 설명하고 있다. 토플러에 따르면 수렵채집에서 농경사회로의 변화를 '제1물결'이라 하고, 기계의 발명과 기술발전으로 산업혁명이 일어난 200년 동안을 '제2의 물결'이라고 했다. 그리고 지식기반사회의 생산시스템과 정보혁명(Information revolution)을 일으킨 현재를 '제3의 물결'이라고 하였다. 제3의 물결은 컴퓨터의 발전으로 인한 정보혁명으로서 지식과 정보의 중요성을 강조하는 글로벌네트워크가 구축되고 다양성이 증가하는 새로운 의사소통의 유형을 탄생시켰다.

과학혁명은 1차, 2차, 3차 산업혁명을 거치면서 off-line에서 on-line 혁명의 시대로 변화했다. 제3차 산업혁명은 컴퓨터에 의한 인터넷 혁명으로 볼 수 있다. 1981년 IBM 컴퓨터가 발명되면서 개인용 컴퓨터가 일반화되었다. 인터넷은 1969년 미국의 아르파넷에서 처음 개발되었고, 1994년에야 비로소 대중들이 사용하기 시작했으며, 2007년 애플사의 iphone은 그해의 발명품으로 선정되기도 했다. 이와 같이 제3차 산업혁명으로 인하여 과학과 기술이 밀접하게 관련되어 상승작용을 하면서 off-line에서 on-line으로의 의사소통 방식은 더욱 빠르게 발전하였다(김진수 외, 4차산업혁명과 교육, 2019).

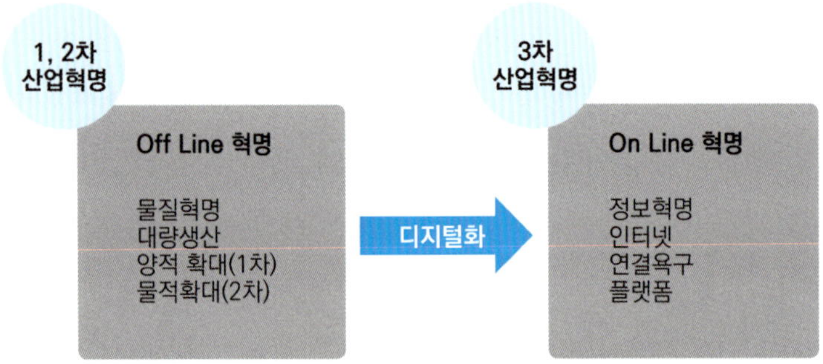

[그림 4-2] 1차, 2차 산업혁명과 3차 산업혁명의 비교

3) 4차산업혁명시대와 의사소통

우리나라에서 4차산업혁명이 대두되기 시작한 것은 2016년 다보스포럼에서다. 다보스포럼은 세계의 저명한 기업인, 경제학자, 저널리스트, 정치인 등이 모여 범세계적 경제문제에 대해 토론하고 국제적 실천과제를 모색하는 세계경제포럼 연차총회이다. 현재 세계 핵심 이슈로 부각되는 '제4차산업혁명' 용어가 2016년 다보스포럼에서 언급된 이후 미래사회 변화의 주요 화두로 부상했다.

4차산업혁명은 CPS(Cyber-Physical System)라는 새로운 개념의 사이버물리시스템, 즉 가상공간과 물리적 공간의 네트워크망을 의미하는 의사소통 방식이다. 이는 컴퓨터 안의 온라인 공간이나 컴퓨터들이 서로 연결되는 네트워크망의 가상공간이 물리적 공간과 연결되어 영향을 주고 있는 새로운 개념의 의사소통 시스템이다. 2025년까지 인구의 90%가 언제 어디서나 인터넷 접속이 가능하며 스마트폰을 사용하는 의사소통을 할 수 있다고 한다.

예를 들면 스마트폰의 앱(App)을 통해서 접속한 사이버공간은 온라인 게시판, 온라인 쇼핑몰, 온라인 민원창구 등 인터넷에서 활동하는 공간을 말한다. 이러한 개념은 사이버공간의 앱에서 택시를 호출하면 물리적 공간에서 택시가 오는 현상이다. 온라인 쇼핑몰에서 물건을 주문하면 물리적 공간인 집으로 택배가 배달되고, 온라인 민원창구에서 서류를 신청하면 우편물로 서류를 받아 볼 수 있는 새로운 의사소통 방식인 사이버물리시스템이다.

CPS 의사소통 개념은 사이버와 물리세계가 연결된다는 의미의 O2O(Online to Offline)도 있다. 온라인에서 주문하면 오프라인에서 배송되어 도착하는 소통방식으로서 온라인과 오프라인이 서로 연결되어 있다는 뜻이다. O2O란 모바일을 이용해 미리 주문하면 줄을 서지 않고 물건을 찾을 수 있는 서비스다. 스타벅스 매장에는 '사이렌오더(siren order)'가 있고, 이디야 커피에는 '스마트오더(smart order)'라는 서비스 시스템이 인간의 편리성을 높여 주는 새로운 의사소통 방식으로 등장했다. 언택트시대가 되면서 학교 교육에서도 O2O시스템을 이용하여 온라인 학습과 오프라인 학습을 연계하여 학생과 교육자 간의 의사소통을 하는 비대면 학습방식을 실시하고 있다. 온라인 공간에 학습컨텐츠나 동영상 강의를 올려놓으면 학생들이 집에서 학습하고, 오프라인 교실에 와서 공부한 것을 복습하거나 모르는 것을 물어보아 함께 토론하는 의사소통 방식이다.

CPS나 O2O는 공장이나 산업현장에서도 많이 쓰이고 있다. 제4차산업혁명이라는 개념을 처음 만든 독일은 2010년부터 사물인터넷을 제조업에 적용해 완전 자동생산 시스템체계를 구축하는 '인더스트리4.0'정책을 추진하였다. '인더스트리4.0'은 증기기관발명을 '인더스트리1.0'이라고 정의했고, 대량생산체제를 '인더스트리2.0', IT를 접목한 자동화는 '인더스트리3.0'이라고 정의했다. 마지막으로 CPS를 적용한 생산시스템이 '인더스트리4.0'이다. 사물인터넷 기술을 공장에 적용하면 모든 사물이 인터넷을 기반으로 연결되어 공장의 기계는 센서가 부착되어 실시간으로 현재 작동상태나 데이터 정보를 주고받을 수 있다. CPS가 적용된 첨단지능형 시스템을 갖춘 공장 '스마트팩토리(smart factory)'는 기계와 사람 간의 의사소통 방식이라고 할 수 있다.

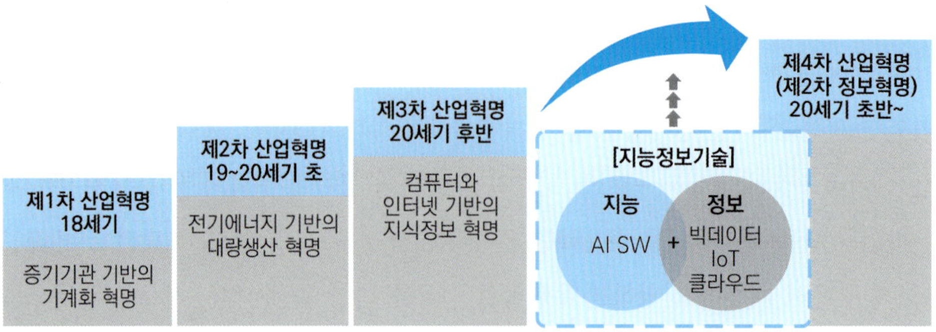

[그림 4-3] 산업혁명의 역사

특히 빅데이터를 활용한 의사결정력은 더욱 커질 전망이다. 빅데이터를 활용하면 정부, 산업, 응용분야에서 빠른 의사결정이 가능해지며 혁신을 위한 오픈 데이터가 증가하고 비용이 절감될 수 있다. 빅데이터는 기계와 기계, 기계와 인간의 연결고리를 통한 정보교류 및 데이터를 수집하고 새로운 가치를 창출하는 효과를 얻을 수 있다.

이처럼 4차산업혁명시대의 의사소통은 지식정보사회 안에서 컴퓨터와 인간의 네트워크를 통해 이루어진다. 의사소통방식의 변화가 빠르게 진행되고 다원화되면서 이를 사용하는 인간의 삶 또한 신속하게 대처해야 할 필요가 있다.

4) 세계화와 의사소통

인간은 인구구조와 자연환경의 조건 등에 따라 인류의 발전과 함께 문화를 형성해 왔다. 문화란 자연생태의 것을 인간이 변화시키고 새로운 것을 창조하는 인위적인 작용을 말한다. 역사 이래로 인간의 이동에 따라 문화는 전이되고 변화하는 가운데 새로운 문화를 만들어 내는 문화혁명을 이루었다. 문화는 문명이라는 말과 혼용되어 자주 쓰이고 있지만 일반적으로 문명은 물질적인 진화의 개념을 말하고 문화는 형이상학적인 가치관, 사상, 종교, 학문 등 정신적인 부분을 가리킨다. 넓은 의미에서 문화는 문명을 포괄하고 있지만 좁은 의미에서 문화는 정신적인 영역에 한하여 구분한다.

현대사회에서 문화는 정보통신의 발달을 근간으로 인간의 능력을 형식화하고 사회와 사람 사이의 상호관계를 이어 주는 의사소통의 한 방식으로서 급속한 세계화를 이루고 있다. 1973년 미국 인류학자 클리포드 게르츠는 그의 저서 『문화의 해석』에서 "문화는 인간의 지식과 삶에 대한 생각, 의사소통, 보존, 그리고 발전시키는 방법을 상징적으로 표현 및 커뮤니케이션하는 개념체계"라고 했다. 문화 간 의사소통은 서로 다른 공동체의 문화를 이해하고 교류하는 사회적 패턴의 한 형태로서 다른 집단 구성원들 간의 커뮤니케이션을 위한 일차적인 행위이다. 따라서 문화의 변화는 서로 다른 공동체들과의 의사소통 방식으로 발전하고, 발전된 의사소통은 새로운 문화를 창출하는 요인이 된다.

문화의 특성 중 하나는 문화가 사회 구성원들에 의하여 공유된다는 것이다. 사회 구성원들은 독특한 개인적 취향을 가지고 다른 집단과 구별될 만한 공통적인 문화를 공유한다. 문화는 급속한 산업의 발달로 전파 속도가 빠르게 이루어지고 공유의 영역이 글로벌화된 다원적 양상을 보인다. 특히 정보통신의 발달로 문화전파가 실시간으로 이루어지고 문화를 공유하는 소통의 영역은 지역의 한계를 벗어나 전 세계를 아우르고 있다. 페이스북이나 트위터 같은 SNS 네트워크망은 이동속도와 연결속도를 빠르게 하여 전 세계 사람과 사람을 통합하고 문화 간 교류를 활발하게 하는 새로운 소통 문화를 만들어 낸다. 다양한 매체의 증가와 커뮤니티 공간은 일원적인 소통을 벗어나 가상공간에서의 정서적 유대를 나누는 다원적 커뮤니케이션 구조를 생성한다. 이러한 개념이 사이버문화복합을 이룬다. 사이버스페이스를 중심으로 사이버 공간에서 소통을 중시하는 열린 공동체를 지향하고 자아실현의 가치를 찾는다. 정보통신부와 한국인터넷정보센터가 실시한 "정보화실태조사"에 의하면 6~19세의 인터넷 사용률은 98%가 넘는다(천정웅 외, 2017). 인터넷과 컴퓨터의 사용은 개인의 목적에 따라 다르지만 커뮤니케이션을 목적으로 사용하는 인터넷은 친구들이나 학교와의 소통이나 결속과 관련이 있는 것으로 보고했다.

이러한 변화는 디지털 미디어 네트워크망을 통해 급변하고 있는 청소년들의 한류문화에서 찾을 수 있다. 청소년 문화는 시대에 따라 조금씩 다르게 나타나지만 그 시대 청소년들의 특징을 반영한다고 할 수 있다. 새로운 미디어로 새로운 문화를 쉽게 받아들이고 자신들의 기호나 선택을 행동에 옮기는 청소년들의 행위양식은 대중매체의 창출을 통해 공유하고 소통하는 가운데 가치체계와 의식의 단일화까지 만들어 낸다. 이들은 자신의 생각과 의견, 경험, 관점, 활동을 개방하고 공유하는 사람들 사이의 사회적 연결망 혹은 사회적 관계를 구축할 수 있는 매체나 사이트, 플랫폼으로 관계를 형성하고 그들의 문화를 공유한다.

문화 가운데 특히 대중음악은 스타의 일방적인 관계에서 벗어나 팬의 주체적 활동이 뚜렷한 팬덤(fandom)이라는 문화지대를 공유하고 소통한다. 최근 세계적인 음악차트를 석권한 방탄소년단의 노래는 SNS 네트워크망을 통하여 전 세계의 음악팬을 하나로 이어 주는 가상공간에서 소통의 장을 형성하고 있다. 한국의 드라마나 영화 등 문화예술 분야도 이미 시공간을 넘어 글로벌화된 문화 교류 현상을 보여 준다. 세계화시대에 한정된 국가나 사회를 넘어 전 세계인이 하나의 문화를 공유하고 소통함으로써 새로운 문화를 탄생시키는 의사소통의 영역이 넓어지고 있다. 산업이 발달함에 따라 문화전이가 활발하게 이루어지고 지구 전체 차원에서 동시적으로 글로벌 네트워크 체계를 형성하는 세계화시대의 의사소통은 인공지능의 발달과 함께 더 확장될 것으로 보인다.

3. 인간관계와 의사소통

1) 인간관계와 의사소통의 역할

인간은 태어날 때부터 인간관계 속에서 살아간다. 인간관계란 타인과 상호작용을 하면서 형성하는 사회화 과정이다. 한 인간이 정체감을 확립하고 타인들과 상호작용하기 위해서는 효과적인 의사소통능력이 필요하다. 자신의 감정이나 의견을 주고받을 수 있는 의사소통 기술은 바람직한 인간관계를 형성하고 유지하는 데 매우 중요하다. 사람들 사이의 의사소통이 원활하기 위해서는 서로를 이해하고 서로 마음이 통하고, 서로를 존중하는 의사소통이 잘 되어야 한다. 단순히 귀로 듣고 입으로 말하는 의사소통이 아니라 성공과 행복의 요건을 갖춘 인간관계로서의 의사소통이 되어야 하기 때문에 의사소통은 중요한 생존 전략이라고 할 수 있다.

현대사회는 인간중심의 사회다. 정보가 발달할수록 정보의 역할은 인간을 위한 도구일 뿐, 그 자체가 목적은 아니다. 인간중심 사회의 인간관계에서 의사소통은 누구와도 동등하고 대등한 관계를 이어 주어야 한다. 타인을 배려하고, 타인의 입장을 이해하며, 타인의 궁금증과 불안을 덜어 주는 의사소통이 필요하다. 따라서 의사소통은 타인의 말에도 귀 기울이고, 듣는 사람의 입장을 고려하여 자신의 의견을 부드럽고 정확하게 전달하는 역할을 한다. 인간중심의 의사소통은 바로 이런 서비스 마인드를 활성화시키는 도구인 것이다.

인간관계에서 의사소통은 자기인식과 자존감, 자아정체성을 확립하는 데 영향을 미친다. 누군가와 인사하고 이름을 묻는 과정에서 의사소통은 그 사람의 정체성을 파악할 수 있는 중요한 역할을 한다. 단순히 호칭으로서만 묻고 말하는 것이 아니라 '나'라는 존재를 타인과 세상에 알릴 수 있는 근거가 된다. 따라서 이름을 묻고 자신을 표현하는 의사소통은 개인의 정체감을 형성하는 계기가 된다.

의사소통은 개인의 정체감을 형성하는 데 영향을 미칠 뿐만 아니라 자신에 대한 신뢰감을 형성시켜 준다. 인간관계에서 서로의 언어적 비언어적 의사소통으로서 신뢰감이 이루어지며, 자아충족감이 형성된다. 타인에게 도움을 요청하거나 인정받을 때, 자신과 타인에 대한 기본 신뢰감이 생기면서 마음이 안정되고 자아충족감이 쌓이게 된다.

인간관계에서 관계를 유지시켜 주는 것은 서로가 나누는 의사소통이다. 사람이 맺는 관계는 우연일 수도 있고, 의도적인 만남에 의하여 이루어질 수도 있지만 그 관계를 지속시키기 위해서는 의사소통이 절대적으로 필요하다. 행복한 인간관계를 형성하고 그 관계에서 충족감과 안정감을 느끼고 유지하기 위해서는 의사소통의 역할이 매우 중요하다.

의사소통은 건강하고 활기찬 삶을 위해서도 중요한 역할을 한다. 사람은 타인과 소통을 하지 않고 혼자만 살 수 있는 것이 아니기 때문에 인간관계를 잘하는 사람이 건강한 삶을 유지할 수 있다. 운동을 하고, 좋은 식품을 많이 먹는다 하더라도 타인들과의 원활한 인간관계를 위한 의사소통을 하지 않는다면 삶의 질이 떨어지고 수명을 단축하는 스트레스가 쌓이게 된다. 실제로 건강한 의사소통은 인간의 삶의 질을 높여 주고 건강과 수명을 늘리는 데 영향을 준다. 따라서 의사소통은 직접적으로 수명에 영향을 준다고 할 수 없지만 우울증이나 식욕부진, 불면, 불안, 짜증 등의 심리적인 증상은 의사소통에 문제가 있다고 할 수 있다(김동원 외, 의사소통의 리더십, 2015).

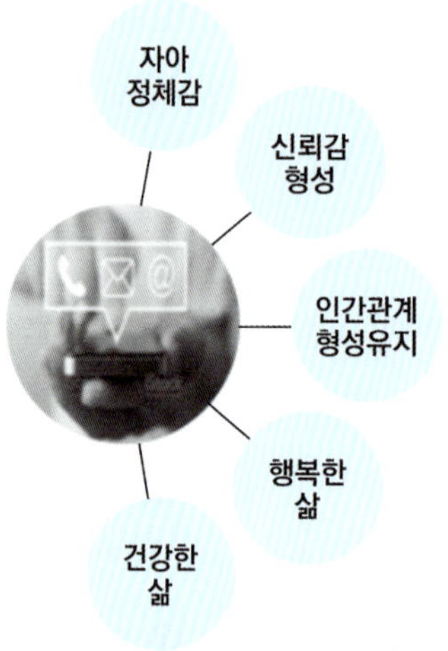

[그림 4-4] 의사소통의 역할

2) 인간관계 중심의 의사소통 규칙

(1) 인간관계 유형

사람은 사회적 동물이기 때문에 여러 방면에서 다양한 관계를 맺으며 살아간다. 마틴 부버는 "모든 현실은 혼자만 전유할 수 없는 함께 나누는 활동이다. 함께 나눔이 없는 곳에 현실은 존재하지 않는다."라고 했듯이 사람은 다양한 관계 속에서 살아간다(황혜원 외, 긍정심리와 인간관계, 2018).

① 일차적 인간관계와 이차적 인간관계

- 일차적 인간관계는 태어날 때부터 형성되어 온 관계를 말한다. 혈연으로 맺어진 가족관계나 친척, 형제자매 등 자신이 선택하거나 의지에 의하여 형성되는 것이 아닌 의무적인 관계이다. 일차적인 인간관계는 싫다고 하여 관계를 단절할 수 없다.

- 이차적 인간관계는 사람이 성장하면서 자신의 의지나 선택권에 의하여 형성되는 사회적 관계이다. 이차적 관계는 개인의 자율적인 의사에 의하여 결정하거나 선택하는 관계이기 때문에 관계에 따른 책임과 의무도 자신이 해결해야 한다. 이차적 관계는 친구, 동료, 동아리, 그 외에 사회관계망에서 상호작용하는 관계이다.

② 수직적 관계와 수평적 관계

- 수직적 인간관계는 연령이나 서열, 직위, 계층 간에 형성되는 관계이다. 부모와 자녀, 스승과 제자, 선후배 관계 등이며 주로 동양 문화권에서 많이 발달되어 있다. 수직적인 관계는 대부분 명령이나 양육, 보살핌 등 윗사람의 역할과 복종이나 순종 같은 역할이 요구된다.
- 수평적 인간관계는 서로의 인격이나 역할이 평등하게 존재하는 관계이다. 친구, 이성, 부부관계 등 나이, 서열에 관계없이 동등한 대우를 받을 수 있는 인간관계를 말한다.

③ 우호적 인간관계와 적대적 인간관계

- 우호적 인간관계는 서로의 인격을 존중하고 개인의 권리와 영역을 보장할 수 있는 관계를 말한다. 서로를 긍정적으로 생각하여 상호존중하고 협조하는 상호작용을 한다.
- 적대적 인간관계는 서로에 대하여 신뢰할 수 있는 마음을 상실하고 적대감을 가지고 비협조적인 태도를 보인다. 이들은 서로를 경쟁상대로 여기고 상대를 억압하거나 배척하는 자세를 가지고 있으며 자신을 우위에 놓으려 한다.

④ 애정 중심적 인간관계와 업무 중심적 인간관계

- 애정 중심적 인간관계는 사랑하는 마음이 전제가 된다. 부부관계나 이성친구처럼 사랑하고 존중하는 마음이 형성되고 유지되는 인간관계를 말한다.
- 업무 중심적 인간관계는 업무를 중심으로 관계를 형성하기 때문에 애정 중심적

관계와는 다르다. 일에 대한 목적과 이익을 공유하는 상호관계를 형성하는 관계로서 업무수행이 중심이 된다.

⑤ 공유적 인간관계와 교환적 인간관계

- 공유적 인간관계는 상대의 행복과 불행에 관심을 가지고 친교를 쌓는 인간관계이다. 서로 믿고 의존하는 성향이 강하며 친밀감을 다지는 작용을 한다.
- 교환적 인간관계는 이익과 목적을 달성하기 위하여 이해관계를 따지는 관계이다. 서로에게 얼마나 이익을 주고받을 수 있는지 관심을 가지고 형성되는 관계로서 자본주의나 개인주의가 발달한 사회에서 많이 나타난다.

(2) 인간관계 중심의 의사소통 규칙

인간관계를 잘 유지하기 위해서는 의사소통을 할 때 서로 지켜야 하는 규칙이 있다. 이러한 규칙들은 인간관계를 생산적이고 효율적으로 발전시키는 긍정적인 영향을 미친다. 인간관계에서 마음의 안정을 유지하고 스트레스를 덜 받기 위해서는 서로에 대한 예의와 신뢰를 바탕으로 의사소통이 이루어져야 한다.

① 인간관계를 맺기 위한 의사소통은 예의와 신뢰를 기본으로 쌓아야 한다. 부모와 자식 간, 형제와 자매 간, 친구와 친구 사이, 상사와 동료 사이 등 모든 인간관계에 있어서 서로에 대한 신뢰와 예의를 지키는 것이 진정한 의사소통을 나눌 수 있는 토대가 된다. 예절과 신뢰는 인간관계에 있어서 매우 중요한 기초가 된다. 예절은 상대를 존중할 수 있는 윤리적 행위이며, 믿음을 느낄 수 있는 신뢰감은 자아정체감과 자존감을 형성하는 데 중요한 영향을 끼친다. 사람 사이에 신뢰를 형성하지 못하고 진실함을 전달하지 못하는 형식적인 의사소통은 진정한 의미의 인간관계를 형성하지 못한다.

② 인간관계를 위한 의사소통은 진솔하게 자신을 그대로 표현하고 다른 사람을 있는 그대로 수용하는 열린 마음이 표현되어야 한다. 의사소통은 목적이나 이익을 위한 도구가 될 수 없기 때문에 서로를 이해하고 공감할 수 있는 진실성

이 전달되어야 한다.

③ 인간관계를 위한 의사소통은 자신의 이익보다는 상대의 행복을 위해 먼저 전달되어져야 한다. 자신의 감정이나 기분 때문에 상대에게 상처를 주는 의사소통은 매우 비효율적인 인간관계를 형성한다. 상대의 입장에서 생각하고 배려하는 의사소통을 통하여 서로에 대한 신뢰와 존중을 할 수 있어야 한다.

(3) 갈등관리와 의사소통

① 인간관계에서의 갈등원인

인간은 사회적 동물로서 다양한 환경에서 성장하고 그 과정에서 가치관과 생활양식이 다르게 형성된다. 매일 사람을 만나 다른 사람과 소통하고 친교를 나누는 인간관계 속에서 타인과 의견이 맞지 않아 감정싸움으로 번지는 갈등은 언제 어디서든 일어날 수 있다. 따라서 인간관계에서 서로 다른 생각과 행동으로 인하여 갈등이 생기는 것은 당연하다.

갈등이란 영어로 Con(Together, 함께)과 Flict(Strike, 충돌하다)의 합성어인 Conflict(갈등), '서로 충돌하다'라는 뜻이고, 한자어로는 갈등(葛藤)으로 칡과 등나무가 성장하면서 서로 꼬이는 방향이 달라 복잡하게 얽혀 있다는 의미이다. 로빈스(Robbins)는 갈등은 '조직 내 행동주체 간의 대립적 내지 적대적 상호작용'이라고 하였고, 리터러(Litterer)는 '둘 이상의 개인이나 집단이 다른 사람 또는 집단의 행동이나 그들과의 상호작용으로부터 상대적인 손실을 지각함으로써 대립이나 다름이 일어나는 행동의 한 형태'라고 정의하였다. 창과 홀트(Chang & Holt)는 갈등을 '하나 혹은 둘 이상의 개인이나 집단 간의 다양한 대립, 방해, 행동, 투쟁 등 심리적이고 행동적인 특성을 복합적으로 갖고 있는 공개적이나 잠재적 형태'라고 정의하였다.

즉, 갈등은 인간관계의 위기 상황에서 언제나 일어날 수 있는 일이며, 갈등이 생기는 원인은 다양한 관점에서 찾을 수 있다. 대체적으로 갈등은, 첫째, 일반적 원인으로는 개인의 차이, 문화의 차이, 관심의 차이, 사회변화, 의사소통의 차이에서 발생한다.

둘째, 내용적 원인으로는 사실관계, 이해관계, 구조적 관계, 가치관의 차이와 같은 요인을 들 수 있다.

셋째, 사회학적 원인으로는 본능적인 성향, 상대적인 박탈감, 인간의 기본적인 욕구, 좌절이나 공격과 같은 요인으로 본다.

넷째, 그 외의 원인으로는 목표의 불일치, 사물현상에 대한 지각상의 차이, 애매한 규정과 절차, 집단 간 상호 의존성, 부적절한 보상 시스템, 가치관의 차이, 의사소통의 부재, 역할 인식의 차이 등에서 갈등이 발생하는 요인을 찾을 수 있다.

인간관계에 있어서 갈등은 삶의 질을 개선하기도 하고 행복을 추구하는 순기능적 작용을 하기도 하지만, 때로는 지나친 갈등으로 인하여 인간관계의 질을 악화시키기도 한다. 대부분의 사람들은 갈등을 부정적인 것으로 판단하고 있으나, 갈등은 충분한 대화나 상호 간의 의사소통을 통하여 언제든지 해결할 수 있다.

② 갈등관리와 의사소통

누구나 갈등을 없앨 수는 없지만 최대한 갈등을 줄이는 게 생산적이고 효율적이다. 자라 온 환경이 다르고 각자 자신의 입장이나 생각, 가치관이 다르기 때문에 갈등은 생겨나게 마련이다. 갈등을 제대로 해결하지 못하면 개인적으로나 조직적으로 커다란 부작용이 생긴다. 하지만 갈등을 제대로 이해하고 해결한다면 오히려 에너지를 불어넣어 줄 기폭제가 되기도 한다. 갈등을 성공적으로 해결하기 위해서는 양 측면을 모두 이해해야 한다. 또한 갈등해결의 성공을 위해서는 갈등을 최소화 하려는 노력이 필요하다. 갈등을 최소화하기 위해서 현재의 갈등을 슬기롭게 풀어 나가면서 개인의 건강을 유지하고 생산성을 높이는 방향으로 지혜롭게 의사소통을 하는 능력이 요구된다. 의사소통이 원활하게 진행되어야 갈등도 해결할 수 있으며 미리 예방할 수 있게 된다. 그러기 위해서는 자신의 감정을 조절할 수 있는 효율적인 의사소통 능력이 요구된다.

첫째, 서로의 차이가 아닌 이해 추구에 초점을 맞춘 대화와 타협을 한다. 서로 각자의 입장에 대하여서만 주장을 하지 말고 자신과 상대방의 감춰진 이해관계에 대해서 관심을 갖는다면 양쪽에 득이 되는 상황을 파악할 수 있다. 어느 쪽도 이기고 지지 않으면서 양쪽에 득이 되는 이해관계를 만족시키는 대화와 타협이 필요하다.

둘째, 내성적이거나 자신을 표현하는 데 서투른 사람을 격려해 주는 것이 중요하며, 이해된 부분을 검토하고 누가 옳고 그른지에 대해 논쟁하는 일은 피하는 것이 좋다.

셋째, 이기고 지는 것에 집착하는 것이 아니라 진정으로 문제를 해결하고 갈등을 관리하려는 진정성이 담긴 의사를 전달한다. 느낌이나 성격이 아니라 사실이나 행동에 초점을 두어 상대를 진정으로 이해하고 수용하려는 긍정적 의사표현을 하는 것이 좋다.

넷째, 갈등이 사람들의 수행에 어떻게 영향을 미치는지 토의해 보는 것이 좋다. 갈등을 부정적으로만 인식할 것이 아니라 갈등을 해결함으로써 개인 간이나 조직 내 변화를 일으켜 구성원들의 태도와 행동을 변화시킬 수 있는 점을 토의해 보는 것이 좋다. 그래서 구성원들의 태도와 행동의 변화가 어떤 결과를 이끌 수 있는지 공동의 이익에 대하여 얘기해 보는 것이 효과적이다.

다섯째, 사람들의 눈을 마주 보며 상대의 잘못에 대하여 비난하는 것을 피하고, 사람들의 차이점보다는 유사점을 파악하는 사고전환의 대화가 필요하다. 상대의 단점보다 장점을 인정하고 서로의 공통점을 파악하여 긍정적이고 생산적인 언어를 사용하는 것이 좋다.

여섯째, 양측 모두의 이해를 만족시킬 수 있는 대안을 창의적으로 모색하는 메시지와 피드백이 중요하다. '나 대 너'의 대결국면이 아닌 '우리 대 문제'의 구도로 전환되도록 문제해결 중심의 메시지와 피드백을 주고받을 때 합의점에 도달할 수 있다.

일곱째, 객관적인 판단 기준으로 양측의 이해관계가 중립적이도록 공정한 의사전달이 진행되어야 한다. 그러기 위해서는 모두의 공감력을 이끌어 내 한쪽으로 치우치지 않는 공정한 의사전달이 중요하다. 이때 중요한 것은 자신의 의견을 명확하고 공정하게 밝혀야 한다.

여덟째, 마음을 열고 적극적으로 경청하는 자세가 필요하다. 상대가 전달하고자 하는 의도를 정확하게 파악하기 위해서는 상대의 말과 행동을 신중하게 들을 수 있는 경청의 자세가 중요하다. 갈등상황에서는 자신의 말을 하는 것보다 상대의 말을 듣는 것이 더 효과적이다. 상대의 말에 끼어들지 말고 상대방이 할 말을 다 할 수 있을 때까지 무조건 듣고 그 말을 적는 것이 좋다. 자꾸 상대방의 말에 끼어들면 서로의 감정을 상하게도 하고 필요 이상으로 시간을 낭비할 수도 있다. 따라서 하고 싶은 말이 있어도 기다렸다가 하는 것이 좋고, 자신이 말을 할 때 역시 상대방은 되도록 듣는 것에 집중하는 것이 중요하다(김창민외, 대학생과 리더십, 2016).

[표 4-1] 갈등의 순기능과 역기능 효과

갈등의 순기능적 효과	갈등의 역기능적 효과
새로운 아이디어 유도	목표달성 노력 분산
창조성 유발	업무로부터 에너지 낭비
조직의 생동감 제고	심리적 안정 상태 위협
개인과 조직의 동일성 회복	자원의 낭비
문제해결 촉구	적개심과 공격적 행동
심리적 요구 만족	인간관계의 악화
혁신과 변화의 초래	조직의 부정적 결과 초래
새로운 관계 형성	하위적 목표 추구
의사결정의 길 개선	적대감 심화

personality and communication | chapter

05

효율적인 의사소통

[학습목표]

1. 마음을 여는 자기개방의 유형과 가치를 설명할 수 있다.
2. 효과적인 의사소통을 위한 지각확인의 필요성을 이해하고 설명할 수 있다.
3. 공감의 의미를 이해하고 공감의 단계를 훈련하고 실습할 수 있다.

[미리 보기]

인간관계에서 자신의 생각이나 감정을 표현하는 것보다 중요한 것은 자신을 개방하는 것이다. 자신을 개방하는 것은 상대방에게 신뢰를 주는 것으로서 의사소통을 위한 상호작용의 기본이 된다. 상대방도 역시 자기개방을 하는 사람에게 자신의 마음을 열고 대화를 한다. 공감은 서로의 행동이나 몸짓에 대한 지각확인을 통하여 상대방이 전달하는 의도나 의미를 파악할 수 있으며 의사소통을 위한 기준이 된다.

chapter 05 효율적인 의사소통

1. 열린 마음, 자기개방

1) 자기개방의 의미

자기개방은 타인에 대한 자신의 개방이기도 하지만 의사소통 형태 중에서 가장 중요한 역할을 수행한다. 자기개방이란 개인이 의식적으로 언어적, 비언어적 수단을 통해 자신의 생각, 감정, 경험 등 자신에 관한 정보를 타인에게 알려 주는 것을 의미한다. 사람은 종종 일상적인 말이나 행동을 통해 무의식적으로 다른 사람에게 자신을 설명하거나 드러낸다.

의사소통에서 자기개방은 상대방의 문제와 관련하여 자신의 비슷한 경험을 상대방에게 말하는 것이다. 직장, 가정, 학교생활을 하는 가운데 많이 위축되어 있거나 단점을 드러내는 것을 좋아하지 않는 사람의 경우, 청자가 자신도 완벽하지 않으며 말하는 사람과 비슷한 경험이 있다는 것을 말하면 상대방도 마음을 열고 자신의 이야기를 할 수 있다. 이러한 자기개방은 상대방과 더 깊은 관계를 맺고 상대방으로 하여금 속마음이나 경험을 더욱 깊이 있게 개방하도록 유도할 수 있다. 또한 상대방은 자신의 이야기를 들어주는 사람 역시 완벽하지 않고 자신과 비슷한 고민을 하고 있는 사람이라고 생각하고 더욱 친밀감을 느낄 수 있다.

자기개방은 자신의 긍정적인 면은 물론 부정적인 면까지도 상대방에게 보여 주고 공유하는 것을 의미한다. 사람은 누구나 감추고 싶은 부분이 있고 열등감도 있다. 그리고 누구나 자신의 상처가 있기 마련이다. 이러한 이야기는 숨겨야 할 잘못도 아니지만 아무나와 쉽게 나눌 수 있는 것도 아니다. 문제는 상대방에게 자신의 부정적인 면이나 부끄러운 면을 보여 주어 자기개방을 용기 있게 했을 때, 상대방이 그 개방성을 얼마나 어떻게 받아들이는가 하는 것이다. 만약 자기개방을 했는데 후회한다거나 상대방이 피하는 것 같은 불편함을 느낀다면 그 관계는 바람직하다고 보기 어렵다. 자기개방은 서로가 얼마나 신뢰하고 존중하느냐를 가늠할 수 있는 척도가 되기 때문이다. 만일 자기개방을 하고 서로가 편안해지고 한층 더 친밀감을 느낀다면 그 관계는 성공적이라고 할 수 있다.

사람 간의 개방성은 공감대를 형성할 수 있는 의사소통이다. 자신의 인간적이고 개인적인 모습이나 사적인 면을 드러내는 것은 자신의 생각, 기분, 경험, 정보를 상대방과 공유하겠다는 의사소통이다. 그러나 무조건적인 자기개방은 바람직하지 않으며 적절한 수준의 시간과 내용, 대상을 선택하는 균형 잡힌 자기개방이 중요하다.

자기개방은 언어적, 비언어적 메시지를 포함하는 두 사람 간의 관계에서 나타나는 상호작용이다. 로버트 카커프(Robert R. Carkhuff)와 시드니 주러드(Sidney M. Jourard)는 자기개방이 의사소통의 가장 중요한 요소 중 하나임을 강조한다. 자기개방은 무엇보다도 상대방의 자기개방을 촉진하고 그로 하여금 감정의 응어리를 풀 수 있게 할 뿐만 아니라 카타르시스, 즉 감정의 정화작용을 도와준다. 예를 들어, 자기 자신에 대해 부정적인 자기개념과 열등의식을 가진 사람과 대화를 할 때, 듣는 사람은 자기개방을 통하여 상대방과 신뢰관계를 형성해 나갈 수 있다. 이처럼 타인에게 자기개방을 하는 것은 불필요한 오해를 줄이고 상호 간의 신뢰와 우호적인 관계를 유지하는 데 도움이 된다. 기본적으로 자기개방은 만남과 대화의 시간을 늘려, 열린 나의 영역을 넓혀 가는 것이다. 남이 모르는 자신을 개방하는 노력을 통하여 상호 신뢰를 형성하고 진심어 린 피드백을 듣는 것도 중요한 의사소통의 과정이다.

의사소통에서 자기개방은 상대방으로 하여금 나를 이해하게 하고 나에게 가까이 오게 하는 방법이며 상대방과 내가 신뢰의 관계를 발전시키는 아주 좋은 방법이다. 그리고 상호 간에 솔직한 자기개방을 하면 자신을 더욱 깊이 있게 이해하게 되어 바람직한 인간관계를 유지할 수 있다.

2) 자기의 세 가지 유형

인간관계에서 의사소통을 한다는 것은 서로의 생각, 감정, 정보를 주고받는 과정임과 동시에 자기 자신이 어떤 사람인지 드러내는 과정이기도 하다. 대부분의 사람들은 다른 사람과 대화를 하고 의사소통을 하면서도 자기 자신이 어떻게 드러나고 있는지에 대해서는 별로 관심이 없다. 그러나 다른 사람과 대화를 하다 보면 의식하지 못한 채 자기 자신을 드러내게 된다. 이처럼 자신을 드러내는 것은 상대방과 관계를 맺는 데 중요한 의미를 지닌다.

사람들은 여러 가지 모습의 자기를 가지고 있는데 특히 세 개의 자기를 가지고 살아간다. 개인적인 자기와 사회적 자기 그리고 문화적 자기로 살아간다. 개인적 자기(Personal self)는 자신만의 고유한 성격이나 가치관 등 내면 속에 있는 모습이며, 사회적 자기(social self)는 사회적 역할이나 신분을 드러내는 자기이다. 문화적 자기(Cultual self)는 과거의 경험을 통해 축적된 모습을 말한다. 이 세 가지 자기를 시드니 주러드는 "인간은 두 개의 자기를 가지고 살아간다. 하나는 내면 속에 있는 진정한 자기(real self)이며, 다른 하나는 남에게 보여 주기 위한 공적인 자기(Public self)이다."(박민수, 마음을 움직이는 커뮤니케이션 기법, 2015).

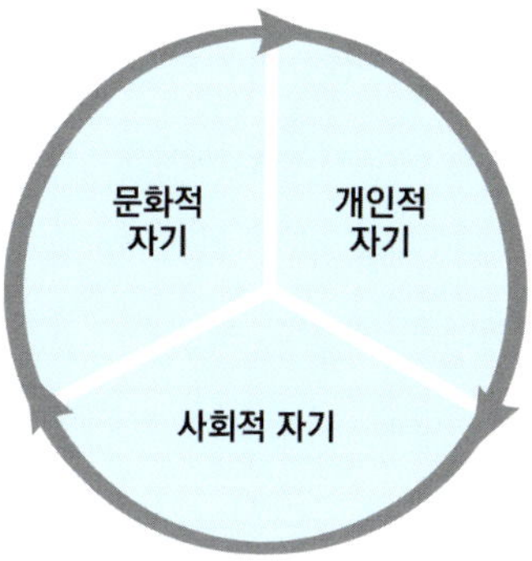

[그림 5-1] 자기의 유형

사람은 자라면서 진정한 자기를 숨기고 남에게 보여 주기 위한 공적인 자기를 나타내는 방법을 터득하게 되었다. 그 결과 자신의 본 모습을 숨기고 남에게 인정받고 칭찬받기 위한 가식적인 자기를 형성하고 발달시켰다. 사람들이 의사소통을 하면서 자기를 개방하는 것은 공적인 자기를 보여 주는 것이 아니라 내면 속에 있는 진정한 자기를 드러내는 것이다. 그런 의미에서 자기개방은 진실하고 정직한 행동으로서 의사소통에 절대적으로 필요한 인간관계라고 할 수 있다.

의사소통에 있어서 가장 방해가 되는 것은 자신을 속이는 것이다. 아픔을 지니고 있으나 아프지 않다고 하고, 치유받을 것도 없다고 사람들에게 자기를 감춘다. 대부분의 사람들은 관계에 있어서 불편하고 문제가 생기면 원인을 타인에게 돌리거나 자신의 상황을 감추려고 한다. 자기에 대한 인식이 부족하면 건강하고 효과적인 인간관계를 맺어 가는 데 문제를 발생시킬 수 있다. 그러나 자기 자신이 누구인지 정확하게 알면 인간관계에서 발생하는 문제를 풀어 가는 데 많은 시간을 절약할 수 있고, 불편한 상황을 원만하게 이끌어 갈 수 있다.

3) 자기개방의 자가진단

다른 사람에게 자기를 개방하는 것은 불필요한 오해를 줄이고, 인간관계와 상호신뢰를 유지하는 데 도움이 된다. 타인을 이해하기 전에 나 자신을 이해하는 것은 인간관계에 있어서 의사소통을 원활하게 할 수 있는 기본적인 요건이다. 나를 알고 다른 사람을 이해하는 것은 서로에 대한 이해력을 넓힐 수 있다. 심리학에서 말하는 조하리의 창은 다른 사람과 내가 아는 '열린 나(open self) - 성별, 이름 등', 다른 사람은 아는데 나는 모르는 '눈먼 나(blind self) - 몸에 밴 습관, 비언어적 행동, 자신에 대한 타인의 감정', 나는 알지만 다른 사람은 모르는 '감춰진 나(hidden self) - 자신만의 비밀, 욕망, 숨겨진 기호', 나도 다른 사람도 모르는 '미지의 나(unknown self) - 무의식'의 네 부분으로 구성되어 있다. 조하리의 기본 개념은 나도 알고 남도 아는 나에 대한 인식을 자기개념이라고 한다. 그래서 남이 모르는 나의 모습을 남에게 공개하면 남이 아는 내가 확대된다. 나아가서 나는 모르지만 남이 아는 모습을 남이 나에게 알려 주면 그것을 받아들임으로써 자신의 영역이 넓어지게 된다. 이러한 관계가 지속되는 것은 의사소통을 하는 데 매우 돈독한 신뢰관계를 쌓을 수 있다(박민수, 마음을 움직이는 커뮤니케이션기법, 2015).

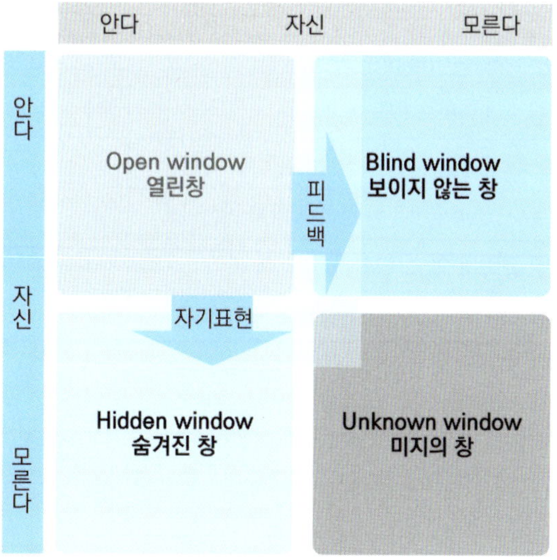

[그림 5-2] 조하리의 창

〈표 5-1〉 조하리의 창 검사

	문항	1	2	3	4	5	6	7	8	9	10
1	나는 잘 몰랐을 경우 바로 이를 인정한다.										
2	나는 납득하기 어려운 지시를 받으면 그 이유를 물어본다.										
3	나는 다른 사람의 잘못을 지적할 필요가 있을 때 직접 말한다.										
4	나의 의견에 대해 남들이 어떻게 생각하는지 물어본다.										
5	니의 느낌을 솔직하게 표현한다.										
6	다른 사람의 감정을 존중한다.										
7	나는 걱정거리가 생길 경우, 터놓고 의논한다.										
8	나 혼자 이야기를 계속하여 남을 짜증나게 하지 않는다.										
9	나는 진심으로 남의 이야기를 들어준다.										
10	나는 아이디어를 권장하며, 대화를 독단적으로 끌고 가지 않는다.										
11	내 잘못을 숨기거나 남의 탓으로 돌리지 않는다.										
12	나는 다른사람의 충고를 잘 받아들인다.										

	문항	1	2	3	4	5	6	7	8	9	10
13	달가운 일이 아닐지라도 남들이 알아야 되면 알려 준다.										
14	나와 남의 의견이 다를 때, 나의 생각을 말하고 함께 검토한다.										
15	나는 말하기 거북한 내용을 거리낌 없이 말한다.										
16	나는 변명을 하지 않고 비판에 귀를 기울인다.										
17	나는 있는 그대로를 나타내며 가식이 없는 편이다.										
18	나에게 찬성하지 않는다고 남의 마음을 상하게 하지 않는다.										
19	나는 확신하는 것을 굽히지 않고 말한다.										
20	나는 다른 사람에게 그들의 생각을 발표하도록 권장한다.										

문항에 대한 모든 체크가 끝났다면, 각 문항에 대한 점수를 적어 주세요.

번호	1	3	5	7	9	11	13	15	17	19	총점(S)
점수											
번호	2	4	6	8	10	12	14	16	18	20	총점(L)
점수											

각 문항의 총점인 S와 L 영역이 만나는 공간이 자신이 속한 '조하리의 창' 공간입니다.

		(S) 점수										
		0	10	20	30	40	50	60	70	80	90	100
(L) 점수	0											
	10											
	20											
	30											
	40											
	50											
	60											
	70											
	80											
	90											
	100											

- 열린 나(개방형): 자신의 느낌, 생각, 행동 등이 자신이나 타인에게 잘 알려진 영역이다. 효과적인 인간관계를 형성하기 위해서는 개방 영역을 빠른 시간 내에 넓혀 가야 한다. 이 영역이 넓은 사람은 원만한 인간관계를 형성한다. 그러나 지나치게 자신의 모든 부분을 노출시키면 오히려 인간관계가 손상될 수도 있다.
- 눈먼 나(자기주장형): 타인에게는 잘 알려져 있으나 자기 자신은 알지 못하는 영역이다. 이 영역이 넓은 사람은 눈치가 없고 자기주장이 강해서 타인이 보기에는 개선할 점이 많지만 정작 자신은 깨닫지 못한다. 또한 자기주장이 강하나 자기도취적인 사람이거나, 이와는 반대로 자존감이 낮아서 자신의 좋은 점을 인식하지 못하고 있는 사람이다. 이 영역은 타인으로부터 얼마나 피드백을 받느냐에 따라 달라질 수 있다. 따라서 이 영역을 축소시키기 위해서는 타인의 조언이나 생각을 진지하게 받아들이는 자세가 중요하다.
- 감춰진 나(신중형): 자신에 대해 스스로는 알고 있으나 타인은 알지 못하는 영역이다. 이 영역이 넓은 사람은 신중하다고 볼 수 있으나 자기표현을 잘 하지 않는다. 따라서 타인은 그가 어떤 생각, 어떤 느낌을 갖고 있는지 알 수 없어 쉽게 접근하지 못한다. 이러한 현상은 자신을 수용하지 못하는 데서 기인하기 때문에 자기를 은폐하고 드러내지 않으려 하며, 자기개방이 두려워 불안해하고 긴장한다. 이 영역을 축소시키기 위해서는 자기개방이 필요하다.
- 미지의 나(고립형): 나도 모르고 타인도 모르는 형이다. 이 영역은 심층적인 무의식세계로 자신에게 알려져 있지 않은 부분이다. 그러나 자신에 대해서 지속적으로 관심을 갖고 통찰을 하면 이러한 부분을 알게 된다. 이 영역이 넓은 사람은 고립되어 있고 심리적으로 고민이 많으며 부적응적인 삶을 살아간다.

조하리의 창에 의하면 인간관계가 원만하지 못하고 갈등이 발생하는 것은 내가 모르는 나의 부분과 남이 모르는 나의 부분이 크기 때문이며, 자기개방과 피드백을 통해 열린 자기의 영역을 넓힘으로써 개인 간의 갈등을 줄일 수 있고 의사소통이 향상되어 인간관계가 함양된다고 한다.

4) 자기개방 훈련과 연습

(1) 자기개방 훈련

자기개방을 할 때는 개방할 자료가 상대방의 문제해결에 도움이 되는지를 잘 파악해야 한다. 도움이 안 되는 경험을 말하거나 자기 자랑을 하면 곤란하며, 개방할 시기와 정도를 잘 고려해야 하고, 초기부터 너무 개방을 하면 자신과 상대방의 입장이 바뀔 우려가 있다. 자기개방은 1인칭을 주어로 사용한다.

1수준 자기개방

상대방과 심리적인 관계가 멀고 자기 자신에 대해서는 아무 것도 나타내지 않는 수준이다. 즉, 자신의 감정이나 성격에 관하여 전혀 개방하지 않는 것이다. 자신을 개방했다 하더라도 상대방과는 전반적으로 조화를 이루지 못한다. 이러한 자기개방은 부적합하고 상대방의 기분을 상하게 한다.

상황 제시

> 학생: "선생님. 아이들이 저를 놀이에 끼워 주지 않아요. 저와 노는 것이 재미없다고 생각해요. 그래서 참 속상해요. 저는 같이 놀고 싶은데 애들이 잘 대해 주지 않아요."

선생님의 자기개방 반응

- 1수준: "글쎄, 누구나 따돌림을 받는 경우가 있단다."
  ⇒ 선생님은 자신의 개인적인 경험과 관련된 정보를 주기를 거절했다.
- 2수준: "너 누구한테 노는 법을 좀 배워야겠구나. 그러면 더 잘 놀 수 있겠지. 아마 아빠가 너에게 도움이 되실 거야"
  ⇒ 선생님은 학생의 질문에 대답은 했지만 자신의 개인적인 정보 제공은 회피하고 있다. 그러므로 학생은 선생님이 자신과 비슷한 경험을 해 보았는지, 또 자신의 문제에 대한 개인적인 반응이 어떤지 알 수 없다.

- 3수준: "나도 학교 다닐 적에 한때 따돌림을 당한 경험이 있지. 그때 나에게 도움이 되었던 문제 해결 방식이 너에게도 도움이 될지 모르겠구나. 그러니 좀 더 그 문제에 대해서 이야기해 주면 좋겠구나."
  ⇒ 선생님은 자발적으로 자신의 사적인 경험과 정보에 대해서 일반적인 용어로 기꺼이 개방하고 있다. 선생님이 개방한 자신의 경험 내용은 학생의 문제와 관련된 것이며, 그 결과 상담 관계의 초점이 학생에게 모아지게 된다.
- 4수준: "네 이야기를 듣고 보니 나도 중학교 2학년 때 아무도 야구 시합에 끼워주지 않아 쓸쓸하고 풀이 죽어 있었던 게 생각나네. 내가 네 나이 때 겪었던 실망감을 지금 너도 느끼고 있는 것 같구나."
  ⇒ 선생님은 무엇에도 구애받지 않고 자신을 드러내고 있다. 선생님은 자신도 학생과 똑같은 경험을 하였다는 사실을 인정하였고, 인간적인 관심을 가지고 자신의 경험을 전달함으로써 학생은 선생님을 한 사람으로서 볼 수 있었다.

(2) 자기개방의 연습

상황 제시

실습 1: (취업을 준비하고 있는 대학생이 선생님에게)
"선생님, 요즘 저는 자꾸 불안하고 잡념이 들어 공부에 집중할 수가 없어요. 취직은 해야 되는데 그 압박감이 나를 짓눌러요."

- 자신의 반응

실습 2: (회사에 갓 입사한 직원)
"회사 내 직원들의 연령대가 높습니다. 아직 저는 나이가 어려 그분들과의 대화에 공감대를 형성할 만한 것이 전혀 없으니 참 답답합니다. 저도 그분들과 그저 자연스럽게 대화하고 잘 지내고 싶은데 직장 상사들이랑 대화가 참 힘드네요."

• 자신의 반응

2. 느낌 메시지, 지각확인

1) 지각확인의 필요성

"굳이 말을 하지 않아도 그 사람의 마음이 느껴질 때가 있습니다. 굳게 다문 입술, 손과 발의 동작, 표정, 시선, 자세 등으로 그 사람이 무언의 의사표현을 하고 있음을 저절로 알 수 있을 때가 있습니다. 몸으로 말하는 것을 읽어 낼 수 있다면 좀 더 진솔한 대화도 쉬워질 뿐더러 사람 사이의 마음의 거리도 한결 좁아질 수 있을 겁니다." (고도원, 2004).

대화를 통한 의사소통을 할 때 표정과 몸짓으로 숨은 의도를 파악할 수 있다. 표정과 몸짓은 상대가 나에게 갖고 있는 감정을 판단할 때 중요한 단서가 된다. 언어보다 더 강한 친밀감과 거부감, 노여움을 전하는 도구로서 보여 주고 싶은 자신뿐만 아니라 감추고 싶은 자신도 숨김없이 나타난다.

의사소통을 위한 기법 중 하나는 상대방의 느낌과 경험을 파악하는 것인데 이를 지각(知覺)이라고 한다. 지각은 대부분 과거 경험에서 나온다. 살아가는 동안 겪게 되는 사건과 경험에 대한 반응이나 감정은 마음속에 무의식으로 남아 있다.

효과적인 인간관계를 맺기 위해서는 다른 사람들의 행동을 정확히 지각할 수 있어야 한다. 사람은 잘못된 지각 때문에 인간관계에 많은 갈등과 어려움을 겪는다. 대화를 할 때 상대방의 메시지를 정확하게 지각하지 못하면 상대방이 전하고자 하는 메시지의 의미와 감정까지 놓치게 된다.

제라드 이건은 효과적인 의사소통 기술은 얼마나 정확하게 지각했는가에 따라 달렸다고 한다. 정확한 지각은 지능, 경험, 지혜, 주의 집중, 경청 등으로 파악할 수 있다. 지각 능력은 사회적 성숙에 달려 있는 의사소통으로서 상대방에 반응하기 전에 지각할 수 있는 능력을 갖추는 것이 중요하다.

2) 지각확인 과정

사람은 말보다 생각을 빨리 한다. 미국의 심리학자 니컬러스(R. G. Nicholas)에 의하면 사람은 평균 1분당 125개의 단어를 말하는 데 비해 두뇌는 1분당 800여 개의 단어를 처리해, 말하는 속도보다 생각하는 속도가 빨라 잔류 사고 여유분을 확보할 수 있다고 한다.

그러나 대부분의 사람들은 이 여분의 시간에 상대방의 말에 집중하기보다는 딴 생각을 하는 데 허비하고 만다. 그런데 경청을 잘 하는 사람은 여분의 사고시간을 최대한 활용하여 자신의 사고 과정을 조절하면서 상대방의 관점이나 견해를 이해하려고 한다. 잔류사고 여유를 활용하는 방법은 이제까지 들은 내용을 바탕으로 다음에 이어질 내용 추측하기, 상대방의 말을 중심내용과 보조내용으로 분류하여 생각하기, 상대방 주장의 타당성 검토하기, 의미 추측하기 등을 들 수 있다(박민수, 마음을 움직이는 커뮤니케이션 기법, 2015).

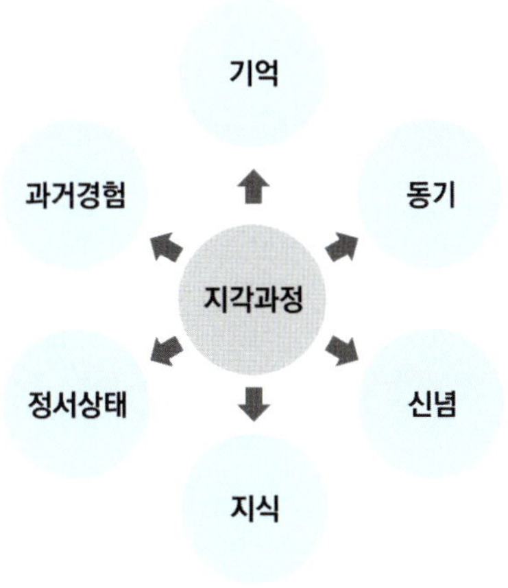

[그림 5-3] 지각과정

지각확인이란 상대방의 느낌과 경험을 그것이 일어나는 순간에 정확히 이해하고 있는가를 확인해 보는 것이다. 의사소통의 내용이 왜곡되어 있는지, 자신의 주관적인 느낌에 따라 상대방의 경험이나 느낌을 판단하고 있는 것은 아닌지 그의 신체적인 동작과 생리적인 변화를 주의 깊게 관찰한 후 나 자신의 지각이 정확한지 아닌지 확인 해보는 것이 좋다. 따라서 사람들은 어려서부터 자신의 경험, 개인적인 문제나 관심, 자신이 속한 문화, 연령 등의 영향을 받아 상대방을 지각하고 있다는 것을 알아야 한다.

지각확인 기법은 상대방을 한 인간으로서 있는 그대로 이해하기를 원한다는 사실을 전달하는 것이며, 상대방의 느낌과 경험으로 가치판단에 사로잡히지 않고 있는 그대로 정확하게 확인해 볼 수 있게 한다. 여러 감각기관을 통해 전달되는 언어적 의사소통이 작은 일부분에 불과하고 나머지 비언어적 요소들이 지각을 확인하는 데 중요하게 작용한다.

3) 지각확인의 대상

지각확인은 정서적 측면에 초점을 두고 있어 내용확인의 보조적 역할을 한다. 정서적 상태는 대화를 할 때 언어와 함께 비언어적 행동이 중요한 정보를 제공한다. 상대방의 느낌이나 경험은, 보통 말, 음조, 몸짓, 얼굴표정, 자세, 눈길, 언어의 속도와 강도, 손발의 위치를 포함한 모든 동작은 상대를 지각하는 대상이 된다.

(1) 외모

의사소통을 할 때는 인종, 표정, 키, 체중과 같이 신체적으로 주목할 만한 모든 측면을 관찰해야 한다. 그 사람의 외모나 차림새도 교육수준, 가정환경, 신분, 자기관리 상태, 성격 등의 단서를 제공하고 정보를 주기도 한다.

(2) 얼굴표정

의사소통의 시작은 얼굴표정을 보는 것으로부터 시작한다. 그 사람의 얼굴표정에는 사회적인 신분 정도나 성격 등의 대략적인 신상 정보와 함께 기본적인 감정 상태까지 드러나기 때문에 상대방의 메시지를 파악할 수 있도록 도와주는 보조수단이다.

(3) 눈

자신의 생각, 감정, 정보를 가장 정확하게 전달하는 것은 눈이다. 관심이 끌리는 대상을 보면 동공은 4배 이상 커진다고 한다. 공포를 느끼거나 적대감을 느낄 때도 눈동자의 크기가 달라진다. 그렇기 때문에 눈은 의사소통에서 서로에 대한 호감이나 그 사람의 감정 상태를 가늠해 볼 수 있는 지표가 된다. 또 눈을 깜빡이는 것도 상대에 대한 진실이 아닌 거짓이 섞여 있다고 짐작하고 확인해 보는 것이 좋다. 눈물은 신호이기도 하지만 치유의 기능을 가지고 있다. 눈물은 매우 복잡한 의미를 가지고 있기 때문에 절대로 간과해서는 안 되는 정보이다.

(4) 몸짓

대화를 할 때 상대방의 몸짓과 동작은 상대방에 대한 호감이나 신분의 지위, 성격을 노출하는 메시지를 알 수 있다. 적극적인 사람은 상대방을 향하여 열린 자세를 취하고, 소극적인 사람은 불안하고 유동적인 자세를 취한다. 불행한 일을 겪은 사람은 얼굴을 찌푸리고 고개를 숙이고 있으며 공격적인 사람은 대개 머리를 앞으로 내민 자세를 한다. 이와 같이 자세는 그 사람의 감정이나 심리적인 상태를 담고 있는 메시지라고 할 수 있다.

따라서 대화할 때는 상대방의 몸짓과 동작을 통해서 전달하고자 하는 메시지를 지각해야 한다. 상대방의 의도를 제대로 이해하고 있는지 확인하기 위해서는 말하는 내용에 따른 몸짓의 유형을 잘 살펴서 의미를 파악해야 한다.

(5) 음성

의사소통할 때 말의 속도, 높낮이, 성량의 크기 등은 감정을 나타내는 신호이다. 작고 부드러운 음성은 수줍음, 당황, 자기노출에 대한 불편함, 두려움 등이 표현된 것이고 큰 음성은 청각장애 혹은 다른 사람에 대한 위협을 주려는 정신상의 문제를 의미한다. 긴장하거나 불안할 때는 말의 실수가 잦고 더듬거리며 주제를 옮기는 것은 고통스러운 감정이나 불편한 감정을 피하려는 의미이다.

또한 웃음은 웃을 때의 감정이나 심리적 상태에 따라 웃음의 크기나 반응이 다르게 나타난다. 재미있거나 우스운 일이 있을 때는 호탕하게 웃지만 걱정거리를 숨기거나 당황스러울 때는 공격적이거나 악의적이고 허탈한 웃음을 웃기도 한다. 대화할 때는 상대방이 언제, 어떻게 웃는지 주의를 기울여 그 의미를 정확하게 판단하고 상대방의 행동에 대한 피드백을 주는 동시에 그 반응을 설명할 기회를 주는 것이 효과적이다.

(6) 침묵

침묵은 대화의 중요한 수단이다. 대부분의 사람들은 침묵하는 것을 힘들어 하여 말을 더 많이 하려고 한다. 그러나 침묵은 자연스러운 의사소통으로서 그 나름대로의 의미를 지닌다. 상대방이 말을 하는데도 침묵을 한다면 어떤 의미가 있다고 생각하고 침묵이 무엇을 의미하는가를 이해하려고 해야 한다. 침묵은 다음과 같은 메시지를 담고 있다.

- 생각 중이다.
- 감정에 압도되어 있다.
- 심중에 있는 말을 하고 싶지 않다.
- 상대방의 말을 두려워한다.
- 자신의 이야기가 누설될 것을 걱정한다.
- 다른 사람의 신뢰를 저버리는 일을 해야 한다.
- 적당한 말을 찾지 못했다.
- 마음의 평정을 찾으려 한다.

4) 지각확인 공식

효과적인 지각확인은 “저는 당신의 현재 느낌과 경험을 정확하게 이해하고 싶습니다. 이것이(그 사람의 느낌과 경험에 대한 지각을 진술하면서) 바로 당신의 현재 느낌이나 경험입니까?”라는 메시지를 전달하는 것이다.

1단계: 비언어적 메시지에 초점을 맞춘다.

지각확인은 비언어적 메시지를 정확하게 이해하고자 하는 진지한 태도이다. 이 단계는 눈으로 듣는 것이 더 중요하다.

2단계: 핵심 느낌을 파악한다.

비언어적 메시지를 파악할 때 그 사람의 느낌과 경험을 파악하려고 해야 한다.

3단계: 파악된 느낌을 자문한다.

상대방의 느낌과 경험이 나에게 무엇을 의미하는지 자문해 보아야 한다.

4단계: 자문한 것을 구체적으로 말한다.

상대방의 비언어적 메시지를 파악한 것을 그대로 말해 주어야 한다. 상대방의 비언어적 메시지를 그대로 읽어 주면 상대방은 자신의 이야기를 잘 듣고 있다는 것을 안다.

5단계: 1인칭으로 말한다.

지각확인을 할 때는 1인칭으로 말해야 한다. 왜냐하면 지각확인은 상대방의 비언어적 메시지를 보고 내가 해석한 것을 말해 주는 것이기 때문이다. "내가 보기에…", "내가 듣기에…", "내 생각에는…" 등의 1인칭 문장이다.

6단계: 의문문으로 말한다.

진술할 때는 의문문으로 해야 자신의 지각확인에 "예.", "아니요."라고 부담 없이 말할 수 있다.

지각확인 어구

지각확인 어구
"제가 보기에 당신의 ① … 한 것이 ② … 때문에 ③ … 한 것 같은데 제가 이해한 것이 맞습니까?"

5) 지각확인 연습과 훈련

(1) 지각확인 연습

"당신이 저에게 화를 내고 있는 것 같은 인상을 받았습니다. 제가 느낀 것이 맞습니까?"('당신은 왜 저에게 화를 내고 있습니까?' 와는 전혀 다르다. 이것은 지각확인이 아니라 가치판단에 근거한 것이다.)

1. 다음의 얼굴표정을 보고 지각된 것에 대해 서로 이야기해 보자.

①

②

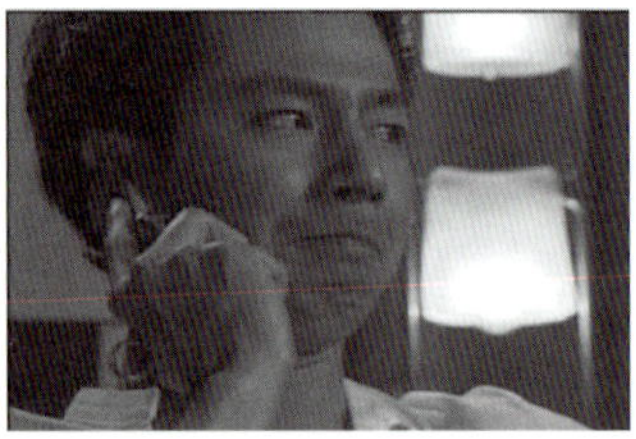

⇒ ①에 대한 지각확인 예문: "제가 보기에 당신이 웃으면서 미소를 짓고 있는 것을 보니 기쁜 일이 있는 것 같은데 제가 본 것이 맞습니까?"

⇒ ②에 대한 지각확인 예문: "제가 보기에 당신의 눈썹이 앞으로 쏠리고 입을 다물고 있는 것을 보니 뭔가 걱정스러운 일이 있는 것 같은데 제가 본 것이 맞습니까?"

2. 손동작과 눈동자를 보고 지각된 것을 서로 이야기해 보자.

①

②

⇒ ①에 대한 지각확인 예문: "제가 보기에 당신은 두 손을 가슴에 대고 울고 있는 것이 아주 슬픈 일이 있는 것 같은데 제가 이해한 것이 맞습니까?"

⇒ ②에 대한 지각확인 예문: "제가 보기에 한쪽 손으로 턱을 괴고 있는 것을 보니 고민이 있는 것 같은데 제가 이해한 것이 맞습니까?"

(2) 지각확인 훈련

1. 얼굴표정을 보고 지각확인을 해 보자.

①

②

실습 1

실습 2

---

2. 몸짓과 동작을 보고 지각확인을 해 보자.

①

②

③

실습 3

실습 4

실습 5

---

3. 경험과 느낌을 통해서 지각확인을 해 보자.

실습 6

상황제시: (새로 산 넥타이를 매고 나와서 동료에게) "이 넥타이 어때요?"

실습 7

상황제시: 회사에서 사원들이 나를 피해 지나간다.

---

3. 대화의 시작, 공감

1) 공감의 의미

사람은 누구나 상대방이 자신의 말에 귀 기울여 주고 누군가로부터 이해받기를 원한다. 상대방이 가진 처지나 입장에서 그가 가질 수 있는 생각이나 감정을 최대한 인정해 주고 수용하려는 자세와 노력이 중요하다. 공감은 상대방의 감정을 이해하고 이해한 감정을 말로 표현해 주는 것이다. 상대방의 감정을 이해하고 읽음으로써 원만한 인간관계를 맺을 수 있다.

공감은 마음이론, 이야기의 관점, 인지적 공감, 참된 공감, 정서적 전염, 동일시 등의 기제로 연결되어 사람의 마음을 읽을 수 있다. 마음이론에 의하면 사람은 누구나 타인의 마음을 읽는 능력을 갖고 있다고 한다. 타인의 행동을 보고 무의식적으로 그 사람의 이야기를 듣고자 하는 능력이 있는데 그 이야기에는 그 사람이 들려 주고자 하는 관점이 있기 때문이다. 이 관점이 이야기하는 사람의 마음을 이해할 수 있는 힘이 된다. 인지적 공감은 감정적 측면에서 타인을 이해하는 능력이며, 참된 공감은 타인의 감정을 이해할 뿐만 아니라 그 감정을 잘 읽어 주는 능력이다. 정서적 전염은 어떤 사람의 감정 상태가 다른 사람에게 전파되는 현상이며, 동일시는 타인의 감정과 고통을 내 것처럼 받아들이는 것이다(박민수, 마음을 움직이는 커뮤니케이션 기법, 2015).

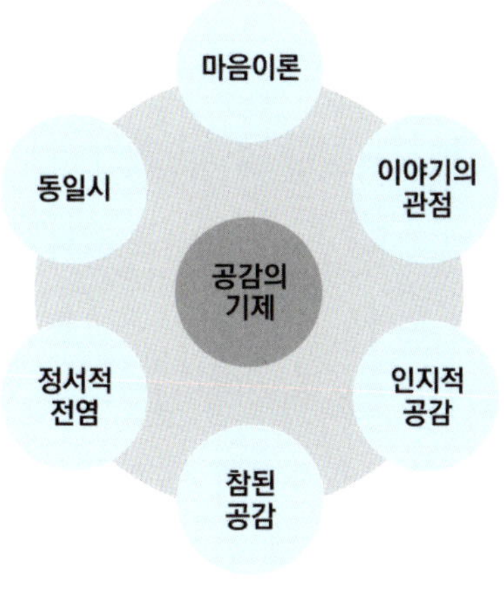

[그림 5-4] 공감의 기제

이와 같이 공감적 이해란 다른 사람의 입장이 되어 그 사람의 주관적인 세계를 이해하는 것을 말한다. 제3의 귀를 가지고 상대방의 '소리 없는 소리', '마음의 소리'를 듣는 것이다. 또한 공감은 상대방이 지니고 있는 생각과 느낌의 틀을 이용하여 상대방의 생각과 감정을 이해하는 것이다. 상대방을 이해하려는 공감은 상대방의 관점에서 문제를 바라볼 수 있을 때 가능해진다. 일체의 판단을 유보하는 공감은 상대방으로 하여금 방어벽을 허물고 신뢰와 친밀감을 갖도록 하는 데 매우 중요한 역할을 한다.

공감이란 다른 사람이 가진 준거 틀의 내면에 들어가는 것을 말한다. 다른 사람의 관점을 통하여 사물을 보는 것, 즉 그들이 세상을 보는 방식에 입각하여 세상을 봄으로써 그들의 패러다임을 이해하고 그들이 느끼는 감정도 이해하는 것이다.

공감은 다른 사람의 감정을 나 자신 안으로 울려 퍼지게 하는 것이다. 다른 사람의 내적인 세계에 대하여 기본적으로 반응을 보이는 것은 다른 사람의 감정에 조화로운 일치를 보여 주는 것이다. 공감은 서로에 대한 가장 친밀한 의사소통의 하나이다.

이상 살펴본 공감에 대하여 정리하면, 첫째, 상대방을 이해하려는 의도를 가지고 경청하는 것이다. 둘째, 상대방의 준거 틀의 내면에 들어가는 것이다. 셋째, 다른 사람의 관점을 통해 사물을 보는 것이다. 넷째, 상대방의 감정을 깊이 있게 이해하는 것이다. 다섯째, 이해한 감정을 나누는 것이다.

2) 공감에 대한 오해

(1) 공감은 비언어적 메시지로도 알 수 있다.

공감은 상대방의 말만 듣고 하는 것이 아니라 비언어적 메시지를 듣고도 할 수 있다. 다른 사람의 입장이 되어 본다는 것은 매우 어려운 일이다. 더구나 공감은 언어적 의사표현으로만 이루어지는 것은 아니다. 그 사람이 나타내는 비언어적 요소인 표정, 눈빛, 태도 등으로도 그 사람을 이해할 수 있다. 비언어적 요소를 통하여 상대방을 공감하는 것은 훈련과 노력을 통해서 익숙해질 수 있다. 다른 사람의 감정을 이해하고 공감해 주어 그 사람을 존재하도록 돕는 일도 중요하다. 한 사람이 억압된 감정에서 떠나 새로운 일에 도전할 수 있도록 하려면 식물에 물을 주듯이 그 감정에 공감해 주어야 한다. 이러한 공감을 받은 사람은 혼자서 자신의 문제를 해결할 수 있는 능력이 자신에게 있다는 것을 느낀다.

(2) 공감과 동의는 다르다.

사람들은 대화를 하다 보면 상대의 감정이나 생각에 맞춰 동의에 의지하게 되는데 이는 사람들을 서로 종속적으로 만든다. 동의는 다른 사람의 말이 맞다고 맞장구를 치는 의미를 내포하고, 공감은 누군가에게 동의하는 것이 아니라 그 사람을 감정이나 지적으로 완전하고 깊게 이해하는 것을 말한다. 그러므로 다른 사람과 이야기를 나눌 때는 공감을 조심스럽게 사용해야 한다.

(3) 공감은 동정이 아니다.

어떤 사람이 배고프고 힘들다고 하여 그 사람에게 몸을 따뜻하게 하고 배부르게 먹으라고 말하는 것은 공감이 아니라 동정이다. 동정은 다른 사람의 삶 속에 전혀 개입하지 않고 영향을 주지도 못하면서 걱정만 하는 것이다. 동정은 힘들고 어렵다고 말하는 사람에게 '안됐다. 불쌍하다'는 마음만 갖는 것이다. 그러나 동정하는 마음만으로는 다른 사람과 신뢰관계가 형성되지 않는다. 다른 사람은 동정을 구하는 것이 아니라 공감의 단계에 이르는 관계를 요구하고 있다.

(4) 공감은 동일시가 아니다.

지나친 동일시는 동정과는 다르다. 동정하는 관계에서는 상대방의 기분과 일정한 거리를 두고 개입하지 않는 반면에, 지나친 동일시 관계는 상대방과 감정적으로 지나치게 얽혀 버려서 둘 다 그 상황에서 헤어나지 못한다. 즉, 자신이 상대방인 양 상대방의 아픔이 나의 아픔이고 그 사람의 괴로움이 나의 괴로움이며, 그 사람의 분노가 나의 분노가 되어 그 사람의 감정에 나 자신이 함몰되어 버리는 것이다. 진정한 공감이란 상대방의 감정을 객관적으로 읽어 주는 것이다.

따라서 공감은 상대방이 말한 내용을 파악한 후 그 말에 담겨 있는 핵심적인 감정을 짐작하여 말로 표현해 주는 것이다. 공감은 상대방의 상황을 경험해 본 사람이 잘 한다. 혹 그 상황을 경험하지 못했다 하더라도 객관적 입장에서 상대방의 감정을 읽어 주는 것이 좋다.

3) 수준에 따른 공감적 이해

카커프(Robert R. Carkhuff)의 공감 수준 척도에 의하여 공감의 수준을 다섯 단계로 나눌 수 있다.

1수준 공감 - 부적합하고 상대의 기분을 상하게 하는 반응

이 수준의 공감은 상대방의 언어 및 행동표현의 내용으로부터 벗어나거나 내용에 주의를 기울이지 않기 때문에 감정 및 의사소통에 있어서 상대방이 표현한 것보다 훨씬 못 미치게 의사소통을 하는 수준이다. 이 수준에서 의사소통은 지루함을 느끼거나 무관심하거나, 상대방의 준거 틀을 완전히 배제한 표면적인 감정조차도 제대로 인식하지 못하는 대화를 나눈다. 이 수준에서는 공감이란 것이 전혀 일어나지 않는다.

> 김 대리: 나 회사에 적응 못하겠어. 사람 대하기가 힘들어. 이래서 회사 다닐 수 있을까?
> 박 과장: 김 대리, 자네 정도면 양호한 거야. 세상에 자네만 그런 줄 아나?

박 과장은 김 대리를 전혀 이해하지 못하고 있으며, 힘들다고 하소연하는 김 대리의 행동에 대해 비평적인 말을 던진다. 이 수준은 전혀 공감이 일어나지 않는다.

2수준의 공감 - 충고와 조언을 하는 반응

1수준 공감과 거의 다를 바 없다. 차이가 있다면 상대방을 비난하지 않는 것이다. 하지만 상대방이 표현한 감정에 반응은 하지만 상대방의 감정이나 경험을 전혀 이해하지 못한다. 자기의 의사를 전달할 수는 있으나 상대방의 표현 수준과 일치하지는 않는다. 상대방이 표현하거나 의도하는 것과는 거리가 있는 감정 및 의미에 반응하는 수준이다.

> 김 대리: 나 회사에 적응 못하겠어. 사람 대하기가 힘들어. 이래서 회사 다닐 수 있을까?
> 이 대리: 야, 힘들지? 나도 힘들어 죽겠어. 우리 회사는 말이지…(자신의 이야기로 빠진다.)

이 대리는 박 과장과는 달리 비난은 하지 않지만 상대방의 입장을 잘 이해해 주지는 않는다는 사실을 알 수 있다. 비난이나 질책이 없을 뿐 상대방의 입장을 제대로 이해하지 못하는 공감을 2수준이라고 한다.

3수준의 공감 - 표면적인 느낌의 반응

3수준의 공감은 표면적인 느낌의 반응이다. 상대방이 표현한 것과 표면적으로 같은 감정과 의미를 표현하여 상호 교류적인 의사소통을 하는 수준이다. 이 정도의 공감은 주위 사람들이 하소연을 하고 싶다는 생각을 하게 한다. 하지만 이 수준은 표면적 감정은 이해하고 반응하지만 보다 내면적인 감정에는 반응하지 못한다. 이 수준은 인간관계 기능을 촉진할 수 있는 기초수준이다.

> 김 대리: 나 회사에 적응 못하겠어. 사람 대하기가 힘들어. 이래서 회사 다닐 수 있을까?
> 은서: 너 많이 힘든가 보구나. 그동안 얼마나 힘들었을까….

박 과장이나 이 대리에 비해 은서는 비교적 공감을 잘 하는 사람이다. 비난을 하지 않고 힘든 감정을 이해하고 있는 듯 하나 마음 상태의 근본까지는 이해해 주지 못해도 고통과 고민을 같이 느껴 주고 들어 줄 수 있는 사람이다. 이 정도만 되어도 상당한 수준의 공감을 하고 있는 것이다.

4수준의 공감 - 내면적인 느낌의 반응

상대방이 스스로 표현하는 것보다 더 내면적인 감정을 표현하면서 의사소통을 할 수 있다. 더 나아가서 상대방이 직접적으로 이야기하지 않는 생각까지도 짚어 낼 수 있는 수준이기도 하다. 4수준부터는 의사소통이 촉진된다.

> 김 대리: 나 회사에 적응 못하겠어. 사람 대하기가 힘들어. 이래서 회사 다닐 수 있을까?
> 경호: 너 힘들구나. 맞아. 일보다도 늘 사람이 힘들게 하지. 스트레스를 받으니 그만두고 싶겠구나.

경호는 사람 대하기 힘들어서 적응하기 어렵다는 생각을 미리 짚어 내고 헤아려 준다. 4수준의 공감은 한 가지 심정을 말하면 그와 동시에 일어나는 다른 생각까지도 헤아려 주기 때문에 힘들 때 위로가 되는 사람이다.

5수준의 공감 - 감정의 내면적 의미까지 반응

5단계 수준의 공감은 상대방이 그러한 감정을 느끼게 된 근본적인 원인까지도 헤아릴 수 있다. 상대방이 표현하지 못한 감정의 내면적 의미들을 정확하게 표현하거나 상대방의 내면적 자기 탐색과 같은 몰입 수준에서 상대방이 표현한 감정과 의미에 첨가하여 의사소통을 하는 수준이다. 즉, 5수준의 공감은 상대방이 표현한 것 외에 좀 더 깊은 감정과 의미를 첨가하여 표현해 줌으로써 상대방으로 하여금 이전에는 드러낼 수 없었던 감정을 표현하거나 경험하게 한다.

김 대리: 나 회사에 적응 못하겠어. 사람 대하기가 힘들어. 이래서 회사 다닐 수 있을까?

최 과장: 너 정말로 힘들구나. 사람 대하는 건 정말 어려워. 그 사람들에게 인정도 받고 서로 잘 지내고, 또 적응도 잘 하고 싶은데 그게 잘 안 되니까 더 속상하겠지. 사람이 사람을 힘들게 하잖아. 열심히 하면서도 그만두고 싶은 생각이 들겠구나.

김 대리는 사람들과 잘 지내고 싶은 고민을 말한 것인데 최 과장은 그러한 고민의 감정적 원인까지도 짚어 내고 있다. 그러나 상대방의 고민을 듣고 감정과 경험을 공유하며 더 나아가 그러한 심리상태에 빠지게 만든 근본적인 원인까지도 이해하는 5수준의 공감을 할 수 있는 사람은 그리 많지 않다.

4) 공감의 종류 및 어구

정확하고 시기적절해야 하는 공감의 종류는 세 가지다. 반영적 공감, 표면적 공감, 심층적 공감이 있다.

(1) 반영적 공감

반영적 공감은 단지 감정만 그대로 반영하는 것이다. 반영적 공감은 "억울하겠네, 짜증나겠네." 라고 하면서 상대의 감정만 그대로 반영한다. 반영적 공감은 1인칭으로 "당신은 … 한 것 같네요, 당신의 느낌은 …하겠군요." 등으로 말한다.

반영적 공감 어구

반영적 공감 어구
"당신은 …한 것 같네요." "당신은 …라고 느끼는 것 같네요." "당신의 느낌은 …인 것 같네요."

(2) 표면적 공감

표면적 공감이란 상대방이 말한 내용에 의해 표면적으로 드러나는 감정을 알아주고 이해하는 것이다. 표면적 공감을 하기 위해서는 상대방의 말을 들으면서 그 사람에게 실제 일어났던 사건이나 경험이 무엇인지 알아야 하고, 그 사건이나 경험에 대한 그의 생각이 무엇인지 들어야 한다. 그리고 경험한 사실들로 인해 그에게 일어난 감정이 무엇인지 찾아야 한다. 따라서 언어적 메시지에 들어 있는 내용을 들을 때 사건 ⇒ 생각 ⇒ 감정의 순서로 들어야 한다.(박민수, 마음을 움직이는 커뮤니케이션 기법, 2015).

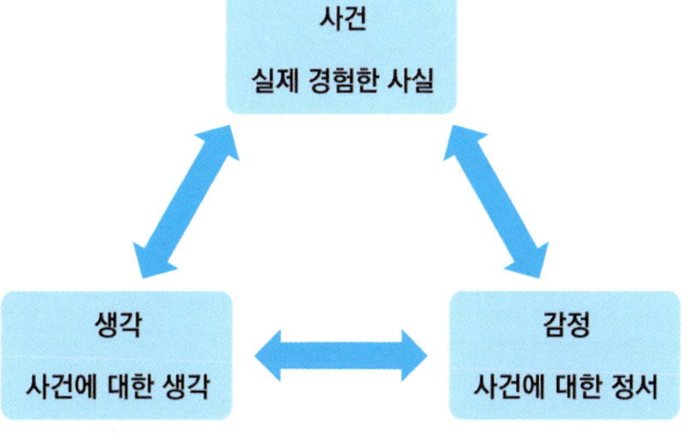

[그림 5-5] 언어적 메시지에 의해 전달되는 내용

언어적 메시지에 의해 전달되는 내용

1. 화자가 실제 경험한 사건이나 사실
   예) 애인과 헤어졌다. 취업에 실패했다. 상사와 다투었다. 대학입시에 낙방했다.
2. 화자의 생각
   예) 나에게는 이 사람밖에 없다. 절대 실패하면 안 된다. 이젠 나를 싫어할 것이다.
3. 화자가 느끼는 감정
   예) 헤어져서 절망이다. 진로가 불안하다. 시험을 망쳐서 무섭고 두렵다.

표면적 공감 어구

사건과 생각	감정
당신은 …. 하기 때문에	… 한 것 같네요.

아래의 사례를 통해 표면적 공감을 구체적으로 살펴보자.

박 대리의 사례

"저의 업무에 대해서 너무 간섭하지 마세요. 제 소신껏 창의적으로 일하고 싶습니다."

① 박 대리가 경험한 사실: 업무에 간섭을 받는다.

② 박 대리의 생각: 소신껏 일하고 싶다.

③ 박 대리의 감정: 불쾌감

⇒ 박 대리는 자신의 일을 간섭받는 것 때문에 불쾌한 것 같네요.

(3) 심층적 공감

심층적 공감은 상대방이 표현하지 않은 감정을 직관적으로 느끼면서 그 마음을 읽어 주는 것이다. 상대방이 미처 말하지 않았거나 인식하지 못한 내면적인 감정까지 파악하고 알아주는 것이다. 심층적 공감은 상대로 하여금 더 깊은 자기이해와 통찰을 얻게 한다.

심층적 공감을 하기 위해서는 먼저 상대방이 말하는 이야기 속에서 그 사람이 원하는 것이 무엇인지 발견해야 한다. 그래서 표현하지 않았지만 그 안에 숨겨져 있는 의도가 무엇인지 볼 수 있어야 한다.

그리고 말하는 사람의 현재 상황을 알아야 한다. 화자가 원하는 상황이 이루어졌는지 안 이루어졌는지 파악하면서 들어야 한다.

마지막으로 현재 상황으로 인해 그 사람에게 일어나는 감정이 무엇인지 알아야 한다. 그 사람이 원하는 대로 이루어졌을 때와 그렇지 않을 때의 감정을 알고 표현해 주어야 한다.

따라서 심층적 공감은 상대방이 원하는 것 ⇒ 현재상황 ⇒감정의 순으로 진행된다.

심층적 공감 어구

원하는 것	현재상황	감정
당신은 … 하기를 원했는데	… 하여서	… 한 것 같네요.

아래의 사례를 통해 심층적 공감을 구체적으로 살펴보자.

영수의 사례

(영수가 선생님께 자신의 고민을 이야기하면서) "선생님. 저도 공부 잘하는 아이들과 어울리면 공부를 잘할 수 있을 것 같아요. 그런데 누가 나랑 같이 놀아 주겠어요. 제가 뭐 잘하는 것이 하나도 없잖아요. 아빠도 제가 학교에 잘 적응하지 못하니까 그냥 내버려 두는 것 같아요. 아빠는 저에게 아무런 말을 하지 않아요. 엄마는 저 때문에 매일 속상해 하셔요."

① 영수가 원하는 것: 공부 잘하는 친구와 사귀도 싶다. 공부를 잘하고 싶다. 부모님께 기쁨을 드리고 싶다. 부모님께 인정도 받고 싶다.

② 영수의 현재 상황: 공부 잘하는 친구가 함께 놀아 주지 않는다. 영수는 공부를 못한다. 학교에 잘 적응하지 못하고 있다. 부모님에게 근심과 걱정만 주고 있다.

③ 영수의 감정: 좌절감, 속상함

⇒ "영수는 공부를 잘해서 부모님께 기쁨도 드리고 인정을 받고 싶은데 오히려 부모님께 걱정만 안겨 드리게 되어 실망하고 좌절이 되는가 보구나?"

5) 공감 훈련과 연습

공감을 하려면 상대방이 느끼는 것을 파악해야 한다. 상대방의 감정을 파악할 때는 말의 내용뿐 아니라 말하는 자세, 목소리, 태도 등에도 주의를 기울여야 한다.

먼저 감정을 파악하고 반영적 공감을 사용하여 부모가 자녀와의 대화를 어떻게 이끌어 가는지 다음의 예를 통해 살펴보자.(괄호 안의 말은 자녀의 생각)

자녀: "아빠, 나 지쳤어요. 학교는 지루하고 따분해요!"(난 아빠에게 이야기하고 싶고, 아빠의 관심을 끌고 싶어요.)

아빠: "너 정말로 학교에 대해 좌절감을 갖고 있는 것 같구나."(그래요. 그게 바로 내가 느끼는 거예요.)

자녀: "확실히 그렇게 생각해요. 왜 학교에 가야 하는지 모르겠어요. 난 거기서 얻는 것이 하나도 없어요."

아빠: "너는 학교가 아무 도움이 안 된다고 느끼는 것 같구나."(자, 생각해 보자. 이게 내가 말하려고 하는 것인가?)

자녀: "그럼요, 내게 도움이 되는 것을 하나도 배우지 못하고 있어요. 제 친구는 이미 학교를 그만두고 자동차 수리를 하고 있어요. 그리고 돈도 벌고 있다고요. 얼마나 실용적이에요?"

아빠: "너는 친구가 정말로 잘했다고 여기고 있는 모양이구나."(글쎄…)

자녀: "아마 자기 나름대로는 그렇게 생각하고 있는 거 같아요. 그렇지만 몇 년이 지나면 후회하게 될 것이 확실해요"

아빠: "너는 친구가 잘못 결정한 것을 후회하게될 것이라고 생각하는 구나"

자녀: "네, 친구는 학교를 포기했는데, 교육을 받지 않고 이 세상에서 성공하기는 어려울 거예요."

아빠: "교육은 정말 중요하지."

자녀: "그래요, 아빠 졸업장이 없어서 직장도 못 얻고 대학교도 못 가면 어떻게 되겠어요? 교육은 반드시 받아야 해요."

아빠: " 그래, 교육은 너의 장래를 위해 중요하지."

자녀: "네, 그런데 아빠, 전 정말 큰 걱정이 있어요. 근데 엄마한테는 비밀로 해 주셔야 해요."

아빠: "넌 엄마한테 비밀로 하고 싶은가 보구나."

자녀: "꼭 그런 건 아니에요. 엄마도 언젠가 알게 되실 테니까요. 아빠, 저 오늘 논술시험을 봤어요. 그런데 선생님은 제 수준이 초등학교 4학년 정도밖에 안 된다고 하세요. 전 고등학생인데 말이에요. 아빠, 전 낙제를 할지도 몰라요. 그런데 낙제를 하느니 차라리 학교를 그만두고 싶어요. 그렇지만 학교를 그만 다니고 싶지는 않거든요."

아빠: "너 괴로워하고 있구나. 넌 지금 곤경에 처해 있는 것 같구나."

자녀: "그래요 아빠, 아빠는 내가 어떻게 해야 한다고 생각하세요?"

출처: Coreg(1997).

이와 같이 아버지는 먼저 이해하려고 애써 대화의 기회를 변화의 기회로 바꾸어 놓았다. 아버지가 먼저 이해하려고 한 것은 자녀가 자신의 모든 문제를 이야기할 수 있도록 했고, 아버지와의 충돌 없이 아버지의 충고를 바라는 상황이 되도록 하였다.

표면적 공감 훈련과 연습

실습 1: 박 과장의 사례(오랫동안 새로운 상품을 개발하고 있었다.)

"드디어 해냈어요. 우리 상품이 대박을 냈다고요. 성공했다고요!"

① 박 과장이 경험한 사건:

② 박 과장의 생각:

③ 박 과장의 감정:

⇒ 표면적 공감 어구 "당신은 ________하기 때문에 __________한 것 같네요."

심층적 공감 훈련과 연습

실습 2: "그냥 아버지가 지긋지긋해요. 늘 이거 해라 저거 해라 명령하시거든요."

① 바람:

② 현재 상황:

③ 감정:

⇒ 심층적 공감 어구 “당신은 ____________하기를 원했는데 _________ 하여서 ________한 것 같네요.”

06

문서를 통한 의사소통

[학습목표]

1. 문서와 문서이해의 의미 및 중요성을 설명할 수 있다.
2. 문서의 종류와 목적을 이해하고 설명할 수 있다.
3. 문서작성 방법을 알고 상황과 목적에 맞는 문서를 작성할 수 있다.

[미리 보기]

글쓰기 능력으로 직원을 평가하는 글로벌 기업들

글로벌 기업에서는 직원들의 문서작성 능력, 글쓰기 능력을 매우 중요한 요소로 활용한다. 고객, 클라이언트와 커뮤니케이션이 서면으로 이루어지는 컨설팅 기업에서는 글쓰기와 말하기 능력을 전문적인 업무능력과 같은 수준에서 평가한다. 전 세계 수천 명의 컨설턴트가 활동하는 딜로이트 컨설팅에서는 클라이언트 기업에 제안서와 발표 자료, 보고서 등을 제공한다. 보고서에는 컨설팅 업무에 관한 설명과 진행현황, 결과 등을 정리한다. 딜로이트 컨설팅에서 글쓰기 능력은 실적 검토와 승진심사에서 큰 비중을 차지한다. 컨설팅을 전문으로 하는 기업이기 때문에 고객과 얼마나 잘 소통하는지가 개인의 능력을 평가하는 기준이다.

글로벌 택배회사 UPS에서도 글쓰기 능력을 중요하게 본다. UPS에서는 직원을 채용할 때 글쓰기 시험을 본다. 과거에 썼던 보도자료나 기사, 연설문 등으로 평가하는 게 하니라 업무적인 글을 쓰는 시험을 치른다. 왜냐하면 과거에 썼던 글은 누군가에 의해 편집되었을 가능성이 높기 때문이다. 즉석에서 쓴 글, 편집되기 전의 글로 실무에 필요한 글쓰기 능력을 갖추었는지 평가한다. 실무에서 배달기사들과 커뮤니케이션할 때는 내부적으로만 통용되는 함축적인 메모를 이용한다. 바쁘게 일하는 배달기사들과 간단한 메모로 소통할 때도 글쓰기 능력이 부족하면 한 번에 전달할 내용을 두세 번 이상 메시지를 전달해야 한다.

네트워크 기술만 전문적으로 알면 업무에 지장이 없을 것 같은 시스코시스템즈도 글쓰기 능력을 매우 중요하게 생각한다. 이메일과 웹사이트, 모바일로 소통하는 시대에는 문자언어를 얼마나 정확하게 구사하느냐에 따라서 전문적으로 보일 수도 있고 그렇지 않을 수도 있다. 제품 설명이나 사용법에 관한 설명을 전화로 듣는 사람은 이제 없다. 웹사이트에서 찾거나 전문가에게 이메일을 보낸다. 웹사이트나 이메일을 통해서 설명하려면 글쓰기 실력이 중요하다.

컨설팅, 택배, 네트워크 회사에서도 글쓰기 능력으로 직원을 평가한다. 업무적으로 문서를 작성하는 데 대단한 기술이 필요한 건 아니다. 회사에서 활용하는 글쓰기 기술을 배운 적이 없더라도 직장인으로서 능력을 인정받기 위해서는 글쓰기 능력을 계발해야 한다.

출처: 정경수(2018).

① 글로벌 기업에서 직원들의 문서작성 능력을 중요한 요소로 판단하는 이유는 무엇일까?

② 제품 설명이나 사용법에 관한 설명을 문서로 전달하는 이유는 무엇일까?

③ 일반적 글쓰기와 업무용 문서작성의 차이는 무엇일까?

chapter 06 문서를 통한 의사소통

1. 문서의 이해

1) 문서의 의미

사회적 존재로서 인간은 원시사회에서는 물론 오늘날과 같은 문명사회에서도 소통하지 않고는 살아갈 수 없다. 소통의 근간은 말이다. 그러나 인류 최고의 발명이라는 문자의 탄생 이후, 문자는 말을 통한 소통을 보조하는 방식으로, 혹은 그것과는 다른 독자적인 방식으로 의사소통의 중요한 수단이 되었다. 특히 인터넷과 모바일이 활성화된 요즘에 와서는 말이 아니라 문자가 차지하는 비중이 훨씬 크다. 기술의 발전에 따라 소통 방식 또한 바뀌게 된 것인데, 여기에 다양한 기호나 그림, 이모티콘들이 더해짐으로써 문자를 통한 의사소통의 방식은 더욱 확장되었다고 할 수 있다.

비즈니스 현장에서의 커뮤니케이션 1순위는 문서가 차지한다. 정보를 가장 빨리 손쉽게 전달하는 방법은 전달 대상자에게 말로 전하는 방법이지만, 정보량이 많고 내용이 복잡하거나 전달 대상자가 멀리 떨어져 있을 때, 혹은 다수의 사람에게 전달해야 하는 경우 여러 가지 문제가 생길 수 있다. 즉, 말로만 전달할 경우 정보 전달이 잘못되거나 내용의 왜곡이 일어날 수 있고, 기간이 오래되면 기억도 명확하지 않을 뿐더러 증거도 남지 않게 된다. 따라서 어떤 사실을 전달하고 보존하기 위해서는 기록물 형태의 문서를 활용하는 것이 보다 효과적이다. 문서는 업무적인 소통뿐 아니라 각종 사안에 대한 증빙자료로서, 또 조직의 운영 및 비전을 제시하고 실현하기 위한 수단이 될 수 있기 때문이다.

문서는 글이나 기호 등을 통해 일정한 의사나 관념 또는 사상을 표현한 것으로 매우 방대한 영역을 포괄하고 있지만, 주로 기업이나 관공서 등의 조직에서 업무상 사용되는 서류 및 기록물을 일컫는 것으로 사용되는 경우가 많다. 비즈니스 현장에서의 제안서나 보고서, 기획서, 편지, 이메일, 팩스, 공지사항 등 업무상 필요한 모든 서류들이 여기에 속한다.

한편 문서는 일반적인 글과는 여러 가지 차이가 있다. 문서는 있는 사실이나 데이터를 가지고 작성하는 반면 일반적인 글쓰기는 작가의 아이디어나 상상에서 비롯된다는 점이다. 문서는 쓴 사람이나 읽는 사람이나 똑같은 의미로 받아들여야 하지만, 일반적인 글쓰기는 독자에 따라 각기 다른 생각, 다른 상상을 할 수 있다. 그만큼 문서는 정확하고 간결해야 한다는 뜻이다. 거짓되거나 잘못된 정보 없이 객관적인 사실에 입각한 문서, 추상적인 비유나 군더더기 없이 간결하게 쓴 문서가 좋은 문서다. 이러한 문서는 누가 봐도 신뢰할 만한 설득력 있는 문서라고 할 수 있다.

2) 문서이해의 의미와 중요성

글을 읽는다는 것은 글자만을 읽는 것이 아니라 그 속뜻까지도 파악해야 한다는 말이다. 읽기를 독해라고도 하는데, 읽어서 이해해야 하는 독해능력이 곧 읽기 능력이다. 읽기는 말하기와 더불어 가장 중요한 의사소통의 수단으로 삶을 영위해 가는데 필수 불가결한 요소이다. 읽기 능력이 있어야 직업 생활뿐 아니라 일상생활을 유지해 나갈 수 있는 근간이 마련되었다고 할 수 있다.

그런데 어떤 글이든 그것을 읽고 이해하는 데는 적절한 방법이 필요하다. 가령 시나 소설 같은 문학 작품을 읽을 때는 자신의 경험과 상상력을 동원하여 이해의 맥락을 구성하는 창의적 읽기가 필요하고, 지식과 정보, 논리와 주장을 담고 있는 글을 읽을 때는 필요한 지식과 자료를 참고로 한 비판적 읽기가 필요하다. 글을 읽는다는 것은 이처럼 글의 종류나 글이 탄생된 사회문화적 배경 및 글쓴이의 가치관 등 여러 소통맥락을 고려해야 하는 행위이다. 글의 종류나 글을 읽는 목적은 다를 수 있지만,

읽는다는 것은 생각을 나누는 수단이자 소통의 도구이기 때문에, 잘 읽고 잘 소통하기 위해서는 그만큼의 노력이 요구되는 것이다.

문서이해능력이란 자신의 업무와 관련된 인쇄물이나 기호화된 정보 등 주어진 문서를 확인하여 읽고, 내용을 이해하며, 요점을 파악하는 능력을 말한다. 문서를 통해 상대방의 욕구를 파악하고 나아가 자신에게 필요한 행동이 무엇인지 추론할 수 있는 능력이며, 도표와 수, 기호 등의 의미를 이해하고 표현할 수 있는 능력이기도 하다.

직업생활에서 우리는 업무와 관련된 수많은 문서를 접한다. 문서를 읽고 이해하며 적절하게 처리하는 일이 곧 직업생활이라 해도 과언이 아니다. 문서를 제대로 이해하지 못한다면 자신에게 주어진 업무가 무엇인지, 자신에게 요구된 행동이 무엇인지 파악하지 못한 채 원활한 직업생활을 영위하기 어렵다. 따라서 업무의 효율성을 높이고 자신의 역량을 강화하기 위해서도 문서에 대한 이해는 선행되어야 할 조건이다.

3) 문서이해의 절차

비스니스 현장에서 가장 많이 소통되는 것이 문서라는 사실은 누구나 알고 있다. 그러나 모든 문서의 내용을 정확하고 빠르게 이해하고 기억하기란 쉬운 일이 아니다. 문서를 잘 이해하기 위해서는 무엇보다 충분한 독해능력이 있어야 하지만 그것 또한 단박에 주어지지 않는다. 꾸준한 독서와 반복되는 노력만이 상황을 극복할 수 있는 지름길이 될 수 있다.

문서를 잘 이해하기 위해서는 모르는 용어나 어휘가 있다면 그 쓰임새를 찾아 올바르게 익혀야 하고, 문서를 작성한 배경이나 맥락 등을 고려해 봐야 한다. 또 문서를 이해하는 구체적인 방법이나 절차를 염두에 두고 이를 메뉴얼처럼 활용하는 것도 유용한 방법이 될 수 있다. 문서이해의 절차로 먼저 문서의 목적 및 배경을 이해하고 문서가 제시하고 있는 현안을 파악한다. 다음으로 문서에 나타난 상대의 의도 및 내게 요구되는 행동을 추론해 낸다. 예를 들어, 미수금 현황을 파악해 놓은 문서가 있다고 하자. 이 문서의 목적은 무엇인가? 그것은 어서 빨리 미수금을 회수하고 싶다는 요망이다. 따라서 미수금이 얼마인지 그 현황을 파악하고, 발생 원인을 찾아보고, 그 원인을 제거하여 회수방안을 마련하는 것, 그것이 이 문서에 담긴 핵심이라고 할 수 있다. 다음은 문서이해의 구체적인 절차를 도식화해 놓은 것이다.

1. 문서의 목적을 이해하기

2. 이러한 문서가 작성되게 된 배경과 주제를 파악하기

3. 문서에 쓰여진 정보를 밝혀내고 문서가 제시하고 있는 현안문제를 파악하기

4. 문서를 통해 상대방의 욕구와 의도 및 내게 요구되는 행동에 관한 내용을 분석하기

5. 문서에서 이해한 목적 달성을 위해 취해야 할 행동을 생각하고 결정하기

6. 상대방의 의도를 도표나 그림 등으로 메모하여 요약, 정리해 보기

[그림 6-1] 문서이해의 구체적인 절차

문서의 목적이나 내용을 정확히 파악하기 위해서는 이처럼 구체적인 절차에 따라 문서이해능력을 키우는 부단한 연습이 필요하다. 생각으로만 하는 것이 아니라 도표나 그림 등으로 메모를 해서 요약하고 정리하는 습관을 갖는 것도 중요하다. 각 문서에서 꼭 알아야 하는 중요한 내용을 골라 필요한 정보를 분석하고 종합하는 능력 또한 절실히 요구된다. 이러한 능력은 개인의 업무 역량뿐 아니라 조직의 발전을 위해서도 매우 강조되는 능력이다.

4) 문서의 종류

문서의 종류는 다양하고 각 문서에 따라 용도도 다르다. 문서는 작성 주체에 따라 공문서(공공기관)와 사문서(개인), 수신 대상에 따라 대내 문서(조직 내부)와 대외 문서(조직 외부), 문서 내용에 따라 비밀문서와 공개문서, 일반문서와 특별문서 등으로 나눌 수 있다. 최근 IT산업이 발전함에 따라 새로운 전자문서의 개념도 도입되고 있다. 비즈니스 현장에서 일반적으로 통용되는 문서는 다음과 같다.

(1) 공문서

정부 행정기관에서 대내적 혹은 대외적 공무를 집행하기 위해 작성하는 문서를 말한다. 정부기관이 일반회사 또는 단체로부터 접수하는 문서 및 일반회사에서 정부기관을 상대로 사업을 진행하려고 할 때 작성하는 문서도 포함된다. 엄격한 규격과 양식에 따라 정당한 권리를 가진 사람이 작성해야 하며 최종 결재권자의 결재가 있어야 문서로서 기능이 성립된다. 공문서는 종이로 된 것만을 의미하지는 않는다. 공문서는 도면 · 사진 · 디스크 · 테이프 · 필름 · 슬라이드 · 전자문서 등의 특수 기록매체를 포함한다. 행정기관의 공무에 관계된 것이라면 다른 매체들도 공문서가 될 수 있다.

(2) 보고서

보고서(report, paper)는 원래 조사, 답사, 관측, 채집, 실험 등의 활동을 통해 얻어진 사실이나 결과를 정리하여 보고하는 글을 말한다. 비즈니스에서는 특정한 일에 관한 현황이나 그 진행 상황 또는 연구 · 검토 결과 등을 보고하고자 할 때 작성하는 문서이며, 대학에서 학생들이 제출하는 리포트 역시 보고서로 통칭된다. 보고서는 '보고'라는 말이 함축하고 있듯이 구두나 전화, 서면 등의 방법으로 일정한 의사 또는 자료를 전달하는 상향적 형태를 지닌다. 보고의 목적이나 기능, 상황에 따라 다양한 형태의 보고서가 있다.

비즈니스 보고서의 종류

- 영업보고서: 재무제표와 달리 영업상황을 문장 형식으로 기재해 보고하는 문서
- 결산보고서: 진행됐던 사안의 수입과 지출결과를 보고하는 문서
- 일일업무보고서: 매일의 업무를 보고하는 문서
- 주간업무보고서: 한 주간에 진행된 업무를 보고하는 문서

- 출장보고서: 회사 업무로 출장을 다녀와 외부 업무나 그 결과를 보고하는 문서
- 회의 보고서: 회의 결과를 정리해 보고하는 문서

(3) 기안서

문서의 기초단계로 초안을 잡는 문서를 말한다. 회사의 업무에 대한 협조를 구하거나 의견을 전달할 때 작성하며 흔히 사내 공문서로 불린다. 어떤 일을 결정하기 전에 상사와 의견을 교환하는 용도로 사용한다.

(4) 기획서

어떠한 문제점이나 과제에 대해 현황을 분석하고 문제점을 검증하여 해결방법을 제시하고 해결을 위한 구체적인 실행계획을 담고 있는 문서를 말한다. 지금까지 없었던 새로운 제도나 업무개선을 위한 제안, 신제품의 개발 및 판매를 위한 마케팅 계획, 인사 및 총무에 대한 개선책 등 다양한 분야에 기획서를 제출할 수 있다.

(5) 설명서

설명서는 어떤 일의 내용이나 이유 따위를 상대편이 잘 이해할 수 있도록 체계적으로 풀어쓴 글을 말한다. 비즈니스에서는 대체로 상품의 특성이나 가치, 작동 방법 등을 설명하는 데 사용된다. 설명서의 내용은 쉽고 정확해야 하며, 사실에 입각한 객관성을 유지해야 한다.

(6) 품의서

어떠한 일의 집행을 시행하기에 앞서 결재권자에게 특정한 사안을 승인해 줄 것을 요청하는 문서이다. 어떠한 양식이 정해져 있는 것은 아니며 상황에 따라 여러 형태로 작성하여 사용할 수 있다.

(7) 견적서

견적이란 어떤 일을 하는 데 필요한 비용 따위를 미루어 산정하는 것을 말하며,

견적서란 산정한 내용을 적어 넣은 문서를 말한다. 즉 거래 당사자 간의 신규거래 또는 새로운 품목거래 개설을 위하여 거래가격 및 조건을 미리 알아보고 결정하기 위해서 공급자가 주문자에게 제출하는 문서로서, 쌍방 간 매매계약을 할 때는 이 문서를 근거로 하여 계약이 이루어진다.

(8) 회보

업무상의 유의, 참고, 조언, 공지사항 등을 공지하기 위해 작성하는 문서를 말한다. 행정기관의 장이 소속기관이나 하급 기관에 업무 연락, 통보 등 일정한 사항을 알리기 위한 경우에도 사용된다.

(9) 보도자료

방송이나 신문, 인터넷 매체 등의 보도 기관에 보도를 요청하기 위해 작성하는 자료 및 문서를 말한다. 보도 혹은 기사화하기 전에 전달되는 자료로서 알기 쉽게 정리하고 요약한 형태의 글이나 영상 등이 여기에 속한다. 보도자료를 작성할 때는 전하고자 하는 메시지를 정확히 해주어야 한다.

(10) 자기소개서

자기소개서는 다른 사람에게 자신을 알리기 위하여 작성하는 것이다. 성장 과정, 성격, 학교생활, 지원동기 및 포부 등과 같이 일정한 틀을 제시하고 분량도 엄격하게 정해져 있는 경우도 있고, 작성자의 개성과 취향에 따라 자유롭게 쓰는 경우도 있다. 자기소개서는 자기 홍보서라고 할 수 있으므로 자신이 가진 자질이나 능력을 어떻게 효과적으로 표현할 것인가를 염두에 두고 작성해야 한다.

(11) 비즈니스 레터(e-mail)

사업상의 이유로 고객이나 단체에 편지를 쓰는 것이며, 직장업무나 개인 간의 연락, 직접 방문하기 어려운 고객관리 등을 위해 사용되는 비공식적 문서이나, 제안서나 보고서 등 공식적인 문서를 전달하는 데도 사용된다.

(12) 비즈니스 메모

업무상 중요한 일이나 앞으로 체크해야 할 일이 있을 때 필요한 내용을 메모형식으로 작성하여 전달하는 글이다.

▌비즈니스 메모의 종류

- 전화 메모: 업무적인 내용부터 개인적인 전화의 전달사항 등을 간단히 작성하여 당사자에게 전달하는 메모, 휴대폰의 발달로 현저히 줄어듦.
- 회의 메모: 회의에 참석하지 못한 상사나 동료에게 전달 사항이나 회의 내용에 대해 간략하게 적어 전달하거나, 회의 내용 자체를 기록하여 회의의 기록이나 참고자료로 남기기 위해 작성한 메모로 월말이나 연말에 업무 상황을 파악하거나 업무 추진에 대한 궁금증이 있을 때 핵심적인 자료 역할을 함.
- 업무 메모: 개인이 추진하는 업무나 상대의 업무 추진 상황을 메모로 적는 형태.

2. 문서의 작성

1) 문서작성의 중요성 및 비즈니스 문서의 요건

기원전 3300년경 메소포타미아의 수메르인들에 의해 인류 최초의 문자가 사용되기 시작한 이래, 문자는 발화와 동시에 사라져 버리는 말(구어)의 한계를 극복하기 위한 가장 강력한 도구로 부상했다. 문자의 탄생으로 말미암아 인류는 비로소 그들이 가진 지식과 정보를 보다 안전한 방식으로 전달하고 보존할 수 있게 된 것이다.

문자를 통한 기록, 즉 문서를 작성한다는 것은 어떤 상황이나 내용에 대해 더 정확하고 효과적인 방법으로 소통하는 것이라 할 수 있다. 특히 비즈니스 커뮤니케이션의 최종 수단은 말이 아니고 문서라는 점을 상기할 때, 문서작성의 중요성은 아무리 강조해도 지나치지 않다. 말은 전달 과정에서 왜곡될 여지가 많지만, 일종의 기준이 되는 문서가 있는 경우 누구나 같은 시각으로 내용을 해석할 수 있을 뿐 아니라 업무의 책임 소재도 오해 없이 명확히 할 수 있다. 따라서 모든 업무 현장에는 반드시 문서가 따른다. 회의 결과를 보고할 때, 고객에게 프로젝트를 제안할 때, 심지어는 상사에게 물품 구매에 대한 품의를 올릴 때도 문서를 갖추어야 한다.

직장에서의 문서작성은 업무와 관련된 일로서 조직의 사활이 걸린 중요한 임무이다. 나아가 자신의 업무 능력을 평가받는 잣대가 되기도 한다. 아무리 성실하게 업무를 수행하여도 상황과 목적에 맞는 적절한 문서를 작성하지 못하면 자신의 업무 능력뿐 아니라 조직에 치명적인 손상을 입힐 수 있다. 더욱이 요즘의 비즈니스 환경은 이메일이나 문자메시지, 카카오톡 등 SNS를 통한 소통이 당연시되는 상황이 되면서 직장에서의 업무 보고 역시 '문서'가 중심이 되고 있다. 소소한 일상적 업무 보고이건 회사 차원의 중대한 프로젝트이건 문서 없이 이루어지지는 않는다.

직업생활에서 작성하는 비즈니스 문서는 치열한 경쟁상황에서 상대를 설득하거나 조직의 의견을 전달하는 공적인 경우가 대부분이다. 비즈니스 문서는 대내적이건 대외적이건 업무상 요청되는 공적 성격을 지닌 만큼 공정성과 정확성, 신뢰성을 확보해야 한다. 비즈니스 문서가 갖추어야 할 요건은 다음과 같다. 첫째, 품위 있고 짜임새 있는 양식을 갖춰야 한다. 아무리 복잡하고 많은 내용도 일목요연하게 정리가 되어 있으면 보기에도 좋고 읽기도 편하기 때문이다. 둘째, 내용은 정확하고 간결하며 설득력이 있어야 한다. 거짓되거나 잘못된 정보 없이 객관적이고 사실적인 정보를 바탕으로 정확성을 기해야 하고, 문장은 군더더기 없이 깔끔하고 간결해야 한다. 모호하거나 추상적인 표현은 배제하고 구체적이고 직접적인 문장을 통해 설득력을 지녀야 한다. 셋째, 전체적인 흐름을 고려하여 일관성과 통일성을 갖추어야 한다. 표현이나 형식이 일관되어 있어야 하고, 전하고자 하는 핵심 메시지를 중심으로 내용이 모아져야 한다.

2) 업무 상황에 따른 문서작성 방법

직업생활에서는 업무 상황이나 내용에 따라 문서로 소통해야 하는 경우가 흔히 발생한다. 어떤 상황에서건 가장 중요한 경쟁력은 커뮤니케이션에 있다. 다양한 관계자들과 커뮤니케이션을 거치지 않고서는 업무나 의사결정이 진행되지 않는다. 그러므로 어떻게 하면 더 유연하게, 효율적으로 커뮤니케이션을 할 수 있을지는 기업들이 계속 풀어 나가야 할 숙제라고 할 수 있다.

현대사회는 커뮤니케이션을 위한 다양한 매체 및 도구의 등장으로 이전의 양상과는 많은 차이가 있다. 과거에는 대부분의 업무를 대면이나 전화통화로 해결했다면, 이제는 다양한 커뮤니케이션 채널을 이용해 더 원활하게 업무를 진행할 수 있게 된 것이다. 그러나 커뮤니케이션 채널이 다양해진 만큼 업무 상황별로 효과적인 커뮤니케이션 수단을 선택하는 것도 중요한 일이 되었다. 어떤 수단을 선택하건 중요한 것은 문서를 작성하는 일이다. 문서의 내용을 결정하고 내용에 따라 문서의 형식이나 구성 요건이 충족될 수 있도록 작성해야 하기 때문이다.

(1) 요청이나 확인을 부탁하는 경우

업무를 추진하다 보면 업무 내용에 대한 요청이나 확인을 요구해야 할 때가 있다. 특히 부서 내에서가 아니라 다른 부서나 회사 차원으로, 더 나아가 외부기관이나 단체에 확인이나 요청을 해야 하는 일도 생기기 마련이다. 이때는 대개 공문서 형식으로 작성하며, 공문서는 공식적인 문서를 의미하는 만큼 일정한 양식과 격식을 갖추어 작성하여야 한다.

(2) 정보제공을 위한 경우

정보를 제공한다는 것은 어떤 대상이나 상황에 대한 새로운 소식이나 자료를 나누거나 알려 주는 것을 의미한다. 일반적으로 회사 자체의 인력보유 홍보나 기업정보를 제공하는 경우가 있는데, 이때에는 홍보물이나 보도자료 등의 문서가 필요하다. 또 제품이나 서비스에 대해 정보를 제공해야 하는 경우가 있는데 이때는 설명서나 안내서 등이 필요하며, 정보제공을 위한 문서를 작성하고자 하는 경우에는 시각적인 자료의 활용이 더욱 유익하다. 정보제공을 위한 문서는 신속하게 정보를 알리는 것이 중요하므로 빠르면 빠를수록 효과적이다.

(3) 명령이나 지시가 필요한 경우

업무를 추진하다 보면 관련 부서나 외부기관, 단체 등에 명령이나 지시를 내려야 하는 일이 적지 않다. 명령이나 지시는 단순한 요청이나 자발적인 협조를 구하는 것이 아니라 즉각적이고 신속한 업무 추진을 위한 것이다. 따라서 업무지시서를 작성할 때는 상황에 적합하고 명확한 내용을 기술해야 한다.

(4) 제안이나 기획을 할 경우

일을 하다 보면 업무에 대한 제안이나 기획을 해야 할 때가 생긴다. 어떤 업무를 어떻게 혁신적으로 개선할지, 어떤 방향으로 추진할지에 대한 의견을 제시하는 것인데, 회사의 중요한 행사나 업무를 추진할 때는 대부분 제안서나 기획서를 작성한다. 제안이나 기획을 위한 글에는 상당히 깊이 있는 내용을 담아내야 하므로 종합적인 판단과 예견적인 지식이 필요하다.

(5) 약속이나 추천을 위한 경우

약속이나 추천을 하기 위한 문서를 작성하기도 하는데, 약속은 고객이나 소비자에게 제품의 이용에 관한 정보를 제공할 때, 추천은 주로 개인이 다른 회사에 지원하거나 이직을 하고자 할 때 작성한다.

3) 문서의 종류에 따른 문서작성 방법

문서작성은 어렵고 시간이 걸리는 작업이다. 그럼에도 직장에서의 문서작성 작업은 50년 전이나 지금이나 여전히 이루어지고 있는 중요한 업무이다. 요즘처럼 비대면 상황이 늘고 있는 상황에서는 더욱 그러하다. 업무를 지시할 때도, 업무를 보고할 때도 문자를 통하여 시작되고 문자를 통해 마감하는 경우가 많다. 그만큼 문서작성의 부담도 커진 상황이다.

문서는 각 회사나 기관별로 고유의 양식이 존재한다. 문서를 작성할 때는 고유의 양식에 따라 작성하되, 별도의 양식이 없는 경우에는 일반적으로 많이 쓰이는 양식에 따른다. 상황과 목적에 따라 적절한 양식을 스스로 고안해서 쓸 수도 있다. 다만 어떤 글을 작성하든 전달할 내용을 먼저 생각하고 써야 한다. 핵심 내용을 망각한 문서는 낙서에 불과하다.

일반적으로 글을 쓰는 과정은 '계획하기 - 집필하기 - 수정하기'의 3단계를 거친다. 어떤 내용을 쓸지 주제를 정한 다음, 내용을 생성하고 개요를 작성해 비로소 쓰기로 들어가는 과정이다. 즉, 무엇을 쓸 것인가의 구상에서 시작해 컨셉 도출, 자료조사, 내용 구성, 글쓰기, 사례추가, 퇴고와 수정, 탈고의 순서를 거친다고 할 수 있다. 보고서나 기획서, 마케팅 제안서 등 비즈니스 문서도 마찬가지다. 먼저 문서의 핵심이 무엇인지를 파악하고 어떻게 구성할 것인가를 검토한 후 작성에 들어간다. 작성 후에는 반드시 수정작업이 필요하다. 문서를 수정할 때는 문서가 계획했던 틀에서 크게 벗어나지 않고 제대로 표현되었는가를 검토하고 잘못된 부분이 있으면 그것을 바로잡아야 한다.

(1) 공문서 작성법

공문서는 공적인 업무 차원에서 작성하는 문서를 말한다. 시대에 따라서 공문서를 작성하는 방법도 조금씩 변화하고 있으나 중요한 것은 현실성 있고 편리하게 소통할 수 있도록 효율성을 갖추는 일이다. 공문서 작성을 위해 먼저 해야 할 것은 자주 사용하는 용어를 파악하는 일이다. 문서는 분류를 위해 사용되는 용어들이 있는데, 예를 들면 훈령, 지시, 예규, 일일명령, 고시, 공고 등이다. 문서의 종류에 따라 작성 형식이나 문서 번호를 매기는 방법, 문서작성의 목표가 달라지므로 문서의 종류부터 익혀두는 것이 좋다.

공문서는 기본적으로 한글로, 쉽게 작성해야 한다. 읽는 사람이 이해할 수 있도록 어문규범에 맞게 한글로 작성하고 동음이의어나 혼동될 수 있는 어휘는 별도로 한자나 외국어 등을 추가하여 적는다. 공문서는 회사 외부로 전달되는 글인 만큼 누가, 언제, 어디서, 무엇을, 어떻게(혹은 왜)가 드러나도록 써야 한다. 날짜는 연도와 월일을 반드시 함께 언급해야 한다. 내용이 복잡할 경우 ' - 다음 - ', 또는 ' - 아래 - '와 같은 항목을 만들어 구분한다. 공문서는 한 장에 담아내는 것이 원칙이며, 마지막엔 반드시 '끝'자로 마무리한다.

▌공문서 작성 포인트

① 정확성: 6하 원칙에 의해 정확하게 작성한다. 애매모호하거나 과장된 표현은 피한다.

② 신속성: 문장은 짧게 끊어서 개조식으로 작성한다. 복잡한 내용은 결론을 먼저 내고 이유를 설명한다.

③ 용이성: 읽기 쉽고 알기 쉬운 말을 사용한다.

④ 경제성: 문서의 양식(용지의 크기, 종이의 질)을 통일한다. 문서 1건의 내용은 1매에 끝나는 것이 좋다.

(2) 보고서 작성법

보고서는 말 그대로 보고에 해당하거나 지시받은 내용을 그대로 수행하는 과정을 담고 있는 문서다. 보고서의 내용은 어떤 일을 했고 어떤 성과를 내고 있는지 등의 현황분석이 필수적이다. 앞으로 무엇을 할지, 어떻게 할지 등의 계획을 밝히는 것도 중요하다. 지금까지 이런 일을 했으니 다음에는 어떤 일을 어떻게 할지를 설명하는 것, 즉 앞으로의 계획이 있어야 좋은 보고서라 할 수 있기 때문이다.

보고서는 읽기 쉽게, 읽는 사람의 입장에서 쓴다. 그러기 위해서는 보고서의 목적을 명확히 이해하고, 주제와 핵심 메시지를 분명히 하며, 사실과 의견이 혼동되지 않도록 구분해서 작성해야 한다. 보고서는 간결하고 핵심적인 내용의 도출이 우선이므로 내용의 중복은 피하고, 복잡한 내용일 때는 도표나 그림을 활용하도록 한다. 대체로 상사에게 제출하는 문서이므로, 궁금한 점을 질문받을 것에 대비해 두는 것도 필요하다. 참고자료는 신뢰성과 정확성을 갖추어야 한다. 보고서의 기본 구성은 해당 사안에 대한 검토배경, 검토목적, 추진 경위, 현상(현황) 및 문제점, 개선 방향, 기대효과, 첨부물 등으로 이루어진다.

▌보고서 작성 포인트

- 상사의 요망이나 기대에 초점을 맞춘 보고서가 되어야 한다.

- 결론을 먼저 낸다.
- 사실과 의견을 명확히 구분한다.
- 읽기 쉽고 간결하게 정리한다.
- 최후에 자신의 의견을 쓴다.
- 장문의 경우 요약문을 붙인다.
- 참고자료는 출처가 분명해야 하며 신뢰성을 갖춰야 한다.

(3) 기획서 작성법

기획서는 기획을 실현하기 위한 문서다. 기획은 어떤 대상에 대해 그 대상의 변화를 가져올 목적을 확인하고, 그 목적을 성취하는 데에 가장 적합한 행동을 설계하는 것을 의미하며, 기획서는 자신의 기획(제안)이나 아이디어가 장차 창출할 가치를 명확히 보여 줌으로써 결정권을 가진 사람들을 설득하는 것이다. 따라서 읽는 사람의 관심을 불러일으키고 그를 움직일 만한 힘을 가지고 있어야 한다. 기획서는 무엇을 위한 기획서인지 핵심 메시지가 정확히 도출될 수 있어야 하며, 글의 내용이 한눈에 파악되도록 목차구성에 신경을 써야 한다. 설득력 있는 기획서를 작성하기 위해서는 무엇보다 정확하고 이해하기 쉽게 표현해야 한다. 또한 상대에게 어필해 상대가 채택하게끔 설득력을 갖춰야 하므로, 상대가 요구하는 것이 무엇인지 고려하여 작성하는 것이 중요하다. 내용의 효과적인 전달을 위해 표나 그래프를 활용하는 경우, 내용이 제대로 도출되었는지 확인한다. 인용한 자료는 출처가 정확해야 하며, 제출 전에 충분한 검토를 해야 한다.

(4) 설명서 작성법

설명서란 설명 대상의 내용이나 이유, 사용법 따위를 알기 쉽게 써 놓은 문서를 말한다. 설명 대상이 무엇인가에 따라 설명하고자 하는 내용 및 방법 등은 다를 수 있기 때문에 먼저 대상의 특성을 파악하고 이해하는 것이 중요하다. 예를 들어, 갓 출시한 신상품에 대한 설명서를 작성하고자 한다면 먼저 그 상품에 대한 정보를 확실하게 알고 있어야 한다. 그래야 소비자가 쉽게 이해할 수 있도록 설명을 할 수 있다. 상품 설명서에는 상품명과 규격을 비롯하여 상품의 재질, 원산지 등을 정확히 기재한다. 또 납품예정가, 소비자가 등을 명확히 밝혀 기재하고, 상품의 구성 및 특징 등을 상세하게 기술하도록 한다. 문장의 내용이 길면 내용을 정확하게 전달하기 어려우므로 간결하게 작성한다. 전문용어는 소비자들이 이해하기 어려우므로 가급적 전문용어의 사용은 삼가도록 한다. 복잡한 내용은 도표화 한다. 명령문보다 평서문으로, 동일한 표현보다는 다양하게 표현하는 것이 이상적이다.

4) 문서작성의 원칙

문서를 작성한다는 것은 자신의 주관적인 감정이나 정서를 담아내는 문학적인 글쓰기와는 달리 실용적인 목적을 지닌다. 따라서 문서를 작성할 때는 주어진 양식에 따라 핵심 내용이 분명히 드러나도록 일목요연하고 간결하게 구성해야 한다. 또한 객관적인 정보나 구체적인 데이터 등을 제시함으로써 내용의 정확성과 설득력을 확보해야 한다. 문서작성 시 고려해야 할 몇 가지 원칙을 부연하면 다음과 같다.

(1) 문서는 간단・명료해야 한다

문서의 기본은 무엇보다도 간단・명료해야 한다. 즉, 누가 읽어도 쉽게 이해할 수 있는 내용으로 문서가 작성되어야 한다. 작성된 문서의 내용이 해석에 따라 그 의미가 달라지지 않도록 해야 하며, 간결하고 명확한 의사전달이 될 수 있도록 해야 한다. 그러나 문장 자체는 간단하지만 명료하지 못한 표현으로 인해 문제가 발생할 수 있다. 애매하고 추상적인 표현으로는 상대방을 납득시킬 수 없을 뿐 아니라 오해만 불러올 수도 있음을 알아야 한다.

(2) 비즈니스 문서는 결론이 먼저다

비즈니스 문서는 다른 문서와 달리 결론이 먼저 나온다. 문장의 구성에서 기승전결의 형태가 일반적인 문장구성법이라 할 수 있으나, 기업에서 이용되는 문서형태는 전달하고자 하는 내용이 먼저 나오는 결기승(結起承)의 형태이다. 또한 비지니스 문서는 일반적으로 일정한 기본형식을 지닌다. 주어진 형식을 따르되 참신하고 신뢰할 만한 내용을 담고 있어야 한다.

(3) 주어 · 술어의 관계가 명확한 간결한 문장이어야 한다

문장을 쓰는 것은 다른 사람이 읽게 하기 위한 것이므로 되도록 읽기 편하고 내용의 이해가 쉽도록 써야 한다. 한 문장의 길이가 너무 길면 아무리 단순한 내용의 문장이라도 쉽게 눈에 들어오지 않는다. 주어 · 술어의 관계가 어긋나지 않고 짧은 단문 형태의 문장이라야 쉽게 읽히고 내용도 한눈에 들어온다.

(4) 문서작성자는 조직의 대변자이다

기업 내에서 문서작성 담당자는 대부분이 관련 업무 실무자들이다. 경영자 본인이 직접 작성해야 하는 문서도 있지만, 대다수의 기업에서 문서작성 실무를 담당하는 자는 해당 업무 실무자들이다. 문서작성자는 비지니스 문서를 작성할 때 그 조직을 대표한다는 마음 자세로 조직의 의사를 명확하게 전달할 수 있도록 작성하는 것이 중요하다. 특히 문서작성 시 관련 문서 내용이 기업의 경영방침이나 조직의 의사에 부합되는지 여부를 충분히 검토하여야 하며, 작성자 개인의 사사로운 의사가 개입되지 않도록 주의하여야 한다.

3. 현대사회에서의 글쓰기

1) 디지털 미디어와 글쓰기의 대중화

현대는 컴퓨터를 통해 세계의 모든 정보가 실시간으로 소통되는 인터넷 시대이다. 현대인들은 인터넷 서핑만으로 미지의 정보나 지식을 열람할 수 있는 편리한 세상에서 살고 있다. 개인들은 인터넷에서 다양한 정보를 손쉽게 찾아서 이용할 수 있을 뿐 아니라 타인들과 자유로운 의사소통까지 할 수 있다. 세상의 모든 창이 인터넷으로 몰려 있다고 해도 과언이 아니다.

이러한 변화와 더불어 글쓰기 환경도 급속도로 달라졌다. 대부분의 글쓰기는 컴퓨터 등의 디지털 기기를 활용하여 이루어지고 있으며, 글이 작성되고 유통되는 매체 역시 디지털 매체가 차지한다. 디지털 기기를 활용한 글쓰기는 단순한 문서작성 위주에서 벗어나 기존의 글쓰기에서 볼 수 없었던 새로운 형태를 보여 준다. 글을 쓰는 방식도 자신이 직접 쓰는 것뿐 아니라 남의 글이나 그림, 영상 등을 복사하거나 자르고 붙이고 편집해 새로운 글로 재창조하는 경향을 띠고 있다.

현대는 이처럼 인터넷 및 디지털 매체를 통해 지식과 정보를 수용하고 활용할 수 있게 된 편리한 사회이지만, 그것을 가공하고 편집하는 능력이 있어야 소통 가능한 사회이다. 현대사회에서 개인의 능력은 얼마나 빨리 필요한 정보를 찾을 수 있는가, 수집한 정보를 얼마나 효과적으로 조직하여 타인과 소통할 수 있는가의 두 가지로 평가될 수 있다. 그런데 지식과 정보를 찾는 것은 어느 정도 가능하지만, 정보를 편집하고 가공하는 데는 남다른 능력이 요구된다. 인터넷은 정보의 바다라고 할 만큼 수많은 정보로 가득 차 있지만, 어떤 정보가 좋고 나쁜지를 가리는 능력과 그것을 활용할 수 있는 능력이 있어야 소통이 가능하기 때문이다. 더 중요한 것은 그러한 정보들이 대부분 글로 쓰인 문서의 형태를 띠고 있으며, 타인과의 소통 역시 주로 글을 통해 이루어진다는 점이다. 정보 검색뿐 아니라 다른 사람의 의견에 반론을 제기하거나 동의를 구할 때 역시도 그 수단이 모두 문자언어라는 사실은, 이제 누구나 읽고 누구나 써야 하는 대중적 글쓰기의 시대임을 말해 준다.

매체 환경의 변화에 익숙해진 사람들은 이제 말로 하는 것보다 문자를 통한 의사소통을 더 편하게 생각한다. 음성을 통한 대화는 참여하지 않는 주변 사람들에게 내용이 노출될 우려도 있지만, 컴퓨터나 스마트폰 앱을 사용한 대화의 경우에는 설정 환경만 잘 조절한다면 내용 노출의 우려도 없고, 다른 사람을 방해하지도 않기 때문이다. 또 인터넷 공간에서 의견을 개진하는 경우 별명이나 익명으로 글을 쓸 수도 있어서 의견 발표에 따른 부담감도 덜하다. 더욱이 이전과는 다르게 자신을 드러내고자 하는 자기표현의 욕구도 강해진 만큼 글쓰기가 차지하는 비중은 어느 시대보다 크다고 할 수 있다.

인터넷을 기반으로 한 현대사회의 변화는 글쓰기의 대중화를 불러왔다. 모든 소통의 도구가 문자화된 상황에서 글쓰기를 통하지 않고서는 할 수 있는 것이 없을 정도가 되었다. 자기표현을 위해서든 맡은 업무를 원활히 처리하기 위해서든 글쓰기는 이제 가장 보편적이고 일상적인 소통의 도구로 활용되고 있다.

2) 글쓰기의 가치

글쓰기는 어렵다. 생각을 풀어내기도 어렵지만, 그것을 문장으로 표현하고 체계적으로 정리한다는 것은 결코 쉬운 일이 아니다. 서점가에 글쓰기에 관한 책들이 쏟아져 나오고 더러 베스트 셀러가 되기도 하는 이유가 여기에 있다. 글을 쓰는 것이 그만큼 어렵다는 뜻이고, 그만큼 중요하다는 의미이다. 그런데 한편 생각하면 글쓰기만큼 쉬운 것도 없다. 누구나 노력한 만큼 쓸 수 있는 것이 글쓰기이기 때문이다. 게다가 장고 끝에 한 편 완성하기라도 하면 그 기쁨은 말로 표현할 수 없을 정도다. 잘 쓴 글이든 못 쓴 글이든 '씀'으로써 얻는 효과는 확실히 존재한다. 글쓰기를 함으로써 얻을 수 있는 효과는 일일이 열거할 수 없을 만큼 다양하다. 글쓰기의 효과는 무엇보다 글을 써 보면 확실히 느낄 수 있지만, 그중 몇 가지를 제시하면 다음과 같다.

글쓰기는 자기의 정체성 및 주체성을 회복하게 해 준다. 글쓰기는 자신이 가진 생각들을 개념화하고 정리하는 작업이다. 우리는 글쓰기라는 창조적 과정을 통해 대상에 대해 새로운 의미를 발견하게 된다. 우리 앞에 놓여 있는 대상들은 늘 고정되어 있거니와 특별한 경우가 아니라면 인식조차 하지 못할 때가 많다. 그러나 글을 씀으로써 대상을 더욱 깊이 있게 바라보게 되고, 미처 깨닫지 못했던 것을 새롭게 인식하게 된다. 그럼으로써 사유의 영역은 확장되고 삶과 세계에 대한 이해의 폭도 넓어질 수 있다. 글을 씀으로써 우리는 대상에 대한 상투적이고 관습적인 태도에서 벗어나게 되고, 나아가 창의적이고 주체적인 사고를 하게 된다.

글쓰기의 실용적인 효과도 중요하다. 대학을 졸업하고 사회에 진출하면 다양한 양식의 글을 써야 할 때가 많다. 글쓰기는 사회 활동에서 자신의 능력을 알리는 중요한 기능 중의 하나이기 때문이다. 최근 신입 사원을 채용하면서 글쓰기 능력을 갖춘 인재를 선호하는 회사들이 많아졌다. 이것은 의사소통 능력의 하나인 글쓰기가 그만큼

긴요하다는 것을 인식한 결과이다. 글쓰기 능력은 직장 생활에서도 기본적인 경쟁 도구이다. 직장에서 흔히 쓰게 되는 각종 공문서, 보고서, 기획안 등은 자신의 능력을 그대로 드러내는 양식이다. 따라서 대학 생활을 하며 글쓰기 능력을 학습하고 함양하는 일은 대단히 중요하다.

글쓰기가 소통의 창구 역할을 한다는 점도 누누이 강조되는 부분이다. 글쓰기는 나와 타인, 나와 세계를 연결하는 소통의 도구이다. 글쓰기는 혼자 하는 일이지만, 독백의 행위가 아닌 대화의 행위이다. 글을 쓸 때 우리는 누군가가 읽게 될 것을 상정하고 대화하듯 글을 쓴다. 글을 쓰는 사람의 마음은 이처럼 늘 누군가를 향해 열려 있다. 그 누군가는 글을 쓰는 자신일 수도 있고 다른 사람일 수도 있다. 자신을 향해서든 타인과 세상을 향해서든 마음을 열고 소통하기를 바란다. 이러한 마음은 글쓰기의 중요한 기원이자 본질이라고 할 수 있는바, 소통이 어렵거나 불가능한 상황에서는 글쓰기의 열망이 더욱 커지기도 한다. 무인도에 고립되었거나 감옥에 갇힌 사람이 매일 일기를 쓰고, 말할 수 없는 고통을 겪었거나 억울한 일을 당했을 때도 글로써 호소하는 예를 우리는 흔히 본다. 이러한 글쓰기는 글 쓰는 사람의 소외감과 상처를 치유하는 역할뿐 아니라, '진정한 나'로 성장하는 계기가 되기도 하고, 나와 타인, 나와 세계를 연결해 주는 소통의 창이 되기도 한다.

현대는 인터넷 시대이고, 인터넷 시대의 가장 유용한 도구는 글쓰기 능력이다. 현대사회가 막대한 정보와 지식을 글로 축적함에 따라 글을 쓰는 것은 개인이 반드시 갖추어야 할 사회 능력이 되었다. 정보사회, 지식사회에서 살아남고 자신을 실현하기 위해서는 글쓰기 능력을 갖추는 것이 필수 조건이 된 것이다.

글쓰기 능력을 갖추기 위해서는 우선 많이 읽어야 한다. 무에서 유를 창조한다는 것은 불가능한 일이다. 옛날 선현들이 '다독(多讀), 다작(多作), 다상량(多商量)'에서 다독을 우선시했던 것도 이 때문이다. '리더(leader)는 리더(reader)'라는 말도 있고, '잘 읽어야 잘 쓴다'라는 말도 있듯이, 글쓰기를 잘하기 위해서는 우선 읽어야 한다. 읽기가 곧 쓰기로 이어진다. 좋은 문장을 외우거나 사설이나 칼럼을 베껴 써 보는 것도 한 방법이다. 읽고 또 읽고 쓰고 또 써 보는 부단한 노력이 계속될 때, 글쓰기는 자신만의 경쟁력을 갖춘 최고의 자산이 될 수 있다.

07

회의와 의사소통

[학습목표]

1. 회의와 소통의 개념과 중요성을 설명할 수 있다.
2. 효율적인 회의 준비와 소통의 장애요인을 설명할 수 있다.
3. 소통하는 대화의 핵심적인 원칙과 효율적인 회의진행을 설명할 수 있다.
4. 회의와 소통(비대면 방식)을 설명할 수 있다.

[미리 보기]

회사에서 상사가 업무지시에 따른 업무 진행관계 확인 차 직원에게 대화를 하였는데 직원의 답변이 "아직 하지 못했습니다." 소통이 제대로 된 것일까? 만약 이렇게만 대답했다면 팀장은 "왜 못했느냐", "언제까지 할 수 있느냐" 등을 다시 질문할 것이다. 결국 대화의 양과 시간이 길어지면서 원하는 대답이 돌아오지 않으면 짜증이 일어날 수 있다.

"팀장님, 아직 다 못했습니다. 사실 오후 2시까지 보고 드렸어야 했는데 제가 상무님 일을 하느라 깜빡 시간을 잊고 있었습니다. 정말 죄송합니다. 그리고 보고할 내용 중에서 아직 마케팅팀과 영업팀에서 데이터가 들어오지 않았습니다. 제가 오후 2시까지는 꼭 달라고 했는데 확인해 보고 내용을 취합해서 오후 4시까지는 꼭 보고하도록 하겠습니다. 미리 말씀드리지 못하여 정말 죄송합니다."

상대방이 어떤 말을 듣고 싶어 할까 하는 생각을 가지고 그 안의 요구를 파악하여 말을 생략하지 않는 것이 진정한 소통의 방법이다. 일반적으로 사람들은 '이렇게 이야기하면 상대방이 다 알아듣겠지?'라고 자기 관점에서 이야기하지만 상대방은 그 말 뒤에 더 자세한 내용을 원한다. 그리고 그 자리에서 즉시 인과관계를 자세하게 질문하는 사람들도 있지만 그렇지 않은 사람도 있다. 중요한 것은 말 이면에 있는 내용을 알고 싶어 하는 사람들에게 '생략'은 소통이 아니고 불통이라는 것이다.

출처: 상사와 진정으로 소통되는 대화.

chapter 07 회의와 의사소통

1. 비즈니스 회의와 소통

1) 비지니스 회의와 소통이란

비즈니스(business) 혹은 사업(事業)은 물건이나 용역을 고객이나 다른 사업체에 판매할 수 있을 만큼의 경제적 자유를 누릴 수 있는 국가 안에 존재하는, 법적으로 인식되는 조직체나 활동이다.

business는 busy에서 나온 말이며 사업을 하려면 바빠야 한다는 말이다. "자전거 타기와 같다. 계속 달리지 않으면 쓰러진다."라는 말이 그 점을 잘 말해 주고 있으며 business가 사회에 전반적인 면에 존재하고 있기 때문에 매우 중요하다.

미국 자동차회사 제너럴 모터스(GM)의 사장을 지낸 찰스 윌슨(Charles E. Wilson, 1890~1961)이 1952년 아이젠하워 행정부 국방장관으로 발탁되어, 상원의 장관 인준 청문회에서 "국방장관으로서 내려야 할 결정이 제너럴 모터스의 이익에 배치될 경우 어떻게 하겠느냐"는 질문을 받고 한 답, "미국에 좋은 것은 GM에도 좋은 것이며, GM에 좋은 것은 미국에도 좋은 것"이라는 말은 그 시대를 말해 주는 명언이다.

회의의 개념은 2명 이상의 다수인이 모여서 어떤 안건을 의논 · 교섭하는 행위이며 일정한 형식 · 규칙을 준수하면서 개별 의제를 다수결 원리하에 능률적으로 결정해 나가는 진행 절차를 말한다. 모든 구성원의 참여를 요건으로 하며 의견과 정보교환을 통하여 최선의 시책을 강구하는 것이므로 의견발표나 상사의 명령, 정보전달을 목적으로 소집된 것은 회의라 하지 않는다. 인간이 집단생활을 시작했을 때부터 발생하여 그 집단이 노동에 있어서 통일행동이 요구되면서 회의형식이 생겨났다.

소통의 개념은 일반적으로는 의사소통(意思疏通)의 줄임말이며 영어로는 커뮤니케이션(communication)이다. 원래의 뜻은 '상호 공통점을 나누어 갖는다.'라는 것이고 두 사람, 또는 그 이상의 사람들 사이에서 일어나는 의사의 전달과 상호교류가 이루어진다는 뜻이며, 어떤 개인 또는 집단에 대해서 정보, 감정, 사상, 의견 등을 전달하고 그것들을 받아들이는 과정이라고 할 수 있다.

2010년 전후로 소통이란 단어는 인터넷 방송 쪽에서 많이 사용하게 되면서 쓰는 단어이며, 인터넷 방송 등에서는 시청자들과 채팅 또는 전화 연결을 통해 대화를 나누는 것을 의미하기도 한다. 직업생활의 비즈니스에서 소통은 비지니스와 조직 내 조직의 생산성을 높이고 사기를 진작시키고 정보를 전달하고 설득하며 비즈니스를 성공시키고자 하는 데 그 목적이 있다.

2) 비즈니스 회의와 소통의 중요성

비즈니스 회의라는 개념은 회의 주제와 관련된 역량이 있는 사람들이 모여 의논을 하는 것이며 자기 생각을 주장하는 것이 아니고 자기의 생각을 전달하고 상대방의 의견을 경청하는 것이다. 아울러 비지니스를 하는 데 있어서 우선순위로 의사소통프로세스 수립 및 운영을 권장하는데 사내・외 회의프로세스는 의사소통의 과정으로 생각해야 한다.

모든 정기적, 비정기적 회의 체제를 비롯한 의사소통 내용을 파악하고 주관 팀, 주관자, 참석자, 회의간사, 회의일시를 정하여 사전에 공표하고 교육하고 모니터링을 해야 한다.

회의프로세스와 회의진행 방법은 전 사원, 특히 입사자 OJT 교육 자료로 활용하는 것이 좋으며 그리고 가능하다면 모든 회의 내용은 회의 중요도에 따라 녹음하여 보존하여 부서 간 업무 협조 및 갈등 분쟁 발생 시 문제 해결의 근거로 활용하는 것이 바람직하다.

성공적인 회의와 소통은 내가 상대방에게 무조건 기계적인 정보 메시지를 전달하는 과정이 아니라 상대방과의 상호회의 작용으로 메시지를 다루는 과정이다. 그리하여 성공적인 비지니스 회의를 위해서는 내가 가진 정보를 상대방이 이해하기 쉽게 표현하는 것도 중요하지만, 상대방이 비즈니스를 어떻게 받아들일 것인가에 대한 고려가 가장 기본적으로 바탕이 되어야 한다.

다른 이해와 의미를 가지고 있는 사람들이 공통적으로 효율성과 효과성을 공유할 수 있는 의미와 이해를 만들어 내기 위해 일방적인 목적으로 언어와 문서의 수단으로 의사를 전달하기보다는, 회의를 성공적으로 이끌기 위하여 사전에 의사소통이 원활하도록 정확한 목적과 이유를 알고 충분한 의견을 나누는 자세가 필요하다.

개인과 개인, 가족관계 내, 회사 조직 내의 인간관계에서, 오해 없이 마음을 전하고 감정 싸움과 비난 없이 이성적으로 토론하고, 상대의 마음을 다치게 하는 일 없이 공감적으로 소통하는 것은 왜 그리 어려울까? 또한 내 시간을 관리하고 성과를 내면서 살아가기가 왜 그리도 힘이 들까? 이를 위해서는 사람과 진정으로 소통하고 자기혁신을 갖도록 노력해야 한다.

조직과 인간관계에서 소통은 매우 중요하며 '소통'의 기술이라고도 말한다. 체크리스트를 활용해 자신을 돌아보고 변화를 꾀할 수 있는 기회를 제공하며 상대에게 호감과 신뢰를 얻고, 삶을 멋지게 경영하며, 품격 있게 살아갈 필요성이 있다.

■ 사례 연구 1

通則不痛 不通則痛(통즉불통 불통즉통)

'통하면 아프지 않을 것이고, 통하지 않으면 아플 것이다.'

허준 선생의 「동의보감」에서는 몸이 아픈 이유도 혈관과 경락이 서로 '통하지 않기 때문에 아픈 것'이라고 정의한다.

- 정치권은 정당과 계파, 사회는 계층과 세대 간, 가정에서 부모와 자식, 형제 간에도 원활한 소통이 반드시 필요하다.
- 모든 것이 잘 통하려면 상대방에 대한 배려와 존중이 우선 있어야 하고 나를 낮추고 비워서 상대방의 마음을 인정하고 받아들이려고 할 때 소통이 잘 이루어진다.

2. 비즈니스 회의

1) 비지니스 회의의 준비절차

회의는 정해진 안건과 해야 할 일이 명확히 전제되어야 한다. 그래서 회의 전체를 파악하고 통제하는 능력이 필요하고 회의 시간 배분 역시 명확해야 하며 새로운 아이디와 대안 중심으로 논의가 진행될 때 이야기를 진전시켜 합의점을 찾고, 대안이 없이 논의만 지속된다면 다음 안건으로 넘어가는 것이 좋다.

▌회의 전에 준비해야 할 4P

① 회의에서 무엇을 달성하고 싶은가 하는 명확한 목적(Purpose)

② 회의 진행과 과정도 빈틈없이 설계(Proess)

③ 참석할 사람들이 누구인지, 좌석의 배치를 사전에 숙지(People)

④ 회의에 필요한 장비를 완벽히 사전에 준비(Property)

(1) 회의 시기는 일자와 시간이 필요

비즈니스 회의 소통에 있어 시기는 일자와 시간이 매우 중요하므로 정기적인 개최 관계회의는 언제, 왜 개최되는지 확인하고 회의 체제를 항상 갖추고 있고 회의시간을 필요한 만큼만 설정되어 있어야 하며 모두가 알아야 할 주제와 새로운 정보와 변경된 정보는 참석자들에게 전달되어야 된다.

주간 회의는 애로사항, 건의사항, 협조사항에 대하여 참석자들에게 전달하기 때문에 1시간을 넘지 말아야 하며 만일 중요한 것은 정해진 회의를 마치고 관련자만 남아 추가 토론회의를 하는 것이 좋다.

(2) 회의 주관 팀, 주관자를 정하는 것

회의에 주체와 세부내용을 주관 부서에서 사전에 정리해서 중요 핵심부분만 토의하여 많은 시간이 낭비되지 않도록 한다.

(3) 회의 대상을 정하는 것

비즈니스 회의 주제와 관련된 사람들과 협조부서 사람들만 참석하여 토의하도록 하며 회의에 관련이 없는 사람 및 부서는 참석하지 않고 나중에 통보만 해 주고 실행하도록 하면 된다.

비즈니스 회의에 의사소통프로세스가 잘 수립되고 잘 운영되면 아울러 인사관리도 잘 이루어져 경영관리와 경영시스템 사람관리에 많은 도움이 될 수 있다.

(4) 회의 장소

회의 장소가 지하, 안정되지 않고 산만한 장소이거나 혹은 멀거나 움직이기 불편한 장소이면 시작 전부터 짜증이 나고 싫증이 나기 때문에 부담이 되지 않는 깔끔한 장소, 현장 등에서, 회의실 분위기도 온유하고 밝은 조명하에서 개최하여 창의적이고 건설적인 아이디어로 토론할 수 있는 분위기를 만들어야 주어야 한다.

(5) 회의방법

회의방법에는 직접 대면회의, 화상회의, 전화회의, 문자회의 등이 있으며 또한 회의 진행방법이 매우 중요하다.

정기회의는 업무 기능순서로 앉아서 신규 및 변경 정보, 협조, 건의, 애로사항만을 전달하며 주관자는 모든 발표가 끝난 후에 회의 내용에 대하여 의사결정을 내려 주는 것이 좋다.

만일 주관자 또는 참석자가 "말을 끊어서 미안한데…"라고 하면 주관자는 회의 내용 전체를 듣고 종합적으로 판단해야 하기 때문에 중간에 발표를 막아서는 안 된다.

기능별 회의는 회의 주관자가 사전에 회의 주제에 대한 자료를 작성할 수 있도록 회의 자료를 정리하여 회의 시작 전에 배포를 해야 하고 회의 참석자는 회의 자료를 사전에 검토한 후에 자기 팀에서 무엇을 해야 하고 무엇을 지원할 것인지 연구, 검토하여 참석을 해야만 하는 것이 중요한 회의 진행방법이다.

(6) 이전 회의 결과에 대한 확인

비즈니스 회의 주관자가 이전 회의 결과 진행 여부를 확인해야 하고 참석자들은 반드시 그 결과가 대하여 업무를 진행 확인해야 한다.

(7) 회의 결과에 대해 요약, 정리하여 관련자들에게 전달

주기별 회의는 회의 결과를 요약하여 회의록을 비치하고 부서별로 메신저를 통해 발송하여, 외출, 출장 때문에 회의 참석을 하지 못한 직원들에게 회사에서 결정된 정보를 확인하고 비지니스 업무를 공유할 수 있도록 해야 한다.

(8) 회의 참석, 발표, 실행에 대하여 포상관리규정 · 기준작성

회의를 성공적으로 이끌어 가기 위하여 성과에 대해서는 포상을 실시하도록 하여 동기부여를 할 수 있도록 한다.

일반적으로 소규모 체계로 회의 규정이 갖추어 있지 못한 회사는 사장, 임원들이 정해진 회의의 규칙이 없이 즉흥적으로 사전에 회의 자료 또한 준비 없이 회의를 하는 경우가 많으나, 정기적인, 비정기적인 안건으로 나누어 가급적 사전에 목적의 필요성을 인식하고 조직 구성원들이 창의적인 아이디어와 의견을 토론하고 경청하는 회의가 이루어질 수 있도록 해야 한다.

비지니스 회의는 반드시 상대방에 대한 인격과 언어를 존중해야 하는 마음을 가져야 하며 자기의 생각을 정당하게 주장하고 전달을 하며 상대방의 말을 올바르게 경청하여 공감 소통하려는 긍정적인 자세를 갖추어야 한다.

■ 사례 연구 2

> 빅토리아 여왕 사례 - 버킹검 궁 연회에 초대된 외국인 고위인사가 손을 씻는 '핑거볼' 용도를 모르고 그만 벌컥 마셔 버린 일이 있었다. 모두가 당황하고 있을 때 빅토리아 여왕은 그 손님이 민망하지 않도록 자신도 핑거볼을 들고 마셔 버렸다. 그러자 다른 사람들도 눈치껏 따라 핑거볼을 마시면서 상황은 자연스럽게 종료되었다.

눈치는 모든 대인관계에서 작동되며, 새로운 상황이나 불확실성이 높은 상황에서 특히 눈치가 빠르게 작동된다. 정보가 부족하고 다양한 변수가 생기는 언택 시대에는 그야말로 눈치 빠른 행동이 필요하다.
눈치는 상황을 파악하는 것에서 그치지 않고 '행동'으로 이어질 때에 완성된다. 눈치 있는 사람이 분위기를 잘 파악할뿐 아니라 그때그때 사람들이 불편하거나 어색하지 않게 하기위한 적절한 행동을 취한다.

2) 회의에서 소통의 장애요인

한 언론사에서 직장인을 대상으로 '직장에서 성공하기 위해 가장 중요한 것은 무엇인가?'라는 설문조사를 한 결과 2등으로 업무능력이 나왔다. 그렇다면 1등은 무엇일까? 답은 소통 능력이었다. 그렇다면 회의를 잘하는 사람은 어떤 특징을 가지고 있을까? 여러 가지 특징이 있겠지만 그중 가장 중요한 것을 꼽으라면 소통능력이라고 할 수 있다. 우리는 보통 소통이라고 하면 그저 상대방과 대화하는 것을 생각하기 쉬우나 상대방과 진정성 있는 대화를 통하여 공감대가 이루어져야 한다.

소통의 장애요인으로, 몇 가지 원인에 대해 사례를 들어 설명하고자 한다.

(1) 생략 - 자신만의 프레임으로 이해하는 것

사람들은 소통할 때 자기만의 방식으로 생략을 한다. 사랑하는 연인의 사례를 살펴보면, 여자 친구가 남자 친구에게 전화를 걸어 어제 저녁에 무엇을 했는지 물어본다. 그때 남자는 "어제? 술 마셨어!"라고 짧게 말한다. 남자의 입장에서는 그것이 전부라고 생각할 수도 있다. 그러나 여자 입장에서는 그렇지 않다. 여자는 어제 술을 마셨다면 누구와 어떤 이유로 마셨는지, 몇 시까지 어디에서 먹었는지 등 다른 내용들도 알고 싶은 것이다. 그런 상황에서 남자가 술을 마신 사실만을 가지고 이야기를 다했다고 생각한다면 여자의 입장에서는 소통이 제대로 되지 않은 상황인 것이다. 이처럼 사람들은 대화를 하면서 자기 기준을 가지고 '생략'해서는 안 된다.

(2) 왜곡 - 자신의 판단에 따라 단정하는 것

다시 사랑하는 연인 사이의 예를 들어 보자. 이틀 후 여자 친구의 생일이다. 1주일 전에 미리 남자 친구에게 생일이라고 말했지만 최근 며칠간 남자가 일이 너무 많아 거의 매일 늦게까지 야근을 하는 상황이었다. 드디어 생일날 남자 친구를 만나 오늘이 무슨 날인지 확인한다. 그런데 너무 바빠 정신이 없었던 남자는 "오늘? 무슨 날인데?"라고 되묻는다. 이때 여자는 어떻게 내 생일을 잊을 수 있냐고 화를 내며, 나를 사랑하지 않는 것 같다고 말한다. 이것이 '왜곡'이다. 어떤 하나의 사실만 가지고 자신의 생각대로 판단하는 것이 왜곡이다. 남자가 하필 그 시기에 너무 바빴기 때문에 단순 생일을 잊은 것이지 사랑하지 않기 때문은 아니다. 우리는 대화를 하면서 이런 자의적인 왜곡을 많이 하므로 자신만의 판단에 따라 타인의 생각을 단정해 버리는 것이다. 이런 왜곡들이 상대방의 마음을 다치게 하는 불통을 만드는 원인이 된다.

(3) 일반화 - 주변의 변화는 모두 동일하다고 생각하는 것

대화를 할 때 모든 것을 일반화시키는 것 역시 불통의 원인이 된다. 예를 들어, "요즘 경기가 좋지 않아서 우리 회사 제품도 같이 매출이 떨어진 것 같아요."라고 일반화를 하는 경우이다. 경기가 좋지 않아 우리 업종의 모든 회사들의 매출이 떨어진 것인지, 아니면 경쟁업체는 매출이 올랐는데 우리만 하락했는지를 제대로 분석하고 이야기해야 한다. 마치 주변 환경의 변화에 따라 모든 것이 다 영향을 미치는 것처럼 대화를 하는 것은 맞지 않다는 것이다. 이렇게 일반화를 하게 되면 상대방은 그 사람의 말을 신뢰할 수 없게 되고 이러한 상황이 계속되면 상대방은 소통이 잘되지 않는다고 느끼게 된다.

일반적으로 사람들은 자신이 표현하고 싶은 생각을 제대로 설명해도 60% 정도만 표현할 수 있다고 한다. 그리고 듣는 사람도 마찬가지로 말하는 사람의 이야기를 60% 정도만 이해할 수 있다고 한다. 결국 대화할 때 사람들은 40% 미만으로 이해하고 있는 것이다. 이러한 생리학적인 구조가 소통이 되지 않는 원인이 된다. 대화를 할 때 보이는 말과 행동은 사실 상대방 내면의 감정·생각·기대·욕구 등이 응축된 결과물이다. 그런데 사람들은 그 내면의 욕구를 듣지 못하고 이야기한 내용만 가지고 파악한다. 따라서 진정한 소통을 하려면 상대방이 말하는 근원적인 욕구를 이해하고 감정을 이해하여 본심을 파악하려고 노력해야 한다.

출처: 월간 인재경영(2020. 10.10.).

■ 사례 연구 3

어느 시골 농촌 가정에 굴뚝이 막혀 연기가 나오지 않았습니다.
“어디에서 고장이 난 걸까요?”
우선 고장이 난 원인을 찾아야 합니다. 어디에서 막혔는지 파악하기 위해 먼저 짚을 한 뭉치 가져와서 철사에 감아 아궁이 속으로 밀어 넣어 보았습니다.
“철사가 더 이상 안 들어가네요. 구들장이 일직선으로 놓여 있지 않나 봐요. 어디서 막혔는지 알 수가 없어요.”
이번에는 아궁이에 불을 지펴 연기가 나도록 해 보았습니다. “굴뚝에 연기가 나와요?” “안 나옵니다.” 아궁이에 불을 지피면 연기가 구들장 밑을 지나 굴뚝으로 뿜어져 나가야 하는데, 구들장 밑이 막혀 있는 것 같았습니다. “환풍기를 가져와서 바람으로 연기를 밀어 봅시다.”
아궁이에서 환풍기를 돌리니 굴뚝에서 조금씩 연기가 세어 나오기 시작했습니다.
“일단 굴뚝에 있는 환풍기를 새것으로 교체해 봅시다. 그래도 진전이 없으면 구들장을 다 들어내서 새로 놓는 수밖에 없어요. 그러면 일이 너무 커지니까 굴뚝에 있는 환풍기부터 먼저 교체해 보고 판단합시다.”

소통을 잘하려면 어떻게 해야 할까요?
“일을 하면 할수록 소통의 중요성을 느낍니다. 어떤 마음으로 소통을 해야 할까요?”
“소통을 잘하려면 내 의견을 솔직하게 내어놓는 연습을 해야 합니다. 이건 자기 얘기를 일방적으로 하는 것과는 달라요. 내 말을 상대에게 들으라고 하는 것은 명령이지 소통이 아니에요. 그런데 자기 속내를 얘기하지 않고 ‘알아서 하겠지’ 이렇게 상대에게 자꾸 떠넘기니까 소통이 안 되는 겁니다. 알아서 한다는 건 굉장히 어려운 일입니다. 특히 부부지간에도 ‘상대가 알아서 내 마음을 헤아려 주겠지’ 이렇게 자꾸 기대하기 때문에 갈등이 심해지는 거예요. 사람은 가까울수록 ‘아니, 같이 살면서 그것도 몰랐나?’ 이렇게 서운해 하는 마음이 자꾸 들게 마련입니다. 그렇기 때문에 평소에 자기 생각이나 마음을 가볍게 내어놓는 연습을 해야 합니다.”

3. 효율적인 비즈니스 회의진행

언어철학자 브라이스는 대화를 원만히 진행하기 위해 위한 3가지 핵심적인 원칙을 말하고 있다.

1) 소통하는 대화의 핵심적인 원칙

(1) 협조 · 협력하기

우리의 의사소통은 상호 신뢰 등을 바탕으로 한다. 서로 간에 이루어지는 대화의 흐름에 맞도록 협조하여 말하고 해석해야 한다는 것이다.

(2) 적절한 거리 유지

사람들도 소외감이나 외로움에서 벗어나기 위해 서로에게 다가간다. 그러나 거리가 너무 가까워지면 타인에게 종속되기 싫어하고 동시에 자기만의 개인적 영역을 지키고 싶어 한다.

(3) 겸손하기

대화를 통해서 우리는 정체성을 확인하고 교류의 즐거움을 만끽하는데 대화할 때는 나보다 상대방을 존중하고 나 자신은 겸손한 태도가 전제되어야 의사소통이 잘 이루어진다.

2) 효율적인 비즈니스 회의 진행방법

(1) 집중력을 높일 수 있는 장소와 방식 고려

회의 참석자들이 집중할 수 있도록 조명, 통풍 등 쾌적한 환경을 갖춰야 하며 회의 장소를 어떻게 구성하느냐에 따라서 집중도가 달라지고 회의가 효과적으로 진행된다.

(2) 주제와 목표를 명확하게 선정

사전에 주제와 목표를 명확하게 정해 놓아야 회의의 방향성을 잃지 않고 일관된 회의를 성공적으로 진행할 수 있다.

(3) 회의에 꼭 필요한 구성원들만 참석

회의와 관련 없는 사람이 참석하여 자리를 지키고 있다면 처음 의도하고자 하는 회의 내용에 벗어날 수 있고 그렇게 되면 불필요한 시간 낭비가 될 것이며 그럼으로써 회의 자체도 효과적으로 이루어지지 않는다.

(4) 회의 분위기를 화기애애한 분위기 조성

재미없고 너무 경직된 회의 분위기는 긴장으로 인하여 회의의 집중도를 떨어질 수 있으며, 회의는 80% 본론과 20%의 즐거운 분위기에서 좋은 아이디어가 더 많이 나온다.

(5) 회의 내용을 반드시 기록

회의 내용을 세부적으로 자세하게 회의록에 작성하여야 추후 업무 진행 시, 부서 간에 회의 정보에 대한 분쟁과 갈등이 발생 시에 문제 해결을 할 수 있게 된다.

효율적인 회의를 진행함으로써, 회사의 성장 결과가 크게 달라질 수 있고 서로 다른 사람들의 생각을 하나로 모으는 중요한 계기가 될 수 있고, 좋은 아이디어를 공유할 수 있기 때문이다(출처: 효율적인 회의 진행법).

4. 비지니스 회의와 소통(비대면 방식)

(미리보기)

온택트(On tact) 시대에 고객과의 소통은 갓 뚜기처럼!
고객과 소통하며 긍정적인 브랜드 인지도 향상.
여러분은 어떤 라면을 좋아하나요? '라면' 하면 어떤 라면이 가장 먼저 떠오르나요?
라면 시장에서는 단연 1986년 출시된 농심의 신 라면이 오랜 기간 부동의 1등이었습니다. 작년 2019년에는 매출 7,600억 원을 기록하며 30년째 국내 라면브랜드 점유율 1위였죠. 그런데 신 라면만큼이나 소비자들에게 사랑받는 라면이 있는데요. 바로 오뚜기의 진라면입니다. 그리고 2020년 한 소비자 조사에 따르면, 가장 자주 구매한 봉지 라면 브랜드로 진라면이 26.4%, 신 라면이 23.5%로 진 라면이 신 라면을 제쳤습니다. 또한 향후 구매 의향 조사에서도 진라면을 구매하겠다고 응답한 소비자가 신 라면으로 응답한 소비자보다 높았습니다. 2019년 기준, 진 라면의 매출은 2,100억 원대로 신 라면 매출의 30%도 되지 않았는데요. 진 라면은 어떻게 소비자 마음 속 1위가 된 걸까요?
진 라면과 신 라면의 경쟁 구도가 형성된 데는 최근 '갓뚜기'라 불리는 오뚜기의 기업 이미지, 브랜드 인지도가 크게 작용했습니다.

▲ (좌) 오뚜기 로고 (우) 유튜브 '햄연지' 채널

2016년 작고한 故 함태호 명예회장이 24년간 심장질환을 앓는 어린이 4,200여 명의 수술을 후원한 이야기, 함영준 회장이 경영권을 승계하면서 1,500억 원의 상속세를 정직하게 납부한 이야기….
그 결과 소비자들에게 더욱 사랑받고, 대학생이 뽑은 TOP CEO에는 함영준 회장이 1위를 차지하기도 했습니다. 또 최근 함영준 회장의 딸 함연지가 운영하는 유튜브 채널 '햄연지 YONJIHAM'로 오뚜기는 더욱 주목받고 있는데요. 특히 어버이날, 아버지를 모셔 오뚜기 제품으로 요리한 음식을 대접한 먹방 영상은 조회 수가 250만에 달합니다. 해당 채널은 함연지의 일상을 엿보는 동시에 오뚜기와 고객의 소통 창구이기도 하죠. 오뚜기는 이렇게 고객과 소통하므로 긍정적인 브랜드 인지도도 더욱 높아졌습니다.

언드 미디어를 잘 활용한 오뚜기

이제는 소비자와 소통하며 '갓뚜기'로 거듭난다!
소비자들이 채널이 되는 새로운 미디어 형태로 잘 기획된 광고나 매체에 의해 입소문을 타고 공유됩니다. 소비자들에 의해 만들어지는 미디어라는 특징으로 인해 통제가 어렵고 사실과 다르게 알려질 수 있는 가능성도 있으나 높은 신뢰도를 얻어 판매에 핵심적인 역할도 하고 소비자들의 생각을 읽을 수 있다는 장점도 큽니다. 사회 트렌드는 다수의 소비자가 표출하는 생각과 행동으로 결정되기 때문에, 소셜미디어 데이터를 활용한 소셜 분석은 트렌드를 읽는 좋은 방법이기도 합니다.

중세시대 영국과 서유럽에서는 흑사병이 창궐하여 급격한 인구감소를 겪게 되었다. 귀족에게 소속된 노동자의 수가 급격히 감소되면서 노동자에 대한 처우가 개선되고 도시 노동자가 받을 수 있는 임금 역시 상승했으며 더 나은 조건을 제시하는 귀족과 도시로 이주하려는 사람들의 수 역시 증가했다. 결국 중세 유럽의 흑사병과 같은 전염병은 사회의 변화를 촉진하는 계기가 되었으며 바이러스 같은 전염병이 사회 및 경제체계 큰 영향을 미칠 수 있다는 예측이 되었고 또한 2020년 코로나 19가 가져온 변화는 우리 예상을 뛰어넘는 우리 삶 자체의 변화를 가져오게 되었다. 그렇게 되면 소통의 방법도 신뢰감을 줄 수 있는 변화를 찾아야 한다.

최근에 비대면 방식의 비즈니스 소통의 변화를 살펴보자.

우리 사회에 또 다른 전염병이 앞으로도 결코 사라지지 않을 것으로 예상되기에 대면 접촉의 기반을 둔 비즈니스는 항상 위험성을 내포하고 있다. 서비스 제공자에게 편리하더라도 한계점이 있어 물품계약 또는 서비스를 구매하거나 사용하는 소비자의 입장에서 비대면 방식 비즈니스의 기능은 하나의 유행으로 끝날 수도 있다. 그러나 비대면 방식이 우리의 삶에 미치는 영향은 너무 크며 앞으로 우리에게 끊임없이 예측 불가능한 충격을 줄 수 있다. 전염병에 따른 변화는 우리의 경제시스템, 비즈니스 방식, 정치 체계, 건강과 보건의료 체계, 문화 및 엔터테인먼트 산업 그리고 우리의 일상생활에 큰 영향을 미치고 있는 것이 현실이다.

1) 비대면 방식의 개념 및 비즈니스 소통

비대면 방식이란, 즉 비대면 연결(Contactless Connectivity)로 상당히 광범위한 영역의 활동 및 개념을 지니고 있으며 최근 언택트(un-contact) 등과 같은 신조어로 사용됨에 따라 비대면 방식이라는 용어는 혼란스럽게 인식되고 있다(사람을 직접 만나지 않고 물품을 구매하거나 서비스 따위를 받는 일).

비대면 방식의 예로, 같은 회사 건물에 있더라도 서로 다른 회의실에서 화상 또는 메신저로 회의를 한다면 비대면 회의를 하는 것이다 따라서 비대면 방식은 상대방과의 공간적 개념과 거리의 개념을 동시에 포함하고 있으며 무인점포 과자점 역시 비대면 방식의 비즈니스 형태다. 무인점포로 운영되는 과자점은 매장 내 상주하거나 직원을 통해 매장 내 직접 고객을 응대할 필요가 없기 때문이다. 미스터트롯, BTS, 슈퍼주니어 엔터테이먼트 등이 최근에 도입한 온라인 콘서트 역시 비대면 방식이다.

롯데L7 호텔 키오스크

스타벅스의 드라이브 스루(Drive Thru) **입구**

롯데리아, 맥도날드, baskin robbins **키오스크**

사례) 스타벅스의 드라이브 스루(Drive Thru), 롯데리아, 맥도날드, 베스킨라빈스, 키오스크 주문, 호텔 셀프 키오스크(Kiosk) - 상품의 주문과 결제까지 한 번에 해결, 호텔 객실 체크인, 체크아웃 등

이미 우리 곁에 있었던 비대면 비즈니스 활동은 원격 커뮤니케이션 시스템으로, 줌 구글 행아웃 마이크로소프트 팀즈 등과 같은 화상 회의나 협업 등을 활용한 방식이 회사, 학교 안의 비대면 방식 활동으로 정착되고 있으며, 1980년대 들어 본격적인 재택근무가 등장하고 컴퓨터와 관련된 업무를 수행하는 프리랜서가 등장하면서 회사와 계약을 맺고 프로그램 코드로 작은 아이템 제품을 설계하는 등의 업무를 집에서 처리하고 있으며, 2000년대 초반 재택근무는 기업이 주도적으로 도입하기 시작하였다. 특히 테크놀리지(technology) 기업은 '언제 어디서든'이라는 구호 아래 재택근무의 적극적 도입으로 2000년대 인터넷이 폭발적으로 확산되면서 재택근무는 IT 기업의 상징처럼 여겨지게 되었다.

■ 사례 연구 1

최 대리의 비대면 주말모임

우리 일상의 평범한 사람이 어떤 식으로 주말을 보냈는지, 비대면의 일상생활 방식의 변화를 살펴보도록 하자.

매주 금요일마다 회식할 팀을 찾던 이사님도 코로나 19 이후 회식하자는 말씀을 안 하시니 금요일이 돌아와도 큰 부담이 없다. 퇴근하는 사람으로 엘리베이터는 붐비기 시작한다. 집으로 돌아와, PC를 통한 온라인 와인 클래스 모임이 8시 정각이 되자 시작했다. 온라인 클래스 강사님이 들어왔고 클래스 동기들이 하나 둘씩 모니터상의 모이기 시작했다. 직접 모여 와인 수업을 들으면 와인의 향과 맛을 더 쉽게 음미할 수 있지만 온라인 클래스는 비용이나 시간도 부담이 없고 만남의 번거로움이 없어 생각보다 만족도가 높다. 한 달 후 청담동 와인바에서 오프라인 클래스를 한다고 공지가 올라왔다. 온라인 클래스가 끝났지만 바로 노트북을 끄지 않았고, 이번에는 쇼핑몰에 들어가 회사에

서 스마트폰으로 눈여겨보고 이미 쇼핑카트에 넣어 둔 옷들을 카카오페이로 이용해 결제했다. 불금인데 그냥 자기 아쉬워서 냉장고에서 맥주 두 캔을 꺼내 들고, 텔레비전을 켜 넷플릭스를 연결하여 큰 화면으로 시청하니 더욱 재미가 있다. 최근 유행하는 드라마 몇 편을 골라서 본 후 잠자리에 들었다. 토요일 오전, 어제 늦게까지 넷플릭스를 봐서 그런지 늦잠을 잤다. 어제 주문해서 벌써 배송되어 문 앞에 놓인 옷을 입고, 늦은 점심을 먹고, 서둘러 최 대리는 새로운 소규모 동호회 모임에 따라 이동한다.

2) 비대면이 비즈니스가 미치는 부정적 영향과 긍정적 영향

비대면이 비즈니스가 미치는 영향에 있어서는, 먼저 전염성이 강한 코로나 19로 인한 거리두기로 인하여 각종 모임 자제로 각 기업에 부정적 영향을 미치고 있다. 이를 살펴보면 (1) 고객 방문 불가, (2) 매출실적 대폭하락, (3) 생산 재개 불가, (4) 대인관계 단절 등으로 나타나고 있다.

그러나 비대면 비지니스가 기업에 미치는 긍정적인 영향도 함께 살펴보면, (1) 원거리 회복 업무 능력향상, (2) 디지털 트랜스포메이션과 정보기술의 가치에 대한 직원들의 인식 전환, (3) 온라인 마케팅 및 비즈니스 개발 능력 향상 등이 있다.

3) 비대면 새로운 비즈니스 모델 혁신 및 경영활동 변화

(1) 비대면 새로운 비즈니스 모델 혁신

비즈니스의 민첩성과 안정성 간의 균형을 유지하면서 혁신능력 제품 및 서비스 에코시스템 제휴 등 다양한 방법을 테스트, 수정, 적용하는 것이 일상적인 활동이 되어야 한다.

3D 프린팅과 같은 기술은 의료장비에 긴급하게 필요한 부품을 현장에서 바로 프린팅하여 바이러스 전염병이 진행되는 동안 의료진을 지원하였고, 업계는 디지털 플랫폼을 통해 고객을 지원하는 새로운 방법을 찾고 있으며, 식당 등은 주문 배송, 식자재 구매 등과 같은 활동을 디지털로 하며 현재 사회적 거리두기의 압력을 견디고 있다.

지금과 같은 위기는 기업 전반의 혁신 프로그램 추진을 위해 위기관리를 위한 솔루션을 창조할 뿐만 아니라 조직들이 혁신을 단행할 수 있는 이상적인 시기라고 할 수 있다.

(2) 비대면 비즈니스 경영활동에 6가지 변화

① 직원들의 건강 및 조직 전체의 안정(인사관리 측면의 변화)

직원 건강은 조직의 안전뿐 아니라 기업의 사회적 책임까지 연결됨을 명확히 인식하는 계기가 되어 직원들의 건강은 직원 개인의 문제일 뿐 아니라 조직의 생산성과 연계된 문제라는 인식이 자리 잡게 되었다.

② 비대면 방식의 조직 관리(조직 관리 측면의 변화)

자율성에 기반을 둔 열정, 팀 네트워크로 조직관리

③ 연결성 강화를 위한 커뮤니케이션(사내소통 측면의 변화)

1990년대 중반 이후 태어난 제트 세대는 디지털기술과 함께 성장하여 불필요한 감정소모가 서로 생기지 않도록 업무 일정 관리에 대해 정기적으로 논의하는 절차가 반드시 필요하게 되었다.

④ 객관성 확보를 위한 인사의 비대면화(채용 및 평가 측면의 변화)

좀 더 진화한 인공지능을 활용하기 위해 근거 데이터를 많이 검토하는 것이 바람직할 것이다.

⑤ 자동화를 통한 생산성 향상(사무 자동화 측면의 변화)

챗봇(Chatbot)은 인공지능과 자연어 처리 기술을 바탕으로 사람이 문자 또는 언어로 질문을 하면 자동으로 응답을 하는 프로그램의 일종이다.

챗봇(Chatbot)은 단순한 고객 응대 서비스를 제공하는 초기 형태에서 직접적인 고객 서비스를 제공하는 형태로 진화 중이며 고객의 개인화된 답변을 처리하고 챗봇

(Chatbot) 플랫폼 내에서 모든 서비스를 완료할 수 있는 챗봇(Chatbot)을 개발하고 있다. 기업들이 최종적으로 원하는 것은 인공지능기반의 챗봇(Chatbot)이며 이를 활용해 고객의 제품문의, 제품 구매, 제품 A/S 등과 같은 전반적인 고객 여정관리를 담당하게 하는 것이 목표이다.

⑥ 중앙 집중화된 전략에서 유연화된 전략(전략 측면의 변화)

비대면 경영활동은 향후 경영 트렌드로 자리 잡을 것으로 예측되며 기존의 중앙 집중화되고 획일화된 경영 전략 대신 좀 더 유연하고 변화에 민감하게 반응할 수 있는 경영 전략을 수립해야 한다.

4) 비대면 비즈니스 활성화 방안과 소통

(1) 비대면 비즈니스 활성화 방안

비대면 방식은 일상생활과 비즈니스 대면 방식의 정반대 활동이 아니라 오히려 연장선이라고 볼 수 있다. 비대면 방식으로 비즈니스 활성화를 위한 4가지 선결과제에 대하여 살펴보자.

비대면 비즈니스에서 먼저 관계 신뢰의 구축을 단계별로 나누어 살펴보자.

① 1단계 자기 자신을 인정하는 단계

최근에는 모바일 공인 인증서, 이동 통신사 또는 카톡 등을 활용한 인증 디지털 공인 신분증 등 다양한 인증방식이 있기 때문에 비대면 상황에도 공식적으로 스스로 증명하는 데는 큰 문제가 없다. 단 중요한 점은 오늘 내 개인 정보가 불법적으로 사용되거나 도용되는 경우를 막아야 하며 기업 역시 적극적으로 고객의 정보를 보호해야 한다.

② 2단계 자신이 정해진 방식으로 정확하게 활동하고 있다는 것을 증명하는 것

신뢰 구축은 모든 종류 비대면 활동이 원활하게 작동할 수 있도록 해 주는 윤활유이자 관계를 공고히 해 주는 콘크리트 역할을 해 줄 것이다.

③ 3단계 보안과 안정성

비대면 방식에서 보안은 세 가지 관점에서 살펴봐야 한다. 첫 번째 기업 정보 및 데이터에 보안, 두 번째 개인 정보·프라이버시와 관련된 보안, 세 번째 온라인상에서 지불의 안정성이다.

④ 4단계 디지털 트랜스포메이션

디지털 기술의 적극적인 도움이 필요하다. 디지털 기술을 필요한 영역에서만 부분적으로 도입하는 것이 아니라 모든 영역에서 전문적으로 디지털 기술 도입과 디지털 시스템으로 변화를 이루어야 한다.

(2) 비대면 시대의 소통의 방향

언택트(un-contact) 시대의 커뮤니케이션에는 미래 학자와 전문가들이 세 가지 큰 변화가 나타날 수 있다고 한다.

① 탈 세계주의와 지역주의 강화

바이러스 전염병은 '전 세계가 하나로'라는 슬로건을 무색하게 하는 세계주의 활동에 급격히 제동을 걸고 각종 모임방식 등 관계 형태는 철저한 소수 중심으로 재편될 것이다.

② 디지털화

전염성 바이러스를 추적하는 데 결정적인 역할은 CCTV와 휴대 전화로 이를 통한 동선을 확보했기에 확진자 이동 경로를 신속하고 정확하게 추적할 수 있었다.

1990년도 중반에서 2000년대까지 출생한 세대를 Z세대로 분류하며 디지털에 익숙한 현세대 Z세대는 개인적이고 독립적인 경제적 가치를 우선시하며 남들에게 맞추어 굳이 시간 공간의 제약을 타협하려 하지 않으며 자기 자신에게 집중한다. 즉, 온라인을 통해서 그 어느 세대보다 활발히 교류한다.

③ 국가에 힘이 집중

바이러스 전염병으로 인한 방역과 경제복지 문제 등을 다루기 위해 국가의 힘이 더욱 커질 것이며 자기 자신에게 집중하는 좁은 의미의 이기주의는 아마 보편적인 정서가 될 것이다.

■ 사례 연구 2

서울 ○○구는 코로나 이전 수준의 일상을 회복하려면 상당한 시간이 걸릴 것으로 예상되기 때문에 구청 모든 분야에서 비대면 방안을 고려해 업무를 추진한다고 밝혔다.

○○구는 각종 교육이나 회의를 비대면 온라인 방식으로 진행하고 각 가정에서 유튜브나 SNS를 활용하여 교육·문화 프로그램을 즐길 수 있도록 다양한 콘텐츠를 제공하고 있다.

우선 전국 청년인구 비율(40.4%)이 가장 높은 '젊은 도시 ○○구'에 걸맞은 다양한 분야의 온택트(On tact) 프로그램이 눈에 띈다.

더욱 어려워진 취업·창업 시장 속에서 청년 창업가를 대상으로 한 ▷○○스타트업 온택트 아카데미, 삼성전자 임직원의 재능기부로 이뤄지는 ▷청년드림 ○○캠프, 입사지원서 작성부터 AI면접까지 맞춤형 취업 컨설팅을 받을 수 있는 ▷ON-LINE 취업역량발전소 등 청년 맞춤형 역량 강화 프로그램을 운영하고 있다.

청년들이 온라인에서 요리를 만들어 취약계층 음식 나누기 봉사활동을 하는 ▷청년 소셜 다이닝(social dining), 청년 문화·예술인이 모여 함께 고민하고 자유롭게 토론하는 ▷○○청년 문화예술 상생 테이블 등 청년들의 소통·공감 마당을 열어 주고 있다.

집 콕으로 지친 부모와 아이들이 함께 참여할 수 있는 ○○형 마더센터 아이랑의 ▷랜선 클래스 프로그램과 청룡산, 낙성대 등 유아 숲 체험원 6개소에서는 ▷비대면 숲 체험 프로그램도 운영 중이다.

○○ 구민의 자랑인 '○○○ 축제'를 온라인 비대면 프로그램을 중심으로 마

편한다. ○○○ 축제의 역사 문화적 가치를 재조명하는 '○○○ 축제 포럼'과 '난상토론 G-talk', 주민들의 코로나 블루를 해소하는 '생활예술 온라인 주민참여 프로그램' 등이 진행될 예정이다.

○○ 구청장은 "온택트(Ontact)시대에 구민들의 요구에 맞는 다양한 분야의 온라인 프로그램을 지속적으로 운영할 계획"이라며 비대면에 대응하면서 겪었던 시행착오와 미흡한 부분을 보완해서 보다 체계적으로 완벽히 대응할 수 있도록 코로나 백서도 제작할 계획이라고 밝혔다.

출처: 헤럴드경제(2020.10.12.).

현재 우리의 일상생활과 기업 활동은 대면 방식을 전제로 한 규범과 제도에 기반을 두고 있으며, 비대면 방식이 정착하기 위해서는 대면 중심으로 제도와 규범 그리고 이를 관리하는 사람의 마음가짐 등이 함께 변해야 한다. 우리의 미래는 예측을 뛰어넘는 다양한 변화가 계속 등장할 것이고 그 중심에는 대면 비대면 방식의 일상생활과 비즈니스가 발생될 것이며 이에 대한 충분한 통찰력을 갖고 앞으로 등장할 변화와 도전에 성공적으로 대처하여 나가면 새로운 삶의 전환점이 될 수 있을 것이다. 그 어느 때보다 효율적인 커뮤니케이션이 필요한 언택트(un-contact) 시대에 어디서나 민감하고 정확하게 작동하는 실시간 미래를 예측할 수 있는 정보의 통합적인 내비게이션을 갖출 수 있게 될 것이다.

과학자들은 조언에 의하면 우리의 미래는 더욱 강력한 바이러스가 다시 찾아올 수 있을 것이 분명하며 어떤 위기가 우리의 일상을 불안하게 할지 모른다. 그렇기 때문에 우리 삶의 태도와 방식을 미리 바꾸는 것이 중요하다. 바로 그것이 앞으로 미래에 우려할 혼돈 시대에 앞으로 나갈 수 있는 우리의 진정한 소통의 방법이다.

personality and communication | chapter

08

경청과 의사소통

[학습목표]

1. 경청과 소통의 개념과 중요성을 설명할 수 있다.
2. 경청과 소통의 올바른 자세를 설명할 수 있다.
3. 경청과 소통의 핵심 기술을 설명할 수 있다.
4. 경청과 소통 능력(비대면 방식)을 설명할 수 있다.

[미리 보기]

以聽得心(이청득심)

'경청하면 상대의 마음을 얻을 수 있다.'는 말입니다.

경청(傾聽): 기울 '경'에 들을 '청'자를 써서 귀를 기울여 들음을 의미

경청(敬聽): 공경하고, 존경하면서 상대의 말에 귀를 기울인다.

미래학자 피터 드러커(Peter Drucker)는 '내가 만일 경청의 습관을 갖지 못했다면 나는 누구도 설득할 수 없었을 것이다.'

[체크리스트]

나의 경청 정도는?

[경청 정도 검사표]

내용	전혀	가끔	거의	항상
1. 나는 화자를 방해하지 않고 자신의 생각을 표현하도록 한다.	1	2	3	4
2. 나는 상대방이 말하는 모든 것을 듣기를 원한다.	1	2	3	4
3. 나는 중요한 사실을 기억하는 능력을 가지고 있다.	1	2	3	4
4. 나는 메시지의 가장 중요한 세부 사항을 기록한다.	1	2	3	4
5. 나는 상대방이 이야기한 것에 반응을 보인다.	1	2	3	4
6. 나는 비록 따분하기는 하지만 화자의 말을 듣는다.	1	2	3	4
7. 나는 듣고 있을 때는 주위의 산만한 분위기를 무시한다.	1	2	3	4
8. 나는 화자의 말을 진심으로 듣고 있음을 표현한다.	1	2	3	4
9. 나는 다른 사람의 말에 동의하지 않더라도 들어준다.	1	2	3	4
10. 나는 화자의 다음 말을 예측하면서 공상을 피한다.	1	2	3	4
나의 경청 점수는?	(　　　)점			

[평가 결과]

① 30~40점: 상대방의 말을 효과적으로 듣는 사람이다.

② 20~29점: 좋은 청취자이기는 하지만 앞으로 더 개선할 점이 있다.

③ 10~19점: 개선이 필요하다. 경청 기술을 개발하기 위한 기법을 적극적으로 학습해야 한다.

출처: 설득 · 경청논박의 기술.

chapter 08 경청과 의사소통

1. 경청과 소통의 개념과 중요성

1) 경청과 소통의 개념

경청이란 다른 사람의 말을 주의 깊게 들으며, 공감하는 능력이며, 또한 대화과정에서 상대방과 신뢰를 쌓을 수 있는 최고의 방법이다.

직장인들이 개인이나 조직 간에 원만하게 관계를 유지하여 업무성과를 높이는 데 의사소통이 매우 중요하며 의사소통을 하기 위해서는 다른 사람의 말을 주의 깊게 경청하며 공감할 수 있는 능력이 있어야 하며, 경청을 잘하면 본능적으로 상대방으로부터 안도감과 신뢰를 갖게 된다. 또한 상대방의 요구를 파악할 수 있으며, 오해나 실수를 방지할 수 있으며 심리적으로 전달자의 말과 메시지, 감정은 더욱 효과적으로 상대에게 전달된다.

경청(Listening)의 세부적인 주요내용을 살펴보면

① 상대방의 말을 잘 듣는 것은 성공적인 의사소통의 열쇠가 된다.

② 효과적인 의사소통은 이해시키는 것과 마찬가지로 이해하는 것이다. 이러한 이해는 경청을 통해서만 가능하다.

③ 듣기를 통해서 듣는 자는 말하는 자의 메시지를 이해할 수 있고, 말하는 자는 듣는 자의 피드백을 이해할 수 있는 것이다.

④ 경영자는 다른 사람의 말을 경청함으로써 사업을 경영하는 데 필요한 정보를 얻을 수 있고, 다른 사람의 존경과 신뢰감을 얻을 수 있으며, 보다 현명한 의사결정을 하는 데 필요한 정보를 얻고, 정확한 정보를 공유하며, 비즈니스 직무수행을 향상시킬 수 있게 된다.

⑤ 경청은 대인관계를 향상시키고, 지원적 분위기를 조성하고, 다른 사람에 대한 의견을 존중하므로 대인관계가 더욱더 향상될 수 있도록 돕는다.

2) 경청과 소통의 중요성

경청이 이토록 중요한 이유는 의사결정을 하거나 행동을 취하기 전에 정보를 수집할 수 있는 여건을 만들어 주며 또한 상대와의 신뢰를 높여 관계를 증진시켜 주는 효과를 주기 때문이다.

상대방에게 대화하기 전에 상대방의 말을 우선 경청해야 말보다는 생각을 하게 되고 상대방의 요구 사항을 알게 되고, 원하는 바에 정보 수집을 하여 그 정보를 통해서 상대를 더욱더 잘 알게 되며 훨씬 더 소통할 수 있는 데 도움이 된다. 그리하여 반드시 먼저 경청하는 습관을 길러야 하고 상대와의 만남에서 가장 먼저 해야 하는 것이 경청이며 그 정보를 통하여 상대방의 요구를 이해할 수 있으며 소통을 효과적으로 잘할 수 있다.

특히 신규 고객처럼 상대에 대해 아는 것이 적을 수록 더욱 경청하는 자세를 갖추어야 한다.

상대방이 계속 말하는 것을 듣기만 해도 본인이 해야 할 말과 하지 말아야 할 말이 무엇인지 자연스레 알 수 있고 고객은 경청해 준다는 사실만으로도 신뢰를 받고 있다는 인상을 가지게 되는 효과가 있다.

말을 많이 하는 것은 듣는 것보다 잃는 것이 더 많다. 침묵은 금이란 말이 있다. 말을 적게 할수록 당신이 하는 말이 더욱 가치가 있고 말을 아끼는 것이 자기의 부족한 부분을 극복하고 강한 이미지를 보여 주게 될 것이며, 적게 말하고 많이 듣는 것이 소통의 가장 효과적이 방법이 될 수 있다. 경청은 본능이 아니라 학습이다.

3) 올바른 경청의 방해요인과 자세

(1) 올바른 경청의 방해요인

아래와 같이 올바른 경청을 하는 데 있어서 방해하는 나쁜 습관을 참고하여 자신의 경청 방법을 개선해 나가자.

① 짐작하기

상대방의 말을 듣고 받아들이기보다 사전에 자신의 생각에 들어맞는 단서들을 찾아 자신의 생각을 확인하는 것을 말하며, 미리 짐작하고 넘겨짚는 사람들은 상대방의 목소리 톤이나 얼굴 표정 자세 등을 지나치게 중요하게 생각한다. 이들은 상대방이 하는 말의 내용을 무시하고 자신의 생각이 옳다는 것만 확인하려 한다.

② 대답할 말 준비하기

처음에는 상대방의 말을 듣고 곧 자신이 다음에 할 말을 생각하기에 바빠서 상대방이 말하는 것을 잘 듣지 않는 것을 말한다. 상대방과 대화를 하는 도중에도 자기가 대답할 말을 준비하느라 상대방의 말에 제대로 반응할 수 없다.

③ 걸러 내기

상대방의 말을 듣기는 하지만 상대방의 메시지를 온전하게 듣는 것이 아닌 경우이다.

상대방이 분노나 슬픔, 불안에 대해 말하는 것을 들어도 그러한 감정을 인정하고 싶지 않다거나 회피하고 싶다거나 무시하고 싶을 때 모르는 사이에 상대방이 아무 문제도 없다고 생각하여 듣고 싶지 않는 것들을 막아 버리는 것을 말한다.

④ 판단하기

상대방에 대한 부정적인 판단 때문에, 또는 상대방을 비판하기 위해 상대방의 말을 듣지 않는 것을 말한다. 당신이 상대방을 어리석다거나 고집이 세다거나 이기적이라고 생각한다면, 당신은 경청하기를 그만두거나 듣는다고 해도 상대방의 부정적인 근거를 찾기 위해서 귀를 기울일 것이다.

⑤ 다른 생각하기

상대방에게 관심을 기울이는 것이 점차 더 힘들어지고 상대방이 말을 할 때 자꾸 다른 생각을 하게 된다면, 이러한 상황을 회피하고 있다는 위험한 신호이다.

예를 들어, 남편은 최근 아내가 수강하는 취미클럽 활동에 대해 말할 때마다 다른 생각을 했다. 사실 그는 아내가 취미 활동 하는 것에 대해 못마땅하게 생각하고 있었기 때문에 아내가 신나서 이야기할 때마다 다른 생각을 하면서 자신의 감정을 드러내지 않았던 것이다. 그러나 이렇게 표현하지 못한 부정적인 감정이 바닥에 내재되어 있어 수시로 나타나 상대방은 오해받는다는 느낌을 갖게 된다.

⑥ 조언하기

어떤 사람들은 지나치게 다른 사람의 문제를 본인이 해결해 주고자 한다. 당신이 말끝마다 조언하려고 가담하려고 하면 상대방은 제대로 말을 끝맺을 수 없다. 올바른 해결책을 찾고 모든 것을 제대로 고치려는 당신의 요구 때문에 마음을 털어놓고 이야기하고 싶은 상대방의 소박한 바람이 좌절되고 만다. 이야기를 들어주기만 해도 상대방은 스스로 자기 생각을 명료화하고 그 사이의 해결책이 저절로 떠오르게 된다.

⑦ 언쟁하기

단지 반대하고 논증하기 위해서만 상대방의 말에 귀를 기울이는 것이다. 상대방이 무슨 말을 하든 자신의 입장을 확고히 한 채 말한다. 언쟁은 문제가 있는 관계의 전형적인 의사소통 패턴이다. 이런 관계에서 상대방의 생각을 전혀 들을 생각이 없기 때문에 어떤 이야기를 해도 듣지 않게 되며 상대방이 무슨 주제를 꺼내든지 설명하는 것을 무시하고 상대방의 생각과 다른 자신의 생각을 장황하게 자기 논리대로 늘어놓는다. 지나치게 논쟁적인 사람은 상대방의 말을 경청할 수 없다.

⑧ **자존심 세우기**

자존심이 강한 사람은 자존심에 관한 것을 전부 막아 버리려 하기 때문에 자신의 부족한 점에 대한 상대방의 말을 들을 수 없게 된다. 당신은 자신이 잘못했다는 말을 받아들이지 않기 때문에 거짓말을 하고 고함을 지르고 주제를 바꾸고, 변명을 하게 된다.

⑨ **슬쩍 넘어가기**

대화가 너무 사적이거나 위협적이면 주제를 바꾸거나 농담으로 넘기려 한다. 문제를 회피하려 하거나 상대방의 부정적인 감정을 회피하기 위해 유머를 사용하거나 요점을 잘못 맞추게 되면 상대방의 진정한 고민을 놓치게 된다.

⑩ **비위 맞추기**

상대방을 위로하기 위해 혹은 비위을 맞추기 위해 너무 빨리 동의하는 것을 말한다. 그 의도는 좋지만 상대방이 걱정이나 불안을 말하자마자 "그래요 당신 말이 맞아.", "미안해, 앞으로는 안 할 거야."라고 말하면 지지하고 동의하는 데 너무 치중함으로써 상대방에게 자신의 생각이나 감정을 충분히 표현할 시간을 주지 못하게 된다.

(2) 경청과 소통의 올바른 자세

좋은 경청은 대화자와 상호작용하는 것이며 말한 내용에 관해 생각하며, 무엇을 말하는지 기대를 하게 된다. 그리고 대화자가 말을 잘하는 것 못지않게 중요한 것은 타인의 말을 잘 들어주는 것이다. 사업상 관계, 비즈니스 관계, 사람과 사람 간에 인간관계에서 진정한 소통을 위해서 말을 잘하는 것보다 더 중요한 것은 경청의 올바른 방법이다.

그럼 올바른 경청의 방법에 대해 살펴보도록 하자.

① 상대방의 이야기를 들을 땐 집중하기

사실 상대방의 이야기를 듣는 것은 생각보다 어려운 일이다.

예를 들면, 퇴근 후 집으로 들어온 남편은 아내의 이야기를 들어주는 것을 피곤해 하기도 하고 회피하기도 한다. 그러나 앞으론 이러한 일이 있어서는 안되는 것이다. 부부간의 신뢰를 잃게 되며 무시한다고 생각하기 때문에 모든 정성을 쏟아서 이야기를 집중하여 들어주고 대화를 나누면 곧 진정한 가정의 평화가 찾아올 것이다.

② 상대방에게 맞장구치기

상대가 말을 들으면서 짧은 맞장구를 치는 것만으로도 상대방은 기분이 좋아진다.

이왕이면 상대가 쓴 어휘를 그대로 사용하며 공감한다. "으~ 흥, 그래 맞아. 그러게." 등 맞장구를 치게 되면 상대방과 마음에 공감을 나눔으로서 상대방이 기분 좋게 자기의 진실된 깊은 마음을 끝까지 이야기하려고 한다.

③ 상대방에게 약간 몸을 기울이고 질문하기

사람은 누구나 재미있는 말을 하는 상대에게 몸을 기울이고 지루하고 흥미 없는 이야기를 하는 사람에게는 몸을 멀리 하며 또한 질문을 상대방에게 하는 것은 당신의 이야기를 잘 경청하고 있다는 사실을 잘 알려 주는 것이다.

④ 상대방의 대화 중 끼어들지 말고 침묵 유지하기

상대방이 대화에 자꾸 끼어들면 대화가 중단되고 침묵을 유지하게 되면 더 많은 이야기를 해 달라는 것 같으며 또한 상대방과 대화 사이사이에 나눈 대화 내용을 이해하고 스스로 생각을 정리하는 시간으로 침묵하는 것도 좋으며 대화의 시간에도 서로 마음속의 대화는 계속적으로 이어지고 있어야 한다.

⑤ 개방적이고 긍정적 사고하기

말머리에 습관적으로 "그러나", "하지만"이라고 말하는 사람이 있다.

배구의 토스를 생각해 보자. 상대가 받기 쉽도록 공을 보내야 좋은 공이 되돌아온다.

"그러나"와 "하지만"과 같이 부정적인 대화는 하지 않는 것이 좋다. 듣는 사람이 반론하기 시작하면 이야기를 제대로 진행하지 않으려고 한다.

때로는 상대방의 이야기에 공감하기가 힘들 때도 있겠지만 기본적으로 상대 의견을 존중하고 그 의도를 파악하고자 하는 긍정적인 자세가 필요하며 자기 의견과 주장을 성급히 말하려고 하면 상대방은 마음 소통의 문을 닫으려고 하며 이것은 올바른 경청의 자세에서 벗어난다.

⑥ 긍정적인 눈으로 대화자 눈을 마주치기

상대방을 향하여 약간의 상체를 기울이고 긍정적인 눈으로 대화자의 눈을 응시하며 편안한 자세를 취하는 것은 자신의 이야기를 들어주려고 하는 자세와 마음가짐이 되어 있기 때문에 마음을 열고 편안하게 대화를 하려고 한다.

⑦ 대화자가 말한 것을 재반복 하여 주기

대화자가 즐겨 쓰는 단어를 사용하여 재반복하여 준다는 것은 대화자의 대화를 잘 듣고 있다는 것을 증명하여 주는 좋은 방법이다. 예를 들면, "당신이 지적했듯이…"라는 말로 당신의 의견을 개진하는 것이다.

■ 사례 연구 1

초등학교 2학년 우리 아이는 밖에서 잘 넘어지고 다치고 싸우기도 한다. 그래서 자주 몸에 상처를 내고 들어왔고 그럴 때면 나는 화가 나고 아이에게 야단을 쳤다. '어디서 그랬느냐' '누구하고 싸웠느냐' '왜 그랬느냐'면서 아이를 추궁하였고 '앞으로 조심해라' '싸우지 말아라' 등으로 훈계를 하였다.
그런데 아이는 점점 밖에서 문제가 생기면 엄마한테 애기를 하지 않으려고 했고 때로는 적당히 거짓말을 하기도 했다.
어느 날 아이가 학교에서 돌아와 나와 얼굴을 마주치지 않으려고 피하는 듯하기에 아이의 얼굴을 보았더니 눈 밑에 퍼렇게 멍이 들어 왔다.
그래서 나는 공감적 경청방법으로 아이에 마음을 읽어주려고 아래와 같이 대화를 나누었다.
어머니: "눈 밑에 멍이 들었네? 많이 아팠겠구나."
아이는 의아한 듯 나를 쳐다보았다. 평소의 엄마 태도가 아니었으니까.
어머니: "엄마한테 혼날까 봐 걱정했구나."
아이는 완전히 안심한 듯 얼굴이 펴졌고 나는 그 다음 무슨 말을 해야 좋을지 몰랐다.
그런데 아이는 스스로 말을 하였다. 묻지도 않았는데 말을 한다는 사실이 신기했다.
아이: "엄마 왜 이렇게 되었는지 얘기할게요. 있잖아요. 운동장에서 체육을 하고 나서 수돗가에 빨리 가려고 막 달려가다가 수도꼭지에 쾅 부딪쳤어요."
어머니: "응, 그랬구나."
이렇게 공감적인 경청만 하여도 마음의 문이 열린다는 것이다.

(3) 경청과 소통의 핵심기술

① 듣는 것을 보여 주기 위해 신체적 언어를 사용하라.

당신은 소통하기 위해 말할 필요가 없으며 당신의 몸짓은 듣는 것에 큰 역할을 하고 신체적으로 당신의 관심을 보여 주는 것은 말하는 사람이 계속 이야기하고, 정신적 압력에서 벗어나 말하는 것을 좀 더 잘하게 해 주기도 한다.

신체적 언어에 대해 사전에 몇 가지 알아보자.

- 첫 번째, 말하는 사람과 공감하기 위해 얼굴 표정으로 피드백을 한다.
  (좋은 소식에 웃기, 걱정할 때 이마를 찡그리기 등)
- 두 번째, 때때로 고개를 끄덕여 준다.
  자기의 대화에 긍정적으로 생각하며 더욱 적극적으로 대화에 노력한다.
- 세 번째, 대화 중 자주 눈을 마주치는 것을 유지한다.
  대화자의 이야기에 관심을 갖고 경청의 자세로 있다는 표시를 하는 것이다.
- 네 번째, 팔짱은 끼지 않는다.
  자기 의사에 반하게 건방진 생각을 한다고 생각하며 부정의 의미의 자세로 생각하기 쉽다. 연구에 따르면 팔짱을 낄 때 35% 정도 정보에 덜 집중된다.

② **주제로부터 벗어나지 마라.**

상대자가 말하려고 하는 주제를 벗어나면 이야기하려고 하는 것에 관심도가 낮아진다. 상대방이 말하고 있는 기본적인 주제에 대하여 벗어나지 않도록 해야 한다.

③ **말하는 사람의 생각과 느낌을 바꾸어 말하라.**

사람들은 상대방이 긍정적으로 관심을 갖고 잘 경청하고 느끼는 걸 좋아한다.

듣는 것의 최고의 목표는 이해하는 것이므로 경청자의 입장에서 말을 하도록 노력하라.

④ **쉽게 판단하지 마라.**

만약 누군가 당신에게 스토리를 말하는데, 당신은 갑자기 생각하여 "음, 그건 정말 나쁜 결정이야" 이렇게 말하면 당신은 듣는 사람에서 관찰자로 바뀌게 된다.

말하는 사람이 옳은지, 틀린지를 결정하지 말고 끝까지 경청의 자세로 들어주며 대화 중에 당신의 판단을 쉽게 하지 말고 곧바로 결론으로 이르지 말라. 왜냐하면 일반적인 듣기의 실수로 이어질 수 있어 누군가의 의견을 소통하지 않으려 한다.

출처: 비지니스커뮤니케이션 경청의 핵심기술.

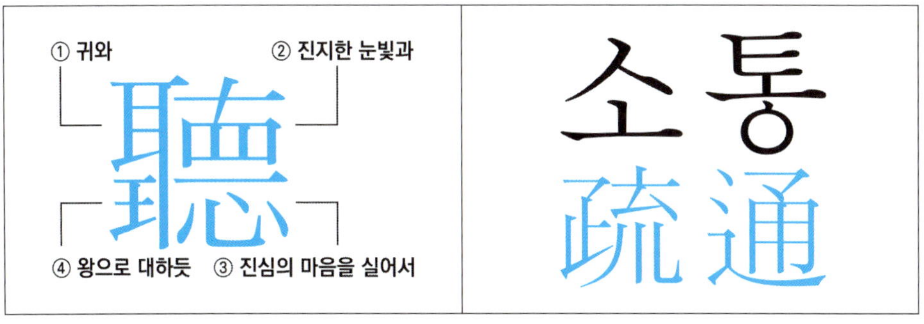

먼저 귀로 듣고, 눈으로 상대방을 보고, 대화 상대자의 마음을 인정한다는 느낌을 전달하기 위해서는 긍정적인 경청의 자세로 몸과 마음을 기울이고 그리고 귀를 기울임으로써 들은 이야기를 이해할 수 있을 것이며, 망설이는 상대의 속마음을 알아차려 적절히 응답함으로써 대화자는 마음의 방어벽을 낮추게 되고 대화자의 깊은 속내까지 마음을 읽을 수 있게 된다.

2. 경청과 소통의 훈련

1) 경청과 소통 훈련

인간관계에 있어서 부모, 자녀, 부부 간, 직장동료의 대화에서 무엇보다 중요한 소통 기술은 바로 긍정적인 마인드로 소통하려는 의지가 있어야 한다는 것이다.

그럼 성공적인 소통을 하기 위한 소통기술 방법에 대하여 알아보도록 하자.

(1) 성공적인 소통 방법

① 유머가 담긴 말하기

시작할 때 날씨 및 유머가 담기면 경직된 이야기도 부드럽게 넘어가는 경향이 있다.

그래서 경직되고 딱딱한 대화를 웃음을 주는 이야기로 시작을 하고 대화 속에 중간중간 유머로 대화하면 대화의 상대방이 훨씬 재미있고 관심을 갖고 듣게 된다.

② 경청과 반응하기

말하는 기술을 익히는 분들은 많이 있지만 경청과 반응을 잘 보려고 하는 사람은 그리 많지 않다. 그렇기 때문에 소통 기술에 있어 말을 잘하는 것도 도움이 되지만 경청을 잘만 해 줘도 상대방의 마음을 긍정적으로 이해하고 들어줄 수 있다. 또한 다른 사람이 대화를 나눌 때 들으면서 맞장구를 잘 하면서 반응을 보여 주는 것도 소통에 좋은 방법이 된다.

③ **대화자와 공감적인 대화하기**

대화자와 마음에 소통되는 공감된 이야기를 통해서 본인의 깊은 마음의 문을 열어 대화를 하려고 생각을 하게 된다. 대인관계에 있어 공감과 호감을 보이는 것은 상대방에게 먼저 가까이 다가설 수 있는 것으로 상당히 중요하다.

2) 경청과 소통의 장애요인과 기술

경청과 진정한 공감이 바탕이 되어 상대의 입장에서 내가 아닌 상대가 되어 역지사지의 관점에서 보는 것이다. 그리고 불필요한 오해와 편견, 왜곡된 사고를 야기시키는 의사소통의 장애요인만 제거되어도 소통이 원활하다.

(1) 경청과 소통의 장애요인

① **잘 듣지 않는 태도**

대부분의 사람들은 자신의 의도를 전달하려는 욕심 때문에 상대의 말을 잘 듣지 않고 말하려고만 하는 경향이 많이 있다.

② **문제에 진정으로 반응하지 않는 태도**

대부분의 사람들은 세 가지의 의사소통 유형을 나타낸다. 즉, 자기 입장에서의 불평, 자기 입장에서의 제안, 상대의 말을 건성으로 듣거나 무시하기 등이다. 이러한 일방적인 의사소통의 장애요인이 되면 대화 방법은 진정한 문제해결의 자세가 아니다.

③ **비판을 일삼는 태도**

잘 듣거나 이해하려고 하지 않고 상대의 약점을 들추어 내고 상대의 힘을 억누르려 하며 불공평하게 비난하고 부정적으로 상대의 자존심에 상처를 주는 태도는 진정성 있는 대화를 방해하는 것이다.

④ 남의 탓으로 하는 태도

자기 잘못을 감추어 타인에게 잘못을 전가하기 위해 남의 탓으로 하는 태도이다. 비즈니스 관계자, 부하직원, 협력업체, 친구 등을 희생양으로 만들며 자기 자신의 문제점으로부터 도피하려고 하기 때문이다.

⑤ 위협하고 경멸하는 태도

자신의 관점을 관철시키기 위하여 강제적인 수단을 동원하거나 여러 가지 모욕적인 의사소통 방법(창피 주고 놀리고 비웃고 눈을 부릅뜨고 코 웃음치기 등)을 동원하는 것은 감정적인 손상을 주게 한다.

⑥ 침묵으로 일관하는 태도

상대방에게 이야기하지 않는 태도는 화가나 적대감을 표현할 때 흔히 쓰이는 방법이다. 이러한 태도는 문제에 대해 의논하기 어려운 상황을 만들어 주거나 결국에는 상대방에게 의욕상실과 싫증이 나도록 할 우려가 있다.

(2) 경청과 소통의 기술

- 상대방의 이야기를 묵살하지 않고 경청하여야 한다.
- '나'를 주어로 표현하여야 한다.
- 신체적 언어를 활용하여야 한다.
- 제삼자를 빗대어 말하지 말고 상대방에게 원하는 바를 정확히 전달해야 한다.
- 메시지가 정확히 전달되었는지 확인하고 상대방의 신호를 되받아 주어야 한다.
- 피상적이고 관습적인 혹은 모호한 단어를 의도적으로 사용하지 않아야 한다.
- "문제", "왜", "만일" 등의 부정적인 언어를 사용하지 않아야 한다.
- 감정을 섞지 말고 정보전달을 하거나 질문하는 것이 좋다.
- 선택의 기회를 주어야 한다.
- 자존감을 세워 주도록 해야 한다.
- 칭찬과 감사의 표현을 자주 사용하여야 한다.

- 지나간 일들을 들추어 내어 함께 비판하지 않아야 한다.
- 상대방을 배려해 주는 것이 필요하다.
- 상대방의 상태를 점검해 주어야 한다.
- 시간과 장소를 적절히 선택하여야 한다.
- 무엇에 관해 대화를 나누고 있는지 스스로 분석하여야 한다.

3) 경청과 소통의 집중도 향상

다양한 형태의 소통 시대의 청중의 집중도를 향상하기 위한 방법에 대하여 알아보자.

① 간결한 메시지

직접 만나 짧은 시간 안에 대화가 마무리된다. 따라서 핵심만 정확히 표현하는 것이 중요하다. 사람들은 지적 수준이나 성과에 관심을 두지 않으며 중요한 것은 말하고자 하는 강렬한 메시지다. 임팩트 있는 하나의 메시지로 청중들이 스스로 나머지 내용을 탐색하게 하는 것이 더욱 효과적이다.

② 쉬운 어휘와 표현

뛰어나게 말하는 사람은 어려운 개념도 쉽게 설명한다. 영상을 보는 시청자의 지적 수준과 환경에 따라 집중도는 저마다 달라지게 마련이다. 쉽고 가볍게 편해야 누구에게든 원하는 메시지를 정확히 전달할 수 있다.

③ 통계자료의 활용

수치를 예로 들어 설명하는 편이 더 효과적이다. 듣는 자와 숫자의 의미를 분명히 이해하고 거기서 강한 인상을 받으면 나머지 정보는 스스로 찾게 될 것이다.

④ 짜임새 있는 구조

1단계, 전체 주제를 헤드라인 형태로 제시한다.

2단계, 헤드라인을 지지하는 세계의 핵심 메시지를 담는다.

3단계, 메시지 각각에 근거, 사례, 통계자료를 더해 내용을 확장시킨다.

4단계, 결론 부분에서 개인적인 일화, 느낌 등을 언급하여 감정에 호소한다.

⑤ 스토리텔링

어떠한 방면이든 구체적이고 생생한 이야기가 뒷받침되어야 청중의 자발적인 집중을 끌어낼 수 있다

⑥ 적절한 속도감

효과적인 스피치 방법은 완급을 조절하는 것이다. 천천히 강, 약을 강조하며 설명하다가 긴장감 있게 빨리하고 천천히 하는 완급의 속도 조절에 따라 듣는 사람은 긴장감으로 집중도가 높아진다.

■ 사례 연구 2

어느 부부의 대화이다. 남편이 아내가 말할 때 신문이나 TV를 보며 건성으로 듣는다. 한술 더 떠 "아, 좀 조용히 해봐"하며 말을 가로막기까지 한다. 이런 현상이 유독 남자에게 심한 이유는 남자들은 한 번에 한 가지 감각만을 받아드리려고 하며, 경청은 남자들만의 전유물이 아니다. 남녀를 불문하고 혼자서 열심히 떠들다가는 "내가 어디까지 얘기했더라"하는 사람들이 적지 않다.
때로는 상대방이 열정적으로 이야기를 하는데 소극적 경청으로 건성으로 "응~~ 그래" 듣는 시늉만 낼 뿐 관심을 기울이지 않고 있을 때가 있다. 상대방의 말에 적극적으로 주의를 기울이고, 공감으로 "저런, 그래서 어떻게 됐나요?", "그래, 그래, 그렇지, 옳아" 등 추임새를 넣으며 적극적 자세로 경청을 해야 한다.
아내가 부부 동반 모임에 파란 옷을 입을까, 빨간 옷을 입을까 망설이다가 남편에게 묻는다. 비 관심 경청은 "바빠 죽겠는데, 쓸데없이 그런 걸 왜 물어?"라고 할 것이다. 소극적인 경청은 "둘 다 좋네!"하고 만다. 적극적 경청은 "당신은 빨간 옷을 입는 게 정열적이고 더 좋아"라고 하며, 대화에 같은 맥락으로

경청을 하는 남편은 어떻게 말할까? "당신, 오랜만에 나가는 모임이라서~~" 같은 대화의 맥락으로 관심을 갖고 말하는 사람이 그 말을 어떤 맥락에서 이야기한 것인지, 그 말을 하게 된 의도와 감정, 배경까지 파악하면서 듣는 것을 말한다. "내 생각에는 모임의 분위기도 그렇게 젊게 보이려면 새로 산 빨간 옷이 잘 어울릴 것 같아." 이것이 진정성 있는 경청과 소통의 대화가 될 수 있다.

https://blog.naver.com/xcon63/222072397540

3. 경청과 소통 능력(비대면 방식)

(미리보기)

감성과 소통으로 소비자들에게 접근하는 CEO들

이제는 오너가 직접 영상을 찍는 경우가 흔하다. 워크숍처럼 직접 만날 수는 없지만 영상 속 리더의 열정적인 모습은 구성원들에게 감동을 전한다. 언택트 커뮤니케이션의 핵심으로 젊은 세대에서 배울 수 있다고 최근 인기를 끌고 있는 유튜브 방식과 유사 유튜브 영상을 보면, 10분 안쪽의 시간 동안 다양한 재미 요소를 배치하여 사람들의 시선을 끈다. 유튜브에 수입 정책이 바뀌어서 이제는 구독자 수보다 중간에 끊지 않고 얼마나 시청을 지속하는지가 더 중요하다. 유튜브들이 온갖 아이디어를 동원하여 사람들을 잡아 두고자 노력하는 것이 그 때문이다.

(여명, 장수 돌침대, 천호식품)

1) 온라인 영상 소통의 문제점 및 올바른 소통

(1) 온라인 영상 소통의 문제점

① 우선 생동감이 감소

현장의 분위기나 청중의 표정 및 정도를 파악하기 어렵고 전달도 잘 되지 않는다. 만약 진행자가 제대로 역할을 하지 못하면 양방향 소통이 아니라 일방적 지식 전달이 될 우려가 있다. 여기서 말한 내용도 중요하지만 표정, 몸짓, 분위기, 목소리 강약도 큰 영향을 미친다.

② 청중과 소통이 기술적 부재

기술적인 문제로 말이 중간에 끊기거나, 두 명 이상의 참여자가 동시에 말을 해서 소리가 겹치는 등 혼선이 발생되어, 진행자가 여유를 가지고 수업 반응을 잘 살피지 않으면 일부 참가자는 언제든지 방관자가 될 수 있다.

③ 청중이 소극적으로 변화

영상 속에 말하기는 부담이 되기도 한다. 메인 화면에 말하는 사람의 얼굴이 크게 비치면서 모든 시선이 집중되고 때문이다. 많은 문제가 동시다발로 일어나는 바람에 예정시간보다 어수선한 분위기 속에서 시작될 수 있다. 주제는 좋았지만 진행이 미숙하다 보면 방관자 분위기로 돌아설 가능성이 크다.

④ 집중도 감소

영상 속에서 상대를 계속 관찰할 수 있고 참여자는 영상과 오디오를 끌 수 있어서 언제든지 방관자로 돌아설 수 있다. 전체 진행은 당연히 쌍방향으로 활발히 하더라도 마무리 지점에서 흘러가는 영상만으로 집중하기 힘들기 때문에 텍스트 중심으로 요약하고 오늘의 논의 내용이나 전달사항과 중요사항은 다시 정리해 줄 필요가 있다.

2) 비대면 온라인 영상에서 올바른 소통

(1) 방송처럼 큐시트를 작성

회의의 전체 흐름에 구조를 잡으라.

(2) 진행 방식을 안내

어떤 방식으로 온라인 회의가 이루어지는지 사전에 자세히 안내하고 참여자들이 흐름을 예측할 수 있게끔 하며, 중간 중간에 그동안의 논의를 정리하고 향후 어떻게 할 것인지 안내한다.

(3) 시간을 조율

원격 진행의 경우 45분 진행 후 15분 이상 휴식을 보장하라. 50분 진행 10분 휴식보다 더 효과적이다. 프리젠테이션 일방적 수치는 15분이 넘지 않도록 하는 것이 좋다.

(4) 상호작용

적절히 질문하고 또 참여자의 질문을 적극 수용하고 참여자의 반응을 꾸준히 살피며 온라인 소회의실 등을 통해 토의와 토론을 적극 시도하라.

(5) 실재감

참여자의 비디오는 항상 'ON' 상태로 설정하고 상황에 따라 오디오는 'OFF' 모드로 조율한다. 특히 인원수가 많은 경우 일단은 오디오를 끄고 발언할 사람만 해제한다.

그룹 토의자료, 공유 동영상, 채팅창 등을 활용하며 원격 회의 시 화면의 크기를 고려할 때 인원은 25명 이내가 적정하다.

소통에는 암묵적으로 공유하는 맥락이 있다. 대화는 이를 전제로 진행되며 언택트 시대에는 이렇게 맥락으로 분위기를 파악해야 하는 사람이 훨씬 더 많아질 것이다. 영상 속에서 만나 한정된 정보로 많이 보고 공유하여도 마스크를 쓴 채 짧은 대화를 나누는 만남에는 한계가 있다.

결론적으로 진심으로 긍정적인 마인드로 공감하고 이해하는 태도로 상대의 말을 듣는 것은 서로가 소통하는 데 가장 효과적인 방법이다. 또한 상대에게 해 줄 수 있는 가장 큰 칭찬은 그냥 상대의 말을 잘 경청하는 것이다. 인내심 있게 끝까지 상대의 말을 들어주는 것은 "당신은 들을 만한 가치가 있는 말을 한다."고 이야기하는 것과 같기 때문이며 상대의 자존감을 크게 높여 주는 것이 소통을 위한 최고의 방법이다.

경청에 관련된 명언

다른 사람의 이야기를 진지하게 들어주는 경청의 태도는 우리가 다름 사람에게 나타내 보일 수 있는 최고의 찬사 가운데 하나다. - 카네기 -

상대를 설득할 수 있는 최선의 방법은 그의 주장에 귀를 기울이는 것이다. - 딘 러스트 -

최고의 대화술은 듣는 것이다. - 스테판 M . 폴란 -

경청은 본능이 아니라 학습이다. 대중에게 다가서는 지름길은 그들에게 혀를 내미는 것이 아니라 귀를 내미는 것이다. 내가 상대방에게 어떤 달콤한 말을 한다 해도, 상대방 입장에서는 자기가 말하고 싶어 하는 얘기의 절반만큼도 흥미롭지 않은 법이다. - 도로시 딕스 -

듣기도 전에 대답부터 하는 자는 스스로 어리석고 수치스러운 사람이 된다. - 솔로몬 -

배운 게 없다고 탓하지 말라. 나는 내 이름도 쓸 줄 몰랐으나 남의 말에 귀를 기울이며 현명해지는 법을 배웠다. - 징기스칸 -

입을 열기 전에 먼저 귀를 열어라. 말하기에 앞서 먼저 들어라. 성숙한 인간의 첫째 자격은 남의 이야기를 겸손한 마음으로 열심히 경청하는 것이다. 경청은 지혜의 원천이요, 총명의 어머니다. - 안병욱(1989) -

09

질문과 의사소통

[학습목표]

1. 질문과 피드백에 대해 설명할 수 있다.
2. 효과적인 질문의 중요성을 알고, 피드백의 유형을 설명할 수 있다.
3. 사회생활에 필요한 질문기법과 피드백 활용으로 원만한 의사소통을 할 수 있다.

[미리 보기]

사람들은 살아가면서 많은 질문과 답변을 하면서 살아간다. 하지만 의사소통의 방법에는 질문과 답변만 있는 것이 아니다. 일방적 진술이 있다. 대부분의 사람들은 질문과 답변의 의사소통보다는 자신의 목적을 위한 일방적 진술과 지시를 하는 경우가 많다. 하지만 세상의 모든 일이 혼자서는 이루어지지 않는 것처럼 인간관계의 시작인 대화의 단계에 있어서도 상호작용이 있어야 한다. 상호작용은 서로 피드백을 주고받는 것이다. 피드백의 과정 속에서 우리는 서로 도움을 주고 도움을 받을 수 있는 방법들과 서로가 소통하고 있다는 공동체의식을 느낄 수 있게 된다.

또한 질문은 그 사람의 수준과 실력을 드러낸다. 어떤 주제에 대해 잘 알지 못하면 핵심을 찌르는 질문을 할 수 없다. 질문을 잘하는 사람은 쓸데없는 질문을 하지 않고 중요한 포인트에만 집중한다. 질문을 들어 보면 그 사람이 상황이나 맥락을 얼마나 이해하고 있는지 바로 알 수 있다. 특히, 직장에서의 피드백은 특정인의 행동에 대해 상대방이 어떻게 생각하고 있으며 조직에 어떤 영향을 주고 있는지에 대한 정보를 본인에게 알려 주는 중요한 소통 수단이다.

09 질문과 의사소통

1. 질문과 피드백의 의미와 중요성

1) 질문과 피드백의 의미

질문(質問, a question, an inquiry, a quiz)에 대한 사전적인 의미는 "1.모르거나 의심나는 점을 물어 대답을 구함, 2.물어 대답을 구하다"이다. 질문(質問) 또는 물음은 정보를 요청하는 데 쓰이는 언어학적 표현이거나, 그러한 표현을 스스로 하는 요청을 가리킨다. 이러한 정보는 답변과 함께 제공될 수 있다.

질문은 '듣기' 이후에 상대방과의 대화를 깊이 있게 만들기 위한 적극적 행동이다. 집중해서 듣는 자세뿐만 아니라, 상황에 적합한 질문을 할 줄 알아야 원활한 의사소통이 가능하다. 일반적으로 질문은 '언제(when)', '어디서(where)', '누가(who)', '무엇을(what)', '왜(why)', '어떻게(how)'의 육하원칙에 따라 하게 된다. 중요한 것은 어떤 내용의 질문을 어떤 상황에서 얼마만큼 정확하게 하는가이다. 질문의 유형과 내용에 따라서 상대의 대답이 달라지기 때문에, 질문을 하기 전에 질문의 유형과 내용에 대해 생각하고 준비할 필요가 있다. 너무 많은 질문, 대답이 곤란한 질문, 의미 없는 질문 등은 질문으로서 가치가 없다. 사람 간의 대화는 논리보다 감성이 우선되어야 한다. 마음의 문이 열려야 원활한 의사소통이 가능하다.

피드백(feedback)의 사전적인 의미는 "어떤 행위의 결과가 최초의 목적에 부합되는 것인가를 확인하고 그 정보를 행위의 원천이 되는 것에 되돌려 보내어 적절한 상태가 되도록 수정을 가하는 일"로 정의되어 있다.

다시 말해, 피드백은 관찰된 행동이나 목표 대비 성과에 대하여 객관적 평가와 의미 있는 메시지를 전달하는 것이다. 피드백은 어떤 사람의 행위, 생각, 진술 등에 대해 의견을 제시하는 것이기도 하다. 피드백은 의사소통과정에서 서로의 생각과 정보가 분명하게 전달되었는지를 확인해 주는 역할을 한다. 피드백을 제공할 때 상대방의 반응이 어떨지를 고려해 보는 것이 필요하며, 만약에 긴장감이 조성되면 다음 기회에 이러한 문제를 다룰 시간적 여유가 있는지를 고려해 볼 필요가 있다.

의사소통에 있어서 상대방의 느낌과 욕구를 이해하려는 본인의 진실한 노력이 필요하다. 본질에 대한 질문을 통해 상대방의 욕구를 인식할 필요가 있다. 상대의 마음을 관찰하고, 느끼기 위해 효과적인 질문을 사용하고, 피드백을 적절히 활용한다면 더욱 깊이 있는 의사소통을 할 수 있다.

2) 질문과 피드백의 중요성

(1) 질문의 중요성

우리는 일상생활이나 업무를 수행하면서 어떤 문제에 직면했을 때 많은 질문을 하게 된다. 하지만 질문을 올바르게 하는 것이 얼마나 중요한가에 대해서는 곧잘 무시하곤 한다.

우리가 앞으로 직장 생활을 하면서 대부분의 경우, 경영전략은 어떠한 문제점의 인식에서부터 출발하고 이러한 문제점의 원인 분석에서 출발한다. 그런데, 문제점의 원인 분석을 어떻게 효과적으로 수행할 수 있을까? 그것은 올바른 질문을 통해서 가능하다. 즉, 올바른 질문을 통해서 핵심적인 문제의 이슈를 찾아내는 것이다. 어떤 문제에 대해 잘못된 질문을 해서 잘못된 원인 분석이 이루어진다면, 결국에는 잘못된 처방, 잘못된 전략이 수립될 수밖에 없다. 따라서, 문제의 핵심 이슈 파악을 위한 올바른 질문의 중요성은 아무리 강조해도 지나치지 않는다.

이러한 올바른 질문의 중요성을 오마에 겐이치(Ohmae Kenichi)의 저서 『Mind of the Strategist』에서 인용한 다음의 질문의 예를 들어, 설명해 보자.

만약 어떤 한 회사가 '시간 외 근무로 인해 높은 비용'이 발생하고 있는 문제점에 처해 있다고 하자.

그렇다면 이 문제에 대한 핵심 이슈 파악을 위한 올바른 질문은 무엇일까?

대부분의 경우에는 이렇게 질문할 것이다. '어떻게 하면 우리는 초과 근무시간을 줄일 수 있을까?'

그런데, 우리는 다음의 질문도 고려해 보아야 한다.

'우리는 충분한 인력을 가지고 있는가?' 또는

'우리의 인력들은 정해진 시간에 근무를 수행할 수 있는 필요한 기술들을 가지고 있는가?'

이처럼, 하나의 문제에 대해 3가지 질문이 있고 이러한 질문에 대한 답변이 다르면 당연히 문제의 원인에 대한 파악이 다르고 결국은 다른 해결책을 내놓게 되는 것이다.

여기서 중요한 것은 원인에 대한 핵심 이슈 파악을 위해서는 질문의 순서가 세 번째에서 두 번째, 첫 번째의 차례로 올라가야 한다는 것이다. 즉, 인력이 필요한 기술이 부족해서 오버타임(overtime, 초과근무)을 한 것이라면 이러한 기술의 교육과 습득을 통해 초과근무를 줄일 수 있는 것이고 추가인력의 고용은 필요 없게 되는 것이다. 그리고 만약 필요한 기술들을 보유하고 있다면 그때는 인력이 충분한지 고려해 볼 수 있는 것이다.

요컨대, 잘못된 질문을 통한 잘못된 이슈파악은 문제의 해결이 아닌 문제의 복잡도를 가속화시키며, 또한 어떠한 질문들이 똑같이 중요하거나 똑같은 순서를 갖는 것은 아니고 핵심 이슈를 파악하기 위해서는 질문도 체계적이고 단계적으로 이루어져야 한다.

(2) 피드백의 중요성

피드백 주고받기가 제대로 이루어지면 자신의 행동을 되짚어 보고 개선하도록 촉진하며, 성과달성을 용이하게 해 준다. 피드백은 과거 행동이나 성과에 대한 평가, 질책의 의미보다 향후의 성장과 발전을 위한 미래지향적 활동이다. 즉, 피드백은 바람직한 행동이나 성공적 성과를 유지 강화하거나 잘못된 행동, 또는 기대에 미치지 못하는 성과를 개선하는 데 도움이 된다.

제임스 M.쿠제스(James Kouzes)는 『Encouraging the Heart(격려의 힘)』에서 격려 자체가 피드백이라고 이야기하고 있다. "격려, 그것은 피드백의 한 형태라 할 수도 있다. 긍정적인 정보는 우리가 진보하고 있다고, 옳은 길을 가고 있다고, 목표 기준에 맞게 살고 있다"고 말해 준다. 그러나 격려의 장점은 다른 형태의 피드백보다 더 사적이라는 것이다.

격려를 하려면 그 사람과 가까워져야 하고, 내가 그 사람에게 마음을 쓰고 있다는 것을 보여 줘야 하며, 다른 사람들에게도 관심이 있다는 것을 증명해 보여야 한다. 격려는 더 사적이고 긍정적이기 때문에, 다른 형태의 피드백으로는 얻을 수 없는 것도 성취할 가능성이 크다.

격려는 조직 내에서 비범한 일이 수행되도록 하기 위해 절대적으로 중요한 관계인 리더와 구성원들 간의 신뢰를 강화한다. 이 밖에도 마음을 격려하면 탁월한 성과를 올리는 데 필수적인 어떤 것을 얻을 수 있다. 격려는 사람의 마음에, 깊이 감춰진 가치 기준과 신념에, 물질적인 것을 넘어선 어떤 것에 말을 거는 일이며, 일터에 의미를 부여하는 것이다.

따라서 피드백은 우리의 행동을 반성하고 개선하도록 촉진하며, 조직 내에서 성과달성을 용이하게 해 주며, 직장에 근무하는 의미와 보람을 느끼게 하기 때문에 중요하다.

2. 질문의 유형과 유의점

1) 질문의 유형

(1) 개방형 질문과 폐쇄형 질문

개방형 질문은 상대방에게 선택의 자유를 주고 자신의 생각이나 감정을 자유롭게 표현할 수 있도록 한다. 나아가, 상대방은 자신이 원하는 속도나 시간에 맞춰 답을 할 수 있으며, 특정 문제나 염려에 대해 응답을 할 것인지 아닌지에 대한 선택의 자유도 있다. 따라서 개방형 질문은 상대방이 하고 싶은 말을 자율적으로 충분히 하게 함으로써 많은 정보를 수집할 수 있는 장점이 있다. 반면에 상대방이 막연한 정보를 제공할 경우, 초점을 좁혀 가는 방법을 적절히 사용하면 상대방의 상황 파악을 보다 명확히 해 나갈 수 있다. 개방형 질문은 자신의 생각이나 감정을 언어로 표현하는 데 익숙하지 않은 사람에게는 오히려 위협이 되거나 불안감을 야기할 수 있으므로 주의를 요한다.

폐쇄형 질문은 '예, 아니오'로 답할 수 있거나 혹은 이름, 주소, 연령 등과 같은 아주 간략한 답을 할 수 있는 질문이다. 이 질문기법은 시간이 제약된 상황에서 사실이나 자세한 정보를 얻고자 할 때 그리고 위기적인 상황에서 신속하게 정보를 얻고자 할 때 활용하는 것이 유용하다. 폐쇄형 질문의 약점은 질문에 대해서 상대방이 매우 제한된 범위 내에서 응답한다는 점이다. 이러한 형태의 질문은 형사나 검사가 범인을 취조하는 것과 같은 딱딱한 인상을 주게 되어 상대방이 마치 심문당하는 느낌을 갖게 하므로 조심해서 사용해야 한다.

질문은 가능한 개방형 질문, 즉 '왜 그렇게 생각하는가?'에 대해 당신의 의견은 '무엇인가?' 등과 같이 상대방의 생각과 의견을 구하는 질문을 하고, '예나 아니오'와 같이 상대의 선택을 요구하는 폐쇄형 질문은 가능한 피하도록 한다.

(2) 과거형 질문과 미래형 질문

과거형 질문은 과거의 상황이나 사건을 묻는 질문으로, 과거형 질문을 하면 사람들은 대부분 변명을 하거나 핑계를 대고, 문제의 원인이 자신이 아닌 상대에게 있다고 대답하는 경향이 있다. 그리고 무언가 해결책을 제시하기보다는 먼저 감정적 반응을 하게 된다.

미래형 질문은 미래의 상황이나 사건에 대해서 질문하는 것으로, 미래형 질문을 하게 되면 사람들은 무언가 해결책을 제시하려 하고, 그것을 위해 자신이 무엇을 해야 할지에 대해 이야기하게 된다.

과거형 질문보다는 미래형 질문을 하는 것이 문제해결에 도움이 되므로 가능한 미래형 질문을 사용하는 것이 좋다.

(3) 부정형 질문과 긍정형 질문

부정형 질문은 동일한 상황이나 사건에 대해 부정적으로 질문하는 것으로, 부정형 질문을 하면 과거형 질문과 같이 사람들은 대부분 문제의 원인이 자신이 아닌 상대에게 있다고 대답하는 경향이 있다. 그리고 무언가 해결책을 제시하기보다는 무조건 '안 된다'는 식의 부정적 답변을 하게 된다. 긍정형 질문은 동일한 상황이나 사건에 대해 긍정적으로 질문하는 것으로, 긍정형 질문을 하게 되면 미래형 질문과 같이 사람들은 무언가 해결책을 제시하려 하고, 그것을 위해 자기 자신이 무엇을 해야 할지에 대해 이야기하게 된다. 그리고 상대의 장점에 대해서도 생각하고 상호 협력할 수 있는 긍정적 방안을 모색하는 데 도움이 된다. 부정형 질문보다는 긍정형 질문을 하는 것이 문제해결과 소통을 위해서 좋다(김종두 외, 2018;178).

2) 질문 시 주의 점

질문 시 주의할 점은 여러 가지가 있는데, 이에는 폐쇄형 질문의 사용, 유도질문의 사용, '왜' 질문의 사용, 이중 혹은 중첩질문의 사용, 모호한 질문의 사용 등이 있다.(엄명용 외, 2012;87).

첫째, 폐쇄형 질문의 경우 집중해서 질문하고 답해야 하기 때문에 쉽게 지치고, 문제를 다양하게 탐색해 볼 기회가 줄어들 수 있다. 폐쇄형 질문의 커다란 약점은 질문에 대해서 상대방이 매우 제한된 범위 내에서 응답한다는 점이다. 즉, 단답형, 심문형의 질문과 함께 대화과정이 상대방에게 상당히 위협적일 가능성이 있는 점과 딱딱하고 답답한 진행으로 인해 대화가 지루해질 가능성이 높기 때문에 주의를 요한다.

둘째, 유도질문은 일정 방향으로의 응답을 유도하기 위해 질문하는 것을 말한다. 따라서 질문자는 자신이 원하는 대답을 상대방이 할 수 있도록 질문을 구성하게 된다. 유도질문은 주어진 상황하에서 대화상대방이 가졌던 감정이나 생각을 솔직히 드러내도록 돕기보다는 방어적인 입장에서 또는 질문자의 비위를 맞추기 위해 솔직하지 않은 답을 하도록 압박을 가할 수 있다. 따라서 유도질문은 상당히 위협적이며 모욕적일 수 있으므로 회피하여야 한다.

셋째, '왜'라는 질문은 상대방에게 추궁받는 느낌을 갖게 하므로 피해야 할 필요가 있으며, 같은 질문이라 하더라도 목소리, 질문시기, 질문하는 단어의 선택 및 배치에 따라 다른 의미를 전달할 수 있으므로 주의를 요한다. '왜'라는 질문보다는 '어떻게', '무엇' 질문을 사용하면 광범위한 주제를 자유롭게 선택할 수 있는 기회를 제공하기 때문에 유용할 뿐만 아니라 과거, 특히 문제를 지금까지 끌고 온 요인이나 타인에 대한 과거를 탐색할 수 있기 때문에 유용하다.

넷째, 이중 혹은 중첩질문을 삼가야 한다. 중첩질문은 한 질문 문장 속에 여러 가지 내용의 질문이 섞여 있는 것을 말하는데, 한 가지씩 분리해서 하나하나 질문하는 것이 바람직하다.

다섯째, 모호한 질문은 대명사를 많이 사용하거나 혹은 상황에서 벗어난 질문을 할 때 많이 발생한다. 모호한 질문은 특히 대인관계가 복잡한 상황에서 누가 누구와 어떤 관계 속에서 문제가 발생하였는지 파악할 때 많이 발생한다. 따라서 이러한 문제를 피하기 위해서 질문은 구체적일수록 좋다. 예를 들어, "당신에 대해서 말씀해 주세요."라고 하는 것보다는 "당신의 장단점에 대해서 말씀해 주세요."라고 하는 표현이 보다 구체적이다.

생각해 보기

中 정부, "한국 음식인 김치" 질문에 '모르쇠'

중국 정부가 양국 사이의 김치 논란에 '모르쇠'로 대응했다. 대신 양국의 우호를 강조했다. 민감한 사안에 어떤 형태로든 확정적인 답변을 하는 것은 논란을 가중시키거나 한국을 자극할 수 있다는 판단을 한 것으로 보인다.

주요 외신에 따르면 화춘잉 중국 외교부 대변인은 전날 오후 정례 브리핑에서 한중 언론이 한국 음식인 김치의 기원을 놓고 논쟁을 벌이고 있는데 어떻게 생각하느냐는 질문에 "이 방면에 논쟁이 있었느냐. 나는 잘 모르겠다"고 대답을 회피했다. 그러면서 "나는 한중 간에 협력과 공유할 것이 더 많다고 생각한다"며 우호 관계로 대신했다.

주요 외신은 질문에서 파오차이(泡菜)가 아니라 '한국 음식인 김치'라고 분명히 했다. 화 대변인 입장에선 이미 중국 관영 매체가 파오차이와 김치를 동일시하며 국제표준이라고 보도했기 때문에 김치나 파오차이 어느 한쪽을 언급하는 것 자체가 논란을 가중시킬 수 있다고 판단했을 가능성이 있다.

출처: 파이낸셜뉴스(2020.12.02.).

① 중국이 김치 종주국인 우리나라를 자극하는 김치의 기원이 중국이라는 중국 언론의 기사에 대한 질문에 중국정부는 모르쇠로 일관했다. 이에 대한 여러분의 생각은 어떠한지요?

3. 피드백의 유형과 요령

1) 피드백의 유형

피드백은 크게 강화, 조언, 침묵 그리고 비난의 네 가지 유형으로 나누어 볼 수 있다.

(1) 강화 피드백

강화 피드백은 적극적 피드백으로 바람직한 행동이나 결과에 대해 이야기하여 지지, 격려한다. 강화 피드백이 주어지면 상대방의 자신감을 높이고 동기를 강화시켜 성과가 향상된다. 예를 들어, "신제품을 개발하는 데 박 팀장의 새로운 아이디어가 많은 도움이 되었네. 그동안 제품 출시하느라고 수고 많았어요."가 강화 피드백에 해당한다.

(2) 조언 피드백

조언 피드백은 기대에 미치지 못하는 행동이나 결과에 대해 이를 개선, 보완하기 위한 방법을 권유하거나 제시한다. 조언 피드백이 주어지면 행동을 교정하고 성과를 향상시킬 수 있다. 예를 들어, "이번 자료를 보니 외부 시장 분석은 잘 되어 있는데, 우리 제품의 장단점 분석이 빠져 있어요. 발표 시에는 우리 제품의 장단점도 포함시키고 SWOT 분석 형식으로 하면 더 좋을 듯합니다."가 조언 피드백에 해당한다.

(3) 침묵 피드백

침묵 피드백은 관찰된 행동이나 목표 대비 성과에 대하여 아무런 반응을 하지 않는 것이다. 이 경우 상대방으로 하여금 자신감을 떨어뜨리고 불안감을 초래하게 한다.

(4) 비난 피드백

비난 피드백은 기대에 미치지 못하는 행동이나 결과에 대해 규명하고 지적하고 질책하는 방식으로 제공된다. 비난 피드백이 주어지면 변명이나 핑계, 저항을 가져올 가능성이 많다. 경우에 따라서는 행동이나 성과를 왜곡하게 되고, 상황을 회피하거나 관계를 악화시키게 된다. 예를 들어, "도대체 일처리를 어떻게 했길래 이 모양인가? 당신이라면 이 결과를 납득할 수 있겠어?"가 비난 피드백에 해당한다.

일반적으로 강화가 가장 효과적인 피드백 형태이다. 비난은 가장 비효과적인 피드백으로 다른 모든 피드백을 무의미하게 만들기도 한다. 같은 내용이라도 비난이 아닌 조언으로 피드백을 제공할 수 있다(김종두 외, 2018; 182-183).

▌자기진단 1.

[자기진단]

평상시 자신의 행동에 대해 다음의 평가 기준에 따라 체크하시오. 당신이 체크한 점수의 합계를 구한 후 평가 가이드라인에 따라 자신의 피드백 스킬 수준을 객관적으로 평가한 후, 자신의 장·단점과 피드백 개발 포인트에 대해 분석하고 그 결과를 다른 사람과 비교해 보시오.

[평가 기준]

1. 거의하지 않는다 2. 잘하지 않는다 3. 가끔한다 4. 자주한다 5. 수시로 한다.

문항	응답				
1. 상대방의 행동을 바람직한 방향으로 변화시키고자 하는 좋은 뜻에서 피드백을 제공한다.	1	2	3	4	5
2. 상대방의 성과 달성을 도와주기 위한 좋은 뜻에서 피드백을 제공한다.	1	2	3	4	5
3. 특정 행동이 관찰되거나 성과 이슈가 발생했을 때마다 수시로 피드백을 한다.	1	2	3	4	5
4. 상대방을 충분히 칭찬하고 인정해 준다.	1	2	3	4	5
5. 상대방의 목표 대비 성과에 대하여 객관적이고 공정한 평가를 제공한다.	1	2	3	4	5
6. 상대방이 기분 나쁘지 않은 방법으로 피드백을 제공한다.	1	2	3	4	5
7. 상황을 파악하기 위하여 상대방의 이야기를 주의 깊게 듣는다.	1	2	3	4	5
8. 피드백을 하기 전에 피드백의 목적과 얘기할 내용에 대해 충분히 생각한다.	1	2	3	4	5
9. 구체적인 피드백을 제공한다.	1	2	3	4	5
10. 성과 달성에 도움이 되는 실질적 조언이나 정보를 제공한다.	1	2	3	4	5
11. 회사생활에 도움이 되는 바람직한 행동을 강화시키기 위한 실질적 조언이나 정보를 제공한다.	1	2	3	4	5
12. 상대방이 실행할 수 있는 현실적인 피드백을 제공한다.	1	2	3	4	5
13. 피드백을 제공할 때 상대방의 관점과 입장을 고려한다.	1	2	3	4	5
14. 상대방이 피드백에 대해 부정하거나 반발할 때는 관찰한 사실이나 객관적 자료를 토대로 이해시킨다.	1	2	3	4	5
15. 대화할 때 나의 감정을 잘 컨트롤한다.	1	2	3	4	5
16. 말을 하기보다는 상대방의 말을 주로 듣는 편이다.	1	2	3	4	5
17. 대화할 때 질문을 많이 한다.	1	2	3	4	5
18. "내 생각은~", "나의 의견은~"과 같은 표현을 자주 사용한다.	1	2	3	4	5
19. 대화할 때 옆으로 새지 않는다.	1	2	3	4	5
20. 상대방과 함께 데이터를 수집·분석하고 실행 계획을 만든다.	1	2	3	4	5

[평가 가이드라인]

- 81점 이상: 충분한 자격을 가지고 있으며, 피드백을 통해 많은 사람들을 변화시킬 것이다.
- 71~80점: 발전할 수 있는 자질을 갖추고 있다. 현재는 보통 수준 이상의 피드백 역량을 자기고 있으나, 자신의 노력 여하에 따라서 역량을 발휘할 수 있는 기회가 올 것이다.
- 61~70점: 발전할 수 있는 자질을 갖추고 있다. 현재는 보통 수준 이상(중상)의 피드백 역량을 자기고 있으나, 자신의 노력 여하에 따라 많은 사람들에게 희망을 주는 선배로서 충분한 역량을 발휘할 수 있는 기회가 올 것이다.
- 60점 이하: 준비가 갖추어져 있지 않은 상태이다. 진단 결과를 토대로 자신의 장·단점을 분석한 후 피드백 역량 개발 계획을 수립하고, 이를 달성하기 위해 지속적인 노력을 해야 할 것이다.

① 자신의 피드백 스킬 수준 평가 결과는 어떠한가?
② 자신의 피드백 스킬에 있어서의 장점은 무엇인가?
③ 향후 어떤 피드백 스킬을 개발할 계획인가?

▌자기진단 2.

피드백은 위에서처럼 강화 피드백, 조언 피드백, 침묵 피드백, 비난 피드백의 네 유형으로 분류할 수 있는데, 평소 자신이 주로 사용하는 피드백 유형은 무엇인지 생각해 보자.

1. 나는 어떤 유형의 피드백을 가장 많이 사용하고 있는가?
2. 나는 어떤 유형의 피드백을 가장 적게 사용하는가?
3. 어떤 유형의 피드백이 효과가 좋은지 생각해 보자.

『피드백 이야기』의 저자인 리처드 윌리엄스(Richard Williams)는 피드백의 유형을 다음 4가지로 분류하고 있다.

(5) 지지적 피드백(supportive feedback)

반복되기를 원하는 어떤 행동을 독려하는 것이다. 어떤 사람이 여러분이 좋아하는 행동을 할 경우, 여러분이 할 수 있는 가장 중요한 일은 그 행동을 강화할 수 있는 강력하고 지지적인 피드백을 주는 것이다.

지지적 피드백의 주목적은 반복되기를 원하는 행동을 독려하는 것이다. 즉 '잘한 일에 대해 잘했다는 칭찬을 해 주는 것'이다.

(6) 교정적 피드백(corrective feedback)

교정적 피드백의 목적은 행동을 변화시키는 데 있다. 하지만 대부분의 사람이 어떻게 교정적 피드백을 줘야 하는지 모른다는 것이다.

(7) 무의미한 피드백(insignificant feedback)

내용이 너무 막연하거나 일반적이어서 받는 사람조차 피드백의 목적이 무엇인지 모르는 경우이다. 즉, 하나마나한 무의미한 피드백이며, 많은 사람들이 무의미한 피드백을 주면서 상대방에게 엄청난 결과를 기대한다.

(8) 학대적 피드백(abusive feedback)

모멸감을 초래하는 피드백으로 부정적인 결과를 초래한다.

■ 사례 연구 1

우리나라 축구를 월드컵 4강 신화로 이끌었던 히딩크감독과, 베트남 국가대표팀 박항서 감독은 피드백의 달인이다. 선수들의 감정을 상하지 않게 하면서 행동을 고치는 멋진 피드백이 있기 때문이다. 히딩크감독은 다음과 같은 말을 했다.

"현대축구에서는 쉴 틈이 없습니다. 공수를 겸하려면 체력이 뒷받침되어야 합니다. 미드필드는 힘든 포지션입니다. 특히 고종수(전 한국 국가대표선수)에게는 힘듭니다. 내가 요구하는 수준에 못 미치지요. 제 생각을 그에게 밝혔습니다. 저는 나쁜 소식도 선수들에게 거침없이 전하는 스타일입니다. 또 선수를 탈락시킬 때는 반드시 직접 통보합니다. 그게 도리입니다. 대표팀에서 뛰어준 데 대해 고맙다는 인사를 하고, 왜 떨어졌는지 알려 줘야 그 선수가 더욱 열심히 하고 단점을 보완하기 위해 노력하게 됩니다. 그래야 쓸데없는 오해도 없어지고 발전도 이루어집니다."

또한 박항서 감독은 "우리 팀이 패했을 때 나는 선수들을 더 안아 주고 등을 토닥거렸습니다. 내가 그런 행동을 하자 선수들도 점점 편안함을 느꼈습니다." 라고 말했다.

박항서 감독의 아버지 같은 따뜻한 마음의 피드백은 '파파 리더십'이란 단어가 생겨난 이유이다. 우리는 힘들고 괴로워 좌절했을 때 수많은 조언과 격려의 말보다는, 아버지가 사랑을 담은 손으로 머리를 한 번 쓰다듬어 주는 것에 위로받을 수 있는 피드백이 필요하다.

① 히딩크 감독의 피드백에서 우리는 무엇을 배웠는가?
② 박항서 감독의 피드백에서 우리는 무엇을 배웠는가?
③ 여러분이 나중에 부서장이 되었을 때 어떤 멋진 피드백을 해 줄 건인지 생각해보자.

2) 피드백을 주고받는 요령 및 방법

(1) 피드백을 주는 요령

효과적으로 피드백을 제공하기 위해서는 다음의 몇 가지 요령을 잘 지켜야 한다.

① 피드백 하는 목적을 명확히 하고 피드백 메시지를 사전에 충분히 검토한다.

상대방이 피드백을 통하여 무엇을 얻게 될 것인지 자문해 본다. 진실로 '상대방의 성장과 발전을 위해 피드백 하는가?' 혹시 '별 생각 없이 피드백 하는 건 아닌가?', 단순히 '기분이 상해서 화풀이 하고 있는 것은 아닌가?'를 생각해 본다. 효과적인 피드백이 되기 위해서는 피드백 메시지(사실+생각+감정+요구)를 사전에 충분히 검토해야 한다.

② 사람(인격)에 대한 판단이 아닌 관찰 가능한 특정 행동에 대해서 구체적이고 긍정적으로 피드백 한다.

사람(인격)에 대한 판단이 아닌 관찰 가능한 특정 행동에 대해서 구체적이고 긍정적으로 피드백 한다. 상대방이 어떤 사람인가를 지적하거나, '좋다, 나쁘다', '옳다, 그르다' 등의 판단을 하기보다는 그 사람이 어떤 행동을 했는가에 초점을 맞춘다. 이를 위해서 감정을 잘 조절해야 한다.

③ 비난보다는 도움이 되는 실질적 조언을 제시한다.

④ 강요하지 말고 권유하라. 피드백이란 받는 사람에게 강요하기보다는 사실을 알리고 스스로 판단할 수 있도록 권고하는 것이다. 선택은 상대방 자신에게 맡기도록 한다.

⑤ 강화와 비난, 조언과 침묵의 균형을 맞춘다. 항상 강화와 조언의 긍정적 피드백만 제공할 수는 없다. 침묵과 비난의 피드백도 필요한 경우가 있다.

일반적으로 강화가 가장 효과적인 피드백 형태이다. 비난은 가장 비효과적인 피드백으로 다른 모든 피드백을 무의미하게 만들기도 한다. 같은 내용이라도 비난이 아닌 조언으로 제공할 수 있다. 그렇다고 항상 강화와 조언의 긍정적 피드백만 할 수는 없다. 침묵과 비난의 피드백도 필요한 경우가 있다. 이때는 다음 장에서 살펴볼 'No 상황'에서의 커뮤니케이션에 따라 피드백 한다. 한 번에 여러 가지 유형의 피드백을 혼합해서 제공하면 그 효과가 희석된다. 상대방은 혼란에 빠지고 무엇을 해야 할지 모르게 된다.

(2) 피드백을 주는 방법

피드백을 주는 것은 개인이 자신의 지각과 다른 사람의 행동에 대한 느낌을 전달하는 언어나 비언어과정이다. 대부분 사람들은 무의식적으로 매일 피드백을 요청하고 준다. 피드백의 수수과정은 다른 사람에 대한 결과를 평가하고, 새로운 행동을 배우는 중요한 방법이다. 피드백은 방향을 유지하고, 다른 사람이 자신을 보듯이 자신을 보는 중요한 방법 중의 하나이다. 의미 있는 피드백의 수수는 배려, 신뢰, 수용, 개방성과 타인욕구에 대한 관심과 같은 요소를 제시하는 대인적 교환이다. 피드백이 평가, 판단과 지지되는 정도는 관련 당사자들의 개인적인 철학에 달려 있다. 피드백을 주는 것은 지침의 사용을 통해서 개발되는 학습된 기술이다. 바라는 변화는 이러한 지침이 있을 때 더 많이 일어난다.

① 다른 사람의 욕구고려

피드백을 주는 주요 이유는 자신과 타인들이 성장하도록 돕는 것이다. 성장 동기가 없을 때 피드백은 파괴적이 될 수 없다. 예를 들면, 피드백을 주는 분노하는 사람은 개인적 성장과 관계향상에 대한 소망이 아니라 화내게 하는 다른 사람을 해치는 소망에 의해 동기를 받는다. 자기 잇속만 차리는 피드백은 피드백이 아니라 자기만족이다.

② 해석하려고 하지 말고 행동만 기술

명시적인 행동은 객관적으로 관찰될 수 있다. 어떤 사람이 다른 사람의 행동에 대한 동기를 탓할 때 그 사람의 의도를 해석하고 있는 것이다. 의도는 개인적이고, 의도를 갖고 있는 사람에게만 알려져 있기 때문에 동기원인과 행동 의도는 매우 주관적이다.

어떤 일에서 개인의 행동에 대한 동기를 해석하거나 생각하면 방어적인 입장을 취하게 되고, 행동을 방어하거나 설명하는 데 에너지를 소비하는 원인이 된다. 다른 사람의 해석과 생각은 자신의 행동을 해석하고 이해하는 기회를 박탈할 수 있다.

③ 변할 수 있는 행동집중

효과적인 피드백은 비교적 쉽게 변하는 행동을 목표로 한다. 많은 사람들은 습관적으로 행동한다. 개인적인 스타일은 확실한 방식으로 수년 동안 이어진 것이다. 개인적 습관에 대해 피드백을 받는 것은 이러한 행동들이 변하기가 매우 어렵기 때문에 불만스러운 것이다. 변하기 어려운 행동에 대한 피드백은 행동에 대한 불안과 과잉 자의식을 낳는다.

④ **구체적으로 기술한다.**

피드백이 구체적일 때 피드백을 받는 사람은 행동이 논의되고 있는 것을 안다. 예를 들면, "길동이는 따뜻한 사람이다"는 말은 매우 일반적인 말이고, 길동이가 따뜻하다는 인식을 말하는 것이 아니다.

⑤ **피드백을 요청할 때 제공**

피드백을 요청할 때 어떤 사람은 다른 사람에게 그 행동에 대한 인식과 지각을 요청한다. 실제로 대부분의 피드백은 강요된다. 피드백을 요청하거나 받을 준비가 되어 있을 때 피드백을 준다. 피드백 전달자의 기대는 받는 사람의 기대보다 더 크다. 이것은 피드백을 주는 사람이 화나 있거나 동요될 때 특히 사실이다. 어떤 상황에서 피드백을 강요하는 것은 적절하다. 피드백 요청은 어떤 사람이 들을 준비가 되어 있고, 자신의 행동을 인식하는 방법을 알기 원하는 것이다.

⑥ **판단배제**

피드백을 개인적인 판단에 근거한다면 객관적이 아니고 거의 건설적이지도 않다. 이러한 평가는 종종 개인적인 공격으로 인식된다. 피드백을 줄 때 성격이나 호감성이 아니라 개인의 행동에 한정한다. 예를 들면, 사람들이 둔하다고 말할 때 조용하거나 객관적으로 반응하는 것은 극히 어렵다. 때때로 사람은 생각 없이 행동하거나 둔감하게 행동하지만, 어리석거나 둔감하다는 증거는 아니다. 평가는 사람을 판사와 피고의 역할로 내던져 종종 불행한 결과가 발생한다(유순근, 2016).

(3) 피드백을 받는 요령

피드백을 하는 것도 중요하지만 사실 피드백을 받는 사람의 생각과 태도도 피드백의 효과에 큰 영향을 미친다. 특히, 기대에 미치지 못하는 결과나 행동에 대해 교정적 · 부정적 피드백을 받을 때는 받는 사람도 열린 마음으로 피드백 내용을 겸허하게 받아들이도록 노력하여야 한다.

- 피드백을 성장의 기회로 인식한다.
- 적극적으로 상대방의 피드백을 요청한다.
- 피드백 내용을 경청한다.
- 감정적 반응을 하지 않는다.
- 피드백에 대하여 방어적 태도를 보이거나 핑계를 대지 않는다.
- 피드백 내용에 대해 의문이 있으면 질문을 해서 명확히 확인한다.
- 피드백이 끝나면 감사의 말을 전한다.
- 피드백 내용을 잘 실천할 것임을 표현한다.

■ 사례 연구 2

스탠퍼드 대학교의 알베르트 반두라(Bandura, A) 교수는 "자기평가와 자기 효능감 메커니즘(Self-Evaluation and Self-Efficacy Mechanisms)"에서, 어떤 과제를 수행하기 위해 노력을 기울이는 마음이 '목표'와 '피드백'이 있는 경우와, 없는 경우에 어떻게 달라지는지를 조사한 결과 "생산성을 증가시키려는 의욕은 '매력적인 목표가 있고', '자신의 발달 상태에 대한 피드백을 받을 수 있을 때에만' 커진다는 사실을 발견했다.
따라서 리더는 직원들 개개인에게, 그들의 일이 왜 중요하며, 그렇게 하면 무엇에 도움이 되는지, 지금 잘하고 있는지 어떤지를 반드시 알려 줄 필요가 있다. 명확한 목표가 있고, 피드백이 자세하게 이루어지게 되면, 직원들은 스스로를 수정하게 되고, 큰 구도 안에서 자신의 위치를 좀 더 잘 이해하게 된다.

① 생산성을 증가시키려는 의욕은 '매력적인 목표가 있고', '자신의 발달 상태에 대한 피드백을 받을 수 있을 때에만' 커진다는 사실을 알고 여러분은 졸업 후 직장에서 리더가 되었을 때 부하직원에게 어떻게 피드백을 할 건지 생각해 보세요.
② "리더는 직원들 개개인에게, 그들의 일이 왜 중요하며, 그렇게 하면 무엇에 도움이 되는지, 지금 잘하고 있는지 어떤지를 반드시 알려 줄 필요가 있다." 라고 했는데 여러분이 리더가 되었을 때 부하직원에게 어떻게 할 건지 생각해 보세요.

생각해 보기

폴 모런은 팀의 성과를(자신의 성과조차도) 축하하는 데 소홀한 전형적인 관리자였다. 누군가 어떤 성과를 거둔다 해도 그들이 당연히 해야 하는 일이라고 여겼기 때문에 특별히 인정해 줄 필요가 없다고 생각했던 것이다.

하지만 모런은 퍼시픽 벨로 직장을 옮긴 후 생각이 바뀌었다. 그곳에서 타인을 인정하고 성공을 축하하는 일의 중요성을 새로이 인식하게 된 것이다.

'인정과 격려'를 통해 사람들이 변화하는 것을 발견한 그는 리더십 전략을 바꾸기로 결심하고, '공개적으로 인정'을 해 주는 것이 얼마나 중요한지 잊지 않기 위해 타인을 인정하는 방법의 우선순위 목록을 만들었다. 그리하여 그의 팀이 획기적인 성공을 거두었을 때는 팀원 전부를 찾아다니며 악수를 나누었고, 몇몇 핵심 팀원과는 점심식사를 같이 하고, 모든 팀원에게 프로젝트를 위해 애쓴 데 대해 감사한다는 전화를 걸었다. 케이크와 커피를 마련해 간단한 사무실 파티를 열기도 했다.

직장에서 격려하는 분위기를 만든 지 얼마 되지 않아, 생산성은 향상되고, 고의적인 결근은 줄어들었다. 직원들 간의 마찰도 줄어들게 되었고, 동료 간에 인간적인 유대가 강화되어, 함께 일하는 직원들이 모두 솔선수범해서 일하기 시작했기 때문에 폴 모런, 그 자신의 일도 한결 수월해질 수 있었다. 이처럼, 격려, 즉 긍정적이고 지지적인 피드백은 구성원들의 의욕을 고취시키는 데 있어 탁월한 효과를 드러낸다.

그런데 우리는 왜 좀 더 서로를 격려하지 않을까? 그것은 아마도 다음과 같은 이유와 관련이 있을 것이다. 대부분의 사람들은 자신의 감정을 표현하는 것에 그다지 익숙하지 않다는 것이다.

타인의 성공과 노력에 대해 순수하게 감사의 마음을 전한다는 것은 자신의 감정을 내보여야 한다는 것을 뜻한다. 하지만 많은 사람들이 공개적으로 자신의 감정을 얘기하는 것에 대해 어려움을 느낀다. 그건 매우 쑥스러운 짓이라고 생각하기 때문이다. 하지만 아무리 쑥스럽다 하더라도 그것은 분명히 시도해 볼 만한 가치가 있다.

1. 여러분은 폴 모런처럼 나중에 직장에서 격려하는 분위기를 만들 수 있는가?

2. 많은 사람들이 공개적으로 자신의 감정을 얘기하는 것에 대해 어려움을 느끼는 데 여러분은 원만한 직장 생활을 위해서 어떻게 할 것인가?

10

협력과 의사소통

[학습목표]

1. 협력과 소통의 중요성에 대해 설명할 수 있다.
2. 협력과 소통의 구성요소를 이해하고 설명할 수 있다.
3. 의사소통을 이해하고 소통능력을 높일 수 있다.

[미리 보기]

"엔지니어는 현장의 문제를 해결하는 사람들이다. 대부분의 현장문제는 단일 기술로는 해결할 수 없다. 때문에 여러 방면의 지식이 필요하다.(중략) 21세기 엔지니어 교육은 문제를 정의하고 해결하기 위해 적합한 기술을 찾고 이를 적용하는 것에 초점을 두어야 한다. 가장 중요한 것은 적용능력(adaptability)이다.(중략) 그래서 협력과 소통이 중요하다. 협력과 소통을 통해 새로운 기술을 적용하고 문제해결도 하는 것이 중요하다"

출처: 조봉수(2017).

chapter

10 협력과 의사소통

1. 협력

1) 협력의 정의

협력은 힘을 합하여 서로 도움을 준다는 뜻으로 영어로 Cooperation, collaboration이다. 조직에서 협력은 상대방의 자율성과 다양성을 인정하고 서로의 흥미나 의견을 존중하며 함께 공동의 목표를 이루어 나가는 것이다.

협력은 조직이 발전하는 데 도약의 발판이 된다. 협력하는 집단은 협력하지 않은 집단에 비해 높은 성과를 낸다. 예를 들면, 협력은 기업의 자원을 보완하고 기업의 핵심역량을 직원들 간에 공유하여 생산성을 높여 매출을 증가시킨다.

2) 협력의 의의

협력은 두 사람 이상이 자발적으로 참여하여 함께 일을 하는 과정이므로 사람과 사람 사이에서 일어나는 상호작용이다. 기업이나 조직에서 만나게 되는 일은 더욱 복잡하여 타인과의 협력은 반드시 필요하다. 하지만 개인주의가 성행하는 요즈음 다른 사람과 협력하여 일을 하는 것은 쉬운 일이 아니다. 오히려 협력을 하면 비효율적이고 업무의 가치도 저하시키는 경우가 발생하기 때문이다.

3) 협력의 기술

협력은 공동의 목표를 위해 다른 사람과 관계를 맺고 일하는 방식이다. 하지만 협력이 반드시 모든 일에 적용이 되는 것은 아니다. 모든 일에 협력을 해야 한다면 아이디어를 내고 토론하고 합의하느라 온종일 시간을 보낼 수도 있기 때문이다.

그렇다면 어떻게 해야 협력을 잘할 수 있을까?

직접적으로 협력이 필요한 이유를 경험하게 된다면 협력의 중요성을 알게 되고 기술을 얻는 데 도움이 될 것이다.

가드너와 이바라(Gardnerd & Ibarra, 2017)가 제안한 방법을 소개해 본다.

첫째, 다른 사람의 프로젝트에 참여해 본다.

기존에 협력을 해 왔던 사람들과 함께 일을 하면 효율적으로 협력하는 절차와 방법을 배울 수 있다. 협력을 이루어 가는 과정을 관찰하는 것으로도 협력의 기술을 배우는 데 도움이 된다.

둘째, 주변사람들과 관계를 맺는다.

협력이 필요할 때 해당 프로젝트에 적합한 역량을 갖춘 사람을 연결하는 것이 필요하므로 평소 호의적인 인간관계를 맺는 것이 중요하다.

셋째, 자신의 영역을 스스로 제한하지 말고 새로운 기술을 얻을 수 있고 시야를 넓힐 수 있는 다양한 프로젝트에 참여하는 태도가 필요하다.

넷째, 프로젝트 선택은 전략적으로 한다.

무작정 많은 경험을 하는 것보다 프로젝트의 규모, 범위와 속한 영역, 자신의 업무와의 연관성을 고려해 보는 것이 좋다.

4) 협력(업)능력

조직 내에서 아이디어를 함께 개발, 수정하는 과정을 통해 개인별 성과를 합한 이상의 성과를 창출해 내는 것이 '협력'의 효과이며 많은 회사들이 협력(업) 프로젝트를 진행하는 이유다. 이때 협력(업)을 통해 창출해 낸 팀 공동의 성과가 곧 팀원 개인의 능력평가로 이어지며, 직장 동료, 상사와 함께 일하는 과정, 즉 협력(업)에서 보여준 개인의 능력 또한 중요한 평가 요소가 된다.

(1) '협력(업)능력'은 어떤 능력을 말하는 것일까?

협력(업)능력 중 중요한 하나는 갈등을 조정하는 '코디네이터 역할'이다. 서로 다른 분야의 전문지식과 경험들이 모였을 때 충돌과 마찰이 발생할 수 있다. 이때 갈등을 조정하고 의견을 수렴하여 아이디어를 통합시키는 역할이 필요하다. 협업에서 '코디네이터'는 윤활유 역할이므로 중요한 능력인 것이다.

출처: 픽사베이

① 협력을 잘할 수 있는 방법에는 무엇이 있을까?

____

____

② 일상생활에서 협력을 통해 성과를 얻은 실제 사례를 적어 보자.

____

____

2. 소통

"조직 내의 소통과 협력을 저해하는 썩은 사과에 대처"

사과 상자 속의 썩은 사과 하나가 시간이 지나면서 상자 안 모든 사과를 썩게 만드는 것처럼 조직 내의 썩은 사과는 조직 구성원의 사기 및 팀웍을 저하시켜 소통과 협력의 문화를 방해하고 조직의 생산성을 저하시킨다. 썩은 사과의 3가지 행동유형은 창피주기, 소극적 적대행위, 업무방해가 있다. 따라서 조직 내 사과에 적극적으로 대처하기 위해 소통과 협력의 문화를 설정하여 공유할 필요가 있다.

출처: Kusy & Holloway(2011).

1) 소통의 정의

소통이란 말은 '나누다(communicare)'란 뜻의 라틴어에서 유래하였다. 구성원 내 상대를 이해하기 위한 행위이며, 상호 우호적 관계의 출발점이다. 인간 사회에서 다른 사람과의 의사소통은 불가피하다.

2) 소통의 의미

조직의 성과는 개인의 역량과 열정만으로 높게 나오지 않는다. 여기에 소통이 조화롭게 이루어져야 업무의 성과는 최고로 높아진다. 조직은 혼자 일하는 곳이 아니기 때문에 자신의 역량과 열정만을 앞세워 혼자만 일하는 것에는 분명 한계가 있다. 한국기업의 소통을 가로막는 장애물로 여러 가지의 문제들이 나타났다. 따라서 이를 극복할 수 있는 해결책을 강구함으로써 조직 및 개인의 소통능력을 갖추어 함께 나아가야 할 것이다.

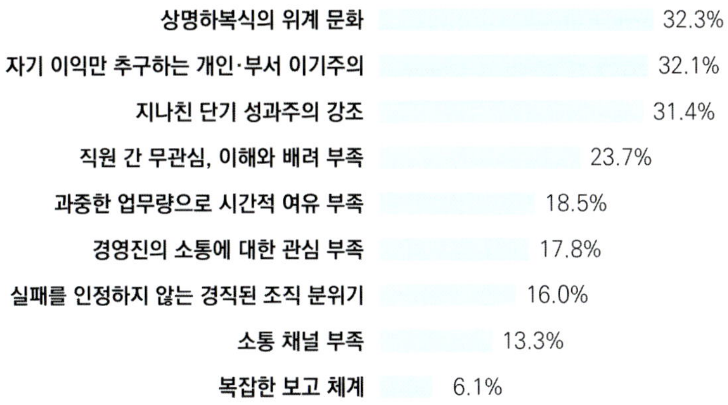

주: 2개 복수 응답으로 총계는 200% 자료 : 삼성경제연구소

한국 기업의 소통을 가로막는 벽

출처: 한국경제매거진(2013. 01. 14.).

3) 소통능력

소통을 잘하기 위해서는 대화의 기술이 중요하다. 대화는 상대방과의 상호작용이 핵심이다. 논리적이고 화려한 말투로 자신의 주장이나 생각을 표현하는 것도 중요하지만 말하기에 앞서 상대방의 이야기에 귀를 귀울이는 경청의 태도가 제대로 된 소통능력의 출발이다.

사례 1.

오프라 윈프리, 래리 킹이 말하는 소통의 기술

하루에 1,400만 명의 미국인들을 불러 모았던 오프라 윈프리(Oprah Winfrey)는 누구나 인정하는 소통의 달인이다. 그녀의 인기 비결은 바로 상대방 입장에서 대화하는 공감 경청이다. 그래서 오프라 윈프리 쇼는 일명 '라포(Rapport) 토크'라고도 불린다. 라포는 심리학 용어로 상대방에게 느끼는 신뢰감과 친밀함을 의미한다. 이를 통해 상대방의 입장을 이해하고 동질감을 느끼게 만들어 심리적으로 편안한 대화를 가능하게 한다. 상대방이 '나는 인정받는 존재다'라고 느끼게 만드는 것이 바로 오프라 윈프리만의 기술이다.

또한 래리 킹(Larry King)은 미국에서 25년간 CNN 라이브 토크쇼에서 큰 인기를 누렸으며 소통의 달인으로 불린다. 래리 킹은 "다른 사람의 말에 귀를 기울이지 않으면 상대도 당신의 말을 귀 기울여 듣지 않는다. 말을 제일 잘하는 사람은 논리적으로 말하는 사람이 아니라, 남의 말을 잘 들어주는 사람이다." 라는 말로 소통의 비결을 설명했다.

출처: 잡코리아(2019.08.22.).

출처: 픽사베이

사례2

5년만에 바뀐 인재상… 도전정신보다 소통 · 협력

국내 100대 기업이 꼽은 인재의 첫 번째 덕목이 5년새 '도전정신'에서 '소통과 협력'으로 바뀐 것으로 조사됐다.
대한상공회의소가 27일 국내 매출액 상위 100대 기업의 인재상을 분석한 결과, '소통과 협력'을 인재가 갖춰야 할 역량으로 꼽은 기업이 63개사로 가장 많았다.

(중략)

기업이 원하는 인재상은 5년 전과 크게 달라졌다. '소통과 협력'은 2013년 7위에서 6계단 오른 1위로, '원칙과 신뢰'는 5위에서 3위로 올랐다.
5년 전 인재가 갖춰야 할 1위 덕목으로 꼽혔던 '도전정신'은 4위로 밀려났다. '주인의식'은 2위에서 5위로 떨어졌다.
대한상공회의소의 관계자는 "직원은 상사를 소위 '꼰대'로 인식하고 상사는 직원을 자기 것만 챙기는 '요즘 애들'로 치부하는 경향이 심해지는 등 기업 내소통에 심각한 문제가 나타나는 현상이 반영된 것"이라며 "최근 기업 채용에서 소통과 협력이 주요 역량으로 등장하는 이유"라고 말했다.

출처 한국경제신문(2018. 8. 27.).

[조별 활동]

① 위의 사례에서 소통과 협력이 1위로 뽑힌 이유는 무엇인가?

____

____

② 소통과 협력을 이루기 위해 우선 갖추어야 할 조직의 조건은 무엇인가?

____

____

3. 의사소통

1) 의사소통의 개념

의사소통은 넓은 의미로 송신자와 수신자 사이의 정보 교환을 포함하는 개념으로 정의하고 있다. 그중 사람들 사이에 이루어지는 의사소통은 두 사람 이상이 언어, 비언어 등의 소통수단을 이용하여 생각, 감정, 사실, 정보, 의견 등을 전달하고 피드백을 통해 상호작용하는 과정이다.

2) 의사소통의 기능

송신자	수신자
정보를 제공한다 교육한다 오락을 제공한다 의견을 제안하거나 설득한다	정보를 이해한다 학습한다 오락을 즐긴다 의견을 결정한다

사회적 입장	개인적 입장
생활환경에 대한 지식의 교육 사회구성원들의 역할 수행, 규범 및 관습유지를 위한 사회화 기능 사회구성원들의 쾌락제공, 갈등과 불만제거, 예술창조 창의적 정책수립, 동료규합	현실적 시야 확대, 기회확보 및 위험대비 안락한 사회생활을 위한 기술과 지식획득 오락, 긴장해소, 현실도피 및 통찰 유용한 의사결정 및 실행

출처: 현문사

(1) 의사소통능력의 개념

직장생활에서 문서를 읽거나 상대방의 말을 듣고 의미를 파악하고 자신의 의사를 정확하게 표현하는 능력이다.

(2) 의사소통의 유형

의사소통은 크게 언어적 의사소통, 비언어적 의사소통으로 구분된다. 언어적 의사소통은 음성요인(발음, 음색), 유사언어(속도, 크기, 억양, 쉼, 강조), 비언어적 의사소통은 몸짓언어(표정, 제스처, 눈맞춤, 자세)가 있다. 언어적 의사소통은 말로 하는 구두의사소통과 글에 의한 문서의사소통으로 구분된다.

구두의사소통은 직접대면, 영상 및 전화에 의한 방법으로 수신인에게 감정을 표현하고 설득을 하기 위해선 문서의사소통보다 효과적이다. 문서의사소통은 서신, 이메일, 협조문, 공람, 회람 등이 포함된다.

* 메라비언의 법칙 *

비언어적 의사소통의 영향에 대한 연구 결과로 유명한 이론이다. 사람의 호감을 결정하는 것은 상대방이 하는 말의 내용이 아니라 시각적 요소인 이미지다.

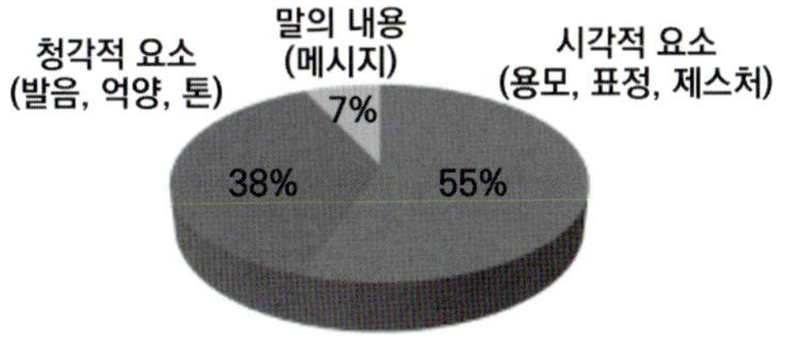

#의사소통훈련 #메라비언의 법칙

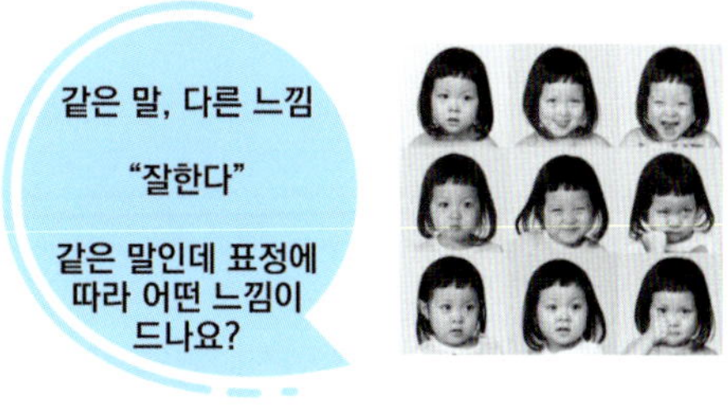

올바른 비언어적 의사소통을 위한 3가지 방법은 다음과 같다.

1. 시선 마주침을 적절하게 한다. 상대방의 눈높이에 맞추어 눈마춤을 하는 것이 좋다.
2. 상황에 맞고 상대에게 호감을 주는 자세를 취한다. 다리를 꼬거나 팔장을 낀 자세는 상대에게 비호감을 유발하는 자세이다.
3. 얼굴 표정을 잘 활용한다. 긍정적인 표정을 하고 부정적인 표현은 최대한 줄인다.

사례3

사람은 '말'보다 눈빛, 몸짓, 표정에 감동

버락 오바마 전 미국 대통령은 비언어적 의사소통 능력의 중요성을 입증한 사람이다. 그는 2011년 애리조나 총기난사 사건 추모연설 도중 아홉 살 희생자 소녀를 언급하다 울음을 애써 참느라 51초간 눈을 깜빡이는 등 '침묵'했다. 이 연설로 오바마 전 대통령은 국민과 소통하는 대통령 이미지를 각인시켰다. 그는 임기 동안 적극적으로 비언어적 의사소통 능력을 발휘해 레임덕 없이 임기를 마친 대통령으로 남았다.

이영랑 한국이미지리더십센터 대표는 "미국 사회학자 앨버트 메리비언 연구에 따르면 타인과 의사소통 시 언어적 요소는 7%, 비언어적 요소는 93%로 조사됐다"며 "국민들이 국정을 농단한 최순실에게 분노를 표출하는 것도 그의 표정, 말, 눈빛, 태도에 문제가 있기 때문"이라고 말했다.

출처: 한국일보(2017.02.06.)

① 위 사례에서 비언어적 의사소통의 방법은 무엇인가?

② 비언어적 의사소통이 언어적 의사소통보다 더 효과적인 이유는 무엇인가?

3) 의사소통을 방해하는 요인

상대방과 효과적으로 의사소통을 하는 데 방해가 되는 요소를 살펴보자.

- 변화를 무시한다.
  자기 경험만을 고집하고 타인의 정보 제공에 귀를 기울이지 않는다.
- 자기중심적이다.
  상대방에게 자기의 입장이나 생각을 일방적으로 전하고 상대방에게 자신의 사고방식이나 생각을 공조하는 것으로 생각한다.
- 사실과 추론을 혼동한다.
  추론하는 것을 사실로 "그렇다"고 믿으며 단언하는 경우가 있다.
- 말이 갖는 의미를 해석하지 않는다.
  말하는 사람의 태도나 발음, 말투, 화술의 부족 등으로 말하는 의도나 메시지가 전달되지 못하고 왜곡되어 상대방이 의도하는 의미를 제대로 파악하지 못하는 경우이다.

• 마음을 열지 않는다.

상대방의 이야기를 상사의식을 가지고 듣거나 방어적으로 듣는 경우이다.

• 잘 듣지 않는다.

말하는 것에 30%, 듣는 것에 70%를 사용해야 한다.

출처: 픽사베이

4) 의사소통 장애 극복을 위한 기본 방안

(1) 의사소통의 장애를 극복하기 위해서는 상대방의 말을 일반화하여 해석하지 말아야 하며 왜곡없이 분명하고 정확하게 말하는 것이 중요하다.

예시

※ 정치가는 다 거짓말쟁이다. 손이 큰 사람은 키가 크다.

☞ 일반화에 주의해야 한다.

정치가들 중에는 정직하지 않은 모습을 보이는 경우도 있다. 손이 큰 사람들 중에는 키가 큰 사람도 있다.

※ "김 씨는 무책임해.", "이 씨는 예의가 없어."

☞ 정체적 평가에 주의해야 한다.

정체적 평가는 대상에 대한 평가에 변화가 없는 것으로 그 대상이 변하지 않는다는 의미를 담고 있다. 이것은 자신의 관점과 경험으로 사실을 변형시키는 왜곡이 발생할 수 있다.

(2) 시간과 장소, 상황에 맞는 언어를 사용한다

시간과 상황을 상세히 덧붙여 말하는 것이 효과적이다. 이는 일반화를 피하고 특정한 시간과 특정한 상황에 의해 한정된다는 것을 주의시키기 위함이다.

예시

※ 길동이가 이기적으로 행동했다(×)

→ 2019년 4월 1일에 길동이는 다른 사람을 생각하지 않고 자기 입장에서 행동했다(0)

(3) 사실, 감정, 주장으로 자기를 표현한다

객관적인 사실에 대한 설명을 한 후 자신의 생각과 감정을 담은 말을 사용하며 마지막으로 자신의 느낌을 주장한다.

예시

※ 네가 어제 팀과제를 할 때 나오지 않은 것은(객관적인 사실) 옳지 않다는 생각이 든다(자신의 생각). 나는 기분이 상했다(자신의 느낌).

(4) 말하기 스킬을 사용한다

① 신뢰화법

상대방에게 정중함과 신뢰감을 줄 수 있는 대화의 말이나 어미의 선택을 한다.

② 의뢰형 화법

사람들은 명령형의 말을 듣게 되면 반발심이나 거부감이 들기 쉬우므로 의뢰형이나 질문형식으로 바꾸어 말한다. "~해 주시겠습니까?" "~부탁해도 될까요?"

③ 쿠션 화법

상대방에게 불쾌감을 덜 느끼게 하면서 적극적으로 해결하겠다는 감정과 의사를 전달하는 표현방법이다. "실례합니다만" "죄송합니다만" "공교롭게도"

④ **맞장구 화법**

고개 끄덕끄덕, 눈 맞춤등이다.

"저런, 그렇습니까?" "과연, 정말 그렇겠군요" "그 말씀은 ~이라는 것이지요?"

⑤ **긍정 화법**

부정적 표현보다는 긍정적 표현으로 바꾸고, 같은 내용도 긍정적인 부분을 강조해서 말한다. 긍정적 내용과 부정적 내용을 함께 말해야 하는 경우는 부정적인 것을 먼저 이야기하고 나중에 긍정적인 내용을 이야기하는 것이 효과적이다.

"이 제품은 비싸지만, 품질은 아주 뛰어납니다."

⑥ **개방적 화법**

대화를 진행하면서 상대방의 이야기를 많이 듣기 위해 요령있게 질문하는 화법이다. '네 또는 아니오'로 대답할 수 있는 폐쇄적인 질문이 아닌, 상대방의 자유로운 대답을 들을 수 있는 개방적인 질문을 사용한다.

"점심 드셨습니까?"(×) "점심 어떠셨습니까?"(0)

⑦ I-message **화법**

I-message의 기본원리는 상대방의 행동을 문제 삼고, 상대방에게 책임을 넘기는 대신에 그의 행동에 대한 나의 기분을 알려 주는 것이다. 상대방의 행동 또는 상황 그에 따른 결과, 나의 감정이나 느낌을 포함한다.

예시

"떠들지마!"

→ "큰소리로 말하니(행동, 상황) 수업에 집중할 수가 없어서(결과) 힘이 드네(감정, 기분)."

(5) 경청하는 스킬을 배운다

① 1.2.3기법

자신은 한 번만 말하고 상대방의 말은 2번 들어주고 3번 맞장구친다.

② BMW기법

BODY(자세)	표정, 눈빛, 자세와 움직임을 상대에게 기울이며 집중한다
MOOD(분위기)	말투, 음정, 음색, 말의 빠르기, 음의 높낮이를 고려한다
WORD(말의 내용)	상대방을 존중하고, 상대방이 원하는 것이 무엇인지 집중한다

출처: 양성원.

③ FAMILY법칙

Friendly	친절하게 경청
Attention	집중하며 경청
Me, too	공감하며 경청
Interest	관심을 가지며 경청
Look	바라보며 경청
You are centred	상대방을 중심으로 경청

출처: 양성원.

서로 다른 생각과 관점을 가진 사람들이 모여 조직과 기업을 이루어 나간다. 더 나아가 국가를 이루는 근간이 된다. 상하 명령하달이 하닌 수평적인 조직문화가 붐을 이루면서 소통과 협력은 중요한 문화로 자리 잡았다. 다양한 의견을 내고 업무를 추진해야 하는 상황에서 '답정너'의 상황을 경험하였을 것이다. 부서 간 협력을 통해 업무를 실행해야 함에도 불구하고 일방적으로 추진되는 경우도 상당히 많다.

여러분은 협업을 위한 소통과 협력의 준비가 되어있는가?

다가올 4차혁명의 시대는 무엇보다 인간중심이 되어야 할 것이다. 그러기 위해서는 인간에 대한 존중이 우선시되어야 하고 존중을 기초로 협력과 소통을 함께 이루어 나가야 할 것이다.

① 의사소통 장애를 극복하기 위한 방법에는 무엇이 있을까요?

② 말하기 스킬 중 I-message 화법의 예를 적어 보세요.

11

의사표현과 의사소통

[학습목표]

1. 대화의 원칙을 이해하고, 대화가 삶에 있어서 중요한 이유를 설명할 수 있다.
2. 나 - 메시지의 영향을 이해하고 전달요령을 설명할 수 있다.

[미리 보기]

인간관계를 형성하고 유지하기 위해서는 상대방을 잘 이해하는 것도 중요하지만 자신의 마음을 상대방에게 잘 표현하는 것도 중요하다. 인간관계의 성공과 실패는 말하고 듣는 대화에서부터 시작한다. 사회생활을 하다 보면 자신의 생각, 이념 등을 전달하기 위해 상대방과 대화를 하고 경청하는 과정을 거친다. 이 장에서는 대화의 개념과 중요성을 이해하고 대화의 유형과 방해요소를 살펴본다. 그리고 대화를 잘하기 위해서 나 전달법을 통하여 어떻게 의사를 전달하는 것이 효과적인지 알아본다. 의사표현 중에 비언어적 요소를 통한 의사전달은 어떻게 이루어지는 등에 대하여 알아보도록 한다.

chapter

11 의사표현과 의사소통

1. 대화하기

1) 대화의 3원칙

인간이 살아가는 데에 있어서 가장 중요한 일은 원만한 인간관계를 형성하고 유지하는 것이다. 인간관계를 형성하기 위한 의사소통능력은 매우 중요하다. 자신이 원하든 원하지 않든 맺어지는 인간관계에 있어서 의사소통능력은 사람이 살아가는 데 절대적이며 필수적인 것이다.

사람은 저마다 개인적인 차이가 있지만 동시에 보편적인 심리적 속성을 가지고 있다. 따라서 행복한 인간관계를 유지하기 위해서는 상대의 마음을 잘 이해하고 이해한 바를 표현해 주며, 자신의 마음을 여는 구체적인 행동이 필요하다. 즉, 서로 믿고 이해해 주어 심리적 안정감을 얻고 성숙하고 행복한 인간관계로 발전시키는 것이 중요하다.

성숙한 인간관계를 유지하기 위해서 대화는 필수적인 것이다. 대화는 사람과 사람을 연결해 주며 서로의 정보나 지식을 공유하고 자신의 생각과 느낌을 상대방에게 전달하며 감정을 표현하기도 한다. 대화란 두 사람 이상이 자신의 감정, 태도, 사실 등을 서로에게 전달하여 상호작용하기 위한 의사소통의 수단이며, 인간에게 삶을 영위하게 데 있어서 없어서는 안 될 삶의 표현방식이다. 대화는 단순히 목소리를 내는 행위가 아니며 말하는 사람과 듣는 사람 사이에 조화를 이루는 원칙이 지켜질 때 효과적인 의사소통이 이루어진다.

대화의 3원칙

첫째, 상대방의 자존심을 지켜 주는 것이다. 대화를 할 때 가장 주의해야 할 점이 상대방의 자존심을 지켜 주는 일이다. 누구든지 자신의 자존심이 무시당하거나 상처를 입기 원하는 사람은 없다. 서로 성숙한 인간관계를 유지하고 원만한 의사소통을 하기 위해서는 상대방의 인격과 자존심을 침해하는 대화는 자제하고 주의해야 할 필요가 있다.

둘째, 상대방의 관심을 끌 수 있는 내용을 대화의 주제로 삼아야 한다. 대화는 혼자 말하는 독백이 아니다. 반드시 자신의 말을 들어주는 상대가 있어야 대화가 이루어진다. 듣는 사람이 무엇을 듣고 싶어 하는지 파악하는 것은 원만한 인간관계를 위해 매우 중요한 일이다. 대화를 할 때 자신에게 관심이 없는 이야기를 들어주기 좋아하는 사람은 없다. 대화의 내용을 어떤 것으로 할지, 듣는 사람이 원하는 주제는 무엇인지, 듣는 사람이 어느 수준에 있는 사람인지 파악하여 눈높이를 맞추는 것이 중요하다. 서로에게 흥미롭고 관심 있는 주제를 선택하기 위해서는 평소에 상대방을 관찰하고 관심 갖는 분야가 무엇인지 파악하려는 자세가 필요하다.

셋째, 대화는 서로 말을 주고받는 상호교환이다. 말하는 사람과 듣는 사람이 있어야 대화가 유지된다. '말하는 것'과 '대화 하는 것'은 다르다. 말은 일방적으로 할 수 있으나 대화는 일방적인 행위가 아니라 상호교환하는 것이다. 대화를 통해 의사를 소통한다는 것은 쌍방의 의미 전달이 있어야 한다. 듣는 사람이 관심 없거나 흥미를 느끼지 못하는 것은 일방적인 말일 뿐 대화라고 할 수 없다. 따라서 대화를 하기 전에 대화를 통해 얻고자 하는 것은 무엇인지, 상대방에게 말하고자 하는 것은 무엇인지, 대화가 끝나면 상대방과 자신의 관계는 어떻게 형성될 것인지 생각해 보는 것도 중요하다(김동원 외, 의사소통의 리더십, 2015).

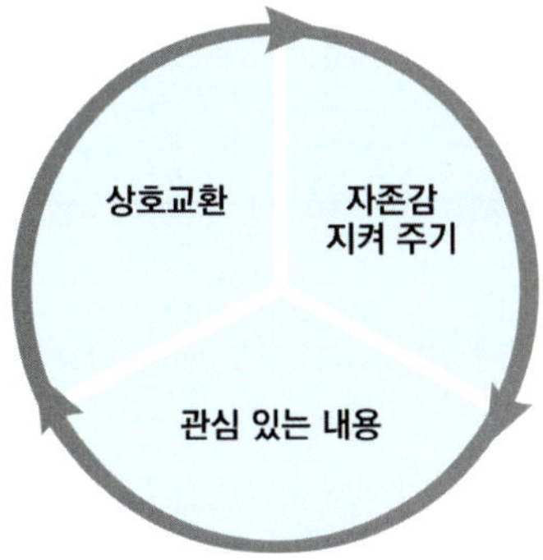

[그림 11-1] 대화의 3원칙

2) 대화의 유형

사람마다 말하는 유형은 다르다. 성격이나 환경, 가치관, 심리적 조건들에 따라서 말하는 자세나 마음가짐에 차이가 있다. 그러나 대부분의 사람들은 자신이 말하는 스타일을 거의 의식하지 못한 채 대화를 하기 때문에 서로 불편함을 느끼거나 잘 맞지 않는 경우가 있다. 사람들의 대화는 대체적으로 5가지 유형으로 나눌 수 있다.

(1) 회유형(placating stance)

회유형은 대화를 할 때 자신의 감정이나 생각보다 상대방의 기분이나 마음상태에 맞추려고 한다. 자신에 대한 존중감이 없기 때문에 다른 사람의 기분이나 감정에 맞추려고 하며 상대방이 원하는 것에 대부분 동의하거나 반대의견을 제시하지 않는다. 또한 자신에 대한 존중감이 없기 때문에 자신의 가치를 부정하고 스스로 자신이 중요하지 않다는 메시지를 보낸다. 다른 사람의 문제를 덜어 주기 위해 자신의 분노를 억압하고 잘못된 부분의 책임을 자신에게 돌려 상대방을 즐겁게 해 주려는 경향이 있다.

(2) 비난형(blaming stance)

비난형의 사람은 자신의 욕구나 감정을 중요하게 생각하기 때문에 다른 사람의 가치를 무시하고 다른 사람의 의견을 인정하지 않는다. 자기주장을 강하게 하며 독선적이고 명령적이며 지시적인 면을 지니고 있다. 따라서 다른 사람이 자신을 강한 사람으로 인식하도록 만들기 위해 노력하며 다른 사람의 의견을 비평한다. 그러나 내적으로는 외로움을 자주 느끼고 자신이 실패자가 아닌가 하는 두려움에 시달리기 쉬운 유형이다.

(3) 초이성형(super-reasonable stance)

초이성형은 매우 객관적이고 이성적이기 때문에 감정에 이끌리지 않는 특성이 있다. 대화를 할 때 객관적 자료나 논리성에 근거를 두고 실수를 하지 않으려고 한다. 자존심이 강하고 책임감이 강해 다른 사람의 장점을 인정하지 않고 자신의 감정을 표현하기 어려워하는 강박증이 있다.

(4) 산만형(irrelevant stance)

산만형은 자유롭고 개방적이어서 생각이 자주 바뀌고 주제에 관계없는 말이나 대화할 때 뜻이 통하지 않는 말을 하며 대화에 집중하지 못한다. 그렇기 때문에 사람들이 자신으로부터 떠나도록 만들며 이로 인해 외로움과 공허감을 동시에 느끼게 된다. 외로움과 공허감을 채우기 위해 끊임없이 움직이고 다른 사람을 혼란스럽게 만들어 대화에서 다소 부적절감을 느낀다.

(5) 일치형

일치형은 언어와 행동이 일치되어 자신의 의사표현을 정확하게 하고 거절을 정중하게 한다. 이들은 대부분 마음이 안정되어 있고 자아존중감이 높으며 상대방의 이야기를 적극적으로 경청해 주며 수용해 준다. 따라서 대화할 때 다른 사람의 입장을 살피고 배려해 주며 상대방의 의사를 존중하여 인간관계를 조화롭게 유지해 간다.

3) 대화의 방해요소

대화를 하는 것은 일정한 조건이나 환경이 조성되어야 한다. 대화에 장애가 있다는 것은 상호작용할 수 있는 여건이 만들어지지 않았다는 것이다. 그러한 요인에는 과거의 경험, 선입견, 고정관념, 잠재적 의도, 물리적 환경 등이 있다.

(1) 과거의 경험

말하는 사람의 의도가 잘 전달이 되지 않는 것은 듣는 사람이 자신의 경험에 의존하여 메시지의 내용을 예측하고 평가하기 때문이다. 화자와 청자가 서로 다른 공간과 시간에서 겪은 과거의 경험으로 인해 메시지를 왜곡하여 받아들이는 경우가 많다. 다시 말해, 사람들은 자신이 과거에 습득한 경험에 의해서 전달되는 메시지를 선별한다.

(2) 편견 및 선입견

과거의 경험과 마찬가지로 사람들은 어떤 사건이나 상황에 대한 편견이나 선입견 때문에 메시지의 내용을 판단하는 경우가 많다. 상대방에 대해 가진 편견이나 선입견을 갖고 대화하면 더 이상 대화의 진척이 불가능하다. 편견이나 선입견을 가지고 대화하면 말하는 사람의 의도를 왜곡하거나 변질시켜 전달되는 메시지를 충분히 받아들이지 못하게 된다. 효과적인 대화를 하기 위해서는 편견과 선입견을 버리고 상대방이 전하고자 하는 메시지를 적극적으로 경청하고 파악해야 한다.

(3) 고정관념

고정관념은 전달되는 메시지를 이해하는 데 많은 영향을 미치는 것이므로 상대방이나 주제에 대한 고정관념을 버려야 한다. 자신의 마음속에 상대방에 대한 부정적 감정이나 반감, 흑백논리, 추측하여 짐작하는 마음 등이 있으면 상대방이 전하고자 하는 메시지의 내용을 정확히 파악하지 못한다.

(4) 잠재적 의도

잠재적 의도는 자신의 욕구에 따라 상대방의 메시지를 잘못 이해하는 것을 말한다. 사람들은 자신의 마음속에 특별한 관심이나 불만, 혹은 어떤 사람에 대한 증오 및 분노를 갖게 되면 의식적이거나 무의식적으로 자신의 목적에 맞게 대화를 끌고 가려고 한다. 효과적인 대화를 위해서는 자신이 어떤 의도를 가지고 있는지 깨닫는 것도 중요하다.

(5) 물리적 환경

사람들은 대화를 나눌 때 조용하고 상황에 맞는 장소나 마음 상태일 때 대화를 한다. 대화를 나눌 수 있는 환경은 외적인 환경과 내적인 환경으로 나눌 수 있다. 시끄러운 소음이나 어수선한 장소, 냄새가 심한 상황, 불편한 장소 등이 외적인 방해요인에 해당한다. 반면 대화를 하고 싶지 않은 상태라든가, 대화를 하는 도중 다른 생각을 하거나 상대방의 말을 이해하기 어렵다거나 상대방의 말꼬리를 잡고 감정적으로 이야기하는 것들은 모두 내적인 방해요인이다.

4) 효과적인 대화의 기술

인간은 깨어 있는 생활의 70%를 의사소통으로 사용한다고 한다. 의사소통은 최소한 두 사람 이상의 관계에서 서로의 메시지를 주고받으면서 자신들의 생각, 정보, 감정, 의견들을 공유하는 상징적이고 상호작용하는 과정이다. 의사소통은 말하는 사람이 가지고 있는 언어적 특성과 비언어적 특징, 상대방이 가지고 있는 경험체계와 가치관, 자아정체성, 문화적 배경, 이해관계 등의 요인들이 복잡하고 다양하게 작용하는 과정으로서 상호 영향을 주고받는 데 사용되는 모든 수단을 포함한다.

의사소통을 위해 사용하는 수단은 언어적 의사소통과 비언어적 의사소통의 통합으로 이루어진다. 주로 언어적 요소로 내용을 전달한다면 비언어적 의사소통은 메시지 전체의 언어적 내용을 보충해 주기도 하고 강화해 주는 역할을 한다. 완전한 의미의 의사소통은 언어적 의사소통과 비언어적 의사소통이 상보적인 역할을 할 때 가능하다.

(1) 언어적 의사소통

언어로 전달하는 의사소통의 대부분은 언어가 가지고 있는 특성과 문제점을 이해하는 것이 우선이다. 언어는 문화와 역사적 배경에 따라 전달하는 의미와 성격이 다르기 때문에 같은 언어일지라도 어떻게 해석하고 받아들이는가에 따라 그 의미가 완전히 다를 수 있다.

신경언어학(Neuro Linguistic Programming)에서는 메타모형(Meta model)을 중요시 여겨 의사소통을 할 때 흔히 범하기 쉬운 문제를 바로 잡아 주는 역할을 한다. 신경언어학 연구에 의하면 말하는 사람이 전달하는 메시지를 정확하게 이해하는 것이 아니라 자신의 주관적인 경험을 바탕으로 메시지의 의미를 생략, 일반화, 왜곡하는 오류를 범한다고 한다.

첫째, 생략(deletion)은 언어적 표현 중 일부분을 제거하거나 누락시키는 것이다. 사람들은 의사소통할 때 자신이 흥미를 느끼거나 관심 있는 내용만 선택하고 나머지 내용은 걸러서 자신이 이해하고 싶은 내용만 기억하고 그 외의 내용은 생략하거나 중요하지 않은 것으로 무시하는 경향이 있다.

둘째, 왜곡(distortion)은 자신의 무의식적인 욕구에 따라 메시지의 내용을 다르게 해석하는 것을 말한다. 사람들은 자신이 하고 싶은 이야기나 상황을 강조하기 위해 메시지의 사실을 왜곡하거나, 자신의 욕구에 맞춰 확대하거나 축소하여 왜곡하고 부정확하게 이해하려 한다. 왜곡은 자신이 의식하지 못하는 사이에 일어나지만 자신에게 긍정적일 수도 부정적일 수도 있다.

셋째, 일반화(generalization)는 자신의 과거 경험을 바탕으로 서로 다른 메시지를 같은 것으로 해석하는 것이다. 자신의 과거 경험을 바탕으로 메시지 전체를 확대시켜 이해하고 받아들이는 것이다.

(2) 비언어적 의사소통

사회학자 알버트 메하비안(Albert Meharabian)의 조사에 의하면 메시지 전달에서 말이 차지하는 비중이 7%, 목소리가 18%, 비언어적 태도가 55%에 해당한다고 한다.

또한 사람들이 언어적 메시지와 비언어적 메시지가 상충될 때 비언어적 메시지를 더욱 신뢰한다는 연구가 입증된 바 있다. 이것은 의사소통을 할 때 언어적인 메시지보다 비언어적인 메시지의 중요성이 더 크다는 것을 말한다.

비언어적 의사소통은 다양한 손동작과 눈빛, 얼굴표정, 몸짓, 그 밖의 모든 신체동작을 통하여 자신의 감정을 전달하는 시각적인 메시지다. 비언어적 메시지는 언어적 메시지를 돕는 역할을 한다. 때로는 언어적 메시지를 강조하기도 하고 언어적 표현을 대체하기도 하며 언어적 메시지의 내용을 보완하거나 조절하는 역할을 한다. 그래서 언어적 메시지와 비언어적 메시지의 전달체계가 일치하는 것이 일반적인 대화의 양상이다.

사람들이 대화를 할 때 언어적 메시지와 비언어적 메시지가 항상 일치하는 것은 아니다. 대화할 때 언어적 메시지와 비언어적 메시지가 동일한 메시지를 전달한다면 문제가 없으나 언어적 메시지와 비언어적 메시지가 서로 다른 메시지를 전달하고 있다면 사람들은 대체적으로 비언어적 메시지를 더 신뢰한다. 또한 이것은 문화에 따라서 다르게 해석할 수도 있다. 예를 들어, 엄지와 검지를 동그랗게 만든 동작에 대해서도 한국에서는 '돈, 혹은 좋다'는 의미를 지니지만, 프랑스나 벨기에에서는 '쓸모없다 혹은 형편없다'로 해석하고, 브라질이나 러시아에서는 '동성애자'를 뜻한다고 한다. 이처럼 비언어적 메시지는 문화적 환경에 따라 다르게 나타나므로 성공적인 대화를 위해서는 비언어적 표현을 상황이나 환경에 맞게 사용하는 것이 중요하다. 비언어적으로 표현하는 의사소통은 다음과 같다.

① 몸짓

세계여행을 하면서 서로 언어가 통하지 않을 때 몸짓(body language)을 사용하여 의사소통을 하는 경우가 많다. 몸의 일부나 전체를 사용하여 자신이 전달하고자 하는 메시지를 표현한다. 몸짓언어는 무의식적인 까닭에 자신의 숨겨진 심리를 드러내는 특징과, 언어메시지 이면에 숨겨진 정보를 제공한다. 예를 들어, 머리를 끄덕이는 것은 상대방의 이야기를 경청하고 있다는 것을 알게 하는 의사소통의 표현이다.

② 공간

공간은 문화적인 배경, 사회적 지위, 성격, 연령, 및 성별에 따라 개인적 공간과 물리적 공간으로 나눌 수 있다. 개인적 공간은 자신의 사생활을 보호받고 침범당하고 싶지 않은 마음의 상징적 거리라고 할 수 있기 때문에 물리적 거리로 표시하기는 어렵다. 개인적 공간은 주변사람과의 친밀도에 따라 개인적인 공간이 존재한다. 개인적이고 비밀스러운 이야기는 가까운 거리를 유지하며 공적이고 일상적인 이야기는 적당히 거리를 유지한다. 대체적으로 친밀한 거리는 15~60cm, 사적인 거리는 60~129cm, 사회적 거리는 120~330cm, 대중적인 거리는 330cm 이상으로 유지하여 친밀도를 느끼기도 한다.

③ 얼굴 표정

대화는 대부분 상대방의 얼굴을 보며 이루어진다. 얼굴표정은 많은 감정과 정보를 드러내는 비언어적 의사소통 수단이다. 상대의 얼굴 표정을 보며 그 사람의 마음을 읽을 수 있고 감정을 전달하기도 하며 성격을 파악할 수도 있다. 대화를 할 때 중요한 것은 얼굴표정을 잘 조절하는 것과 상대의 얼굴표정을 잘 파악하는 것도 중요한 대화의 기술이다. 얼굴표정을 정확하게 인식하는 것은 상대의 감정과 의사를 정확하게 파악하는 것을 의미하는 것으로서 언어적 의사소통을 도와주는 보조수단이라고 할 수 있다.

④ 시선

대화를 할 때 감정이나 느낌을 가장 정확하게 전달하는 것은 눈빛이다. 눈은 그 사람의 마음을 솔직하게 표현하고 감정의 변화를 가장 잘 느낄 수 있는 비언어적 의사소통 수단이다. 적극적이고 능동적인 대화를 위해서는 상대방의 눈을 바라봐야 한다. 시선은 상대방이 편안함을 느낄 수 있도록 자연스럽게 바라보는 것이 대화를 잘 이끌 수 있는 방법이다. 사람들은 자신이 관심 있거나 흥미를 느낄 때 커다랗게 눈을 떠 자신의 관심과 흥미를 암시하고, 다른 사람과 함께 효과적인 의사소통을 할 수 있도록 도와준다.

5) 효과적인 대화 기법

좋은 인간관계를 맺기 위해서는 자신의 의사를 가장 편안하고 정확하게 전달해야 한다. 그러기 위해서는 인간존중이 전제되어야 하고 상호 신뢰해야 하며, 적극적인 경청과 공감적 이해를 하는 대화기법이 있어야 한다.

(1) 말할 때

- 적절한 화법을 골라 사용한다.
- 때와 장소를 가려서 이야기한다.
- 습관적인 말의 사용을 피한다.
- 상대방이 이해하기 쉬운 말로 한다.
- 감정을 상할 수 있는 화제는 피한다.
- 밝고 명랑한 표정으로 말한다.
- 정확한 발음, 적절한 속도로 말한다.
- 상대방의 관심과 흥미에 맞추어 말한다.

(2) 들을 때

- 상대방을 정면으로 바라본다.
- 편안한 자세를 취한다.
- 맞장구를 치며 관심을 보인다.
- 시선을 마주친다.

(3) 들을 때의 나쁜 자세

- 미리 메시지의 내용을 짐작하는 것
- 상대방의 말을 자신이 가로채 자신이 말을 이어 가는 것
- 상대방의 말꼬리를 잡고 이야기하는 것
- 정확하게 이야기를 하지 않고 얼버무리는 것

2. 나 - 메시지

인간관계에서 갈등을 일으키는 주요 원인은 자신의 의사표현을 제대로 전달하지 못하는 데서 발생한다. 상사와의 갈등이나 친구와의 의견충돌이 생기면 대부분 너 - 메시지를 하며 상대에게 탓을 돌리는 경우가 많다. 우리나라에 '말 한마디로 천 냥 빚을 갚는다.', '말 한마디가 가슴에 비수를 꽂는다.'라는 속담이 있다. 인간관계에서 천 냥 빚도 말 한마디로 갚을 수 있고, 말 한마디 잘못하여 다른 사람에게 영원히 지울 수 없는 상처를 남기기도 한다. 나 - 메시지를 이해하기 위해서는 먼저 너 - 메시지의 부정적 영향에 대하여 알아보는 것이 필요하다.

1) 너 - 메시지의 부정적 영향

우리나라의 인간관계는 계층 구분이 명확하여 상대방과 이야기를 하려고 할 때 비판이나 충고를 하여 상대를 설득하려고 한다. 그런데 비판이나 충고를 들은 사람은 감정이나 자존감이 상하기 쉽고 인격적으로 무시를 당한다는 생각을 하게 되어 원만한 의사소통을 하기가 어렵다. 이러한 상황에서는 피드백을 활용한 대화법을 사용하는 것이 좋은데 이때 나 - 메시지와 너 - 메시지를 사용할 수 있다. 나 - 메시지는 상대방에게 내 입장을 설명하는 것이며, 너 - 메시지는 어떤 결과에 대하여 상대방에게 책임을 전가하는 것을 말한다. 일상생활에서 상대방에게 어떻게 말하느냐에 따라 상대방의 대응 정도가 달라진다. 인간관계에서 상대방에게 책임을 돌리는 것보다 자신의 입장을 충분히 설명하고 양해를 구하는 나 - 메시지를 사용하여 원만한 인간관계를 유지하는 것이 좋다.

대화에 있어서 걸림돌은 '나'를 주어로 사용하는 것보다 '너'로 시작하는 경우가 많다. 대화를 하다가 상대방이 가진 문제보다 나에게 오는 피해나 강도에 따라 너 - 메시지가 적용된다. 상대방이 어떤 문제를 가지고 있다 하더라도 그것이 나와 상관없거나 피해를 주지 않는다면 너 - 메시지를 사용하지 않는다. 그렇지만 사람은 본능적으로 자기중심적이기 때문에 상대의 문제가 나에게 영향을 미치고 그 영향이 부정적일 경우에는 서슴없이 너 - 메시지를 전달한다.

사람을 꾸중하고 훈계하는 방법으로 자신이 원하는 바를 얻어 낼 수 있는 것은 드물다. 말로는 "네, 알겠습니다. 미안합니다. 고치겠습니다."라고 하지만 이미 마음의 문이 닫혀 있는 상태라서 잘못을 인정하기보다 오히려 반감을 불러일으키기 쉽다. 사람은 자신이 명령을 받거나 위협을 받을 경우 자신의 행동을 바꾸는 것에 대해 저항감을 갖고 지시하면 명령하는 사람과 대화가 안 통한다고 생각한다. 따라서 상대방의 잘못을 지적할 때 너 - 메시지는 상대방의 선택 기회를 없어지게 하고 반발적 행동을 유발하는 역효과만 불러올 수 있다.

예를 들어, 직장에서 부하 직원에게 현장에 다녀오라고 했더니 그 부하 직원이 말대꾸를 하는 상황을 보자.

"제가 왜 현장에 다녀와야 합니까? 저는 지금 해야 할 일들이 산더미처럼 쌓여 있습니다. 현장 가는 일은 제 일이 아니라 다른 팀에서 해야 할 일이 아닙니까? 우리 팀에서는 그런 일을 하는 게 아니잖아요."

이런 감정을 표현하는 부하 직원의 메시지에 대하여 상사로서 어떻게 반응할 것인가? 자신의 언어적 반응을 구체적으로 써 보라.

일반적으로 대부분의 사람들은 부하 직원의 말에 화를 낼 것이다. 너 - 메시지는 상대뿐 아니라 자신에게도 나쁜 영향을 준다. 너 - 메시지를 사용하여 말을 하면 돌이킬 수 없는 후회와 불쾌한 감정만 남는다. 또한 너 - 메시지를 사용하여 자신의 감정을 표현하면 상대방과의 관계에 벽이 만들어지고 거리감이 생길 수 있다.

2) 나 - 메시지의 개념과 원리

나 - 메시지는 상대의 행동을 읽고 내게 미친 영향과 감정을 '나'를 주어로 표현하는 것이다. "네가 잘못 했어."가 아니라 "너의 행동이 나에게 이러한 영향을 미치고 나의 감정은 이렇다."라고 현재의 상황과 기분에 대하여 이야기하는 의사소통의 통로를 말한다. 나 - 메시지는 어떤 감정을 가지게 된 책임이 상대방에게 있지 않고 나에게 있다는 것을 전제로 나 자신이 느끼는 감정과 경험을 표현하는 직접적인 의사소통 방법이다. 나 - 메시지의 활용은 상대방에게 나를 잘 이해시키고 나를 더 잘 알릴 수 있도록 도와주며, 궁극적으로 상대방이 마음을 정직하게 개방하도록 용기를 준다.

나 - 메시지의 원리는 너 - 메시지와 비교하면 쉽게 이해할 수 있다. 직장 상사가 "왜 자네는 항상 그렇게 일을 깔끔하게 처리하지 못하나, 그렇게 해 가지고 되겠어?" 하는 말에 부하 직원이 "팀장님, 너무 심한 것 아닙니까? 팀장님은 모든 일을 실수 없이 하십니까?"하고 표현의 주어를 '너'로 하는 것을 너 - 메시지라고 한다. 너 - 메시지를 듣는 상대방은 마음의 벽을 쌓고 심리적으로 방어 자세를 취하게 만든다. 이 상황을 나 - 메시지로 전환하여 보면 문제의 핵심은 상대방의 행동으로 인하여 '나'에게 어려움이 있다는 것을 전달하는 것이다.

너 - 메시지: "왜 자네는 항상 그렇게 일을 깔끔하게 처리하지 못하나, 그렇게 해 가지고 되겠어?"

나 - 메시지: "자네가 그렇게 일을 처리하지 못하니까 내가 윗사람 보기에 입장이 난처하네."

너 - 메시지: "팀장님, 너무 심한 것 아닙니까? 팀장님은 모든 일을 실수 없이 하십니까?"

나 - 메시지: "팀장님이 제 말은 들어 보지도 않고 화를 내고 저를 무시하는 것 같아 어찌해야 할지 모르겠습니다."

나 - 메시지 기법의 원리는 상대방을 감정적으로나 인격적으로 비난하지 않고 상대방의 객관적 행위나 사실을 설명하고 그것으로 인하여 내가 스트레스가 쌓인다는 표현방식이다. 나의 눈에 비친 상대방의 객관적 사실이나 행동에 대한 상황을 설명하고 그것에 대한 나 자신의 입장을 표현하는 것이다.

나 - 메시지는 어떤 상황에서도 유용하게 사용할 수 있다. 메시지는 갈등상황에서 참는 것으로 인한 스트레스를 방지하고 공격적인 자기주장으로 인한 갈등악화를 예방할 수 있다. 따라서 나 - 메시지의 기본 원리는 상대방의 행동 자체를 문제 삼고 거기에 따른 책임을 상대방에게 전가하는 대신에 그의 행동에 대한 나의 반응을 판단하거나 평가 없이 알려 주어 그 반응에 스스로 책임을 지는 것이다.

3) 나 - 메시지의 구성요소

나 - 메시지는 '…해라', '네가 틀렸다. 너에게 문제가 있어.' 등의 내용이 아니라 '너의 행동으로 인한 나의 느낌을 네가 잘 들어주길 바란다.', '나에게 문제가 있으니 나를 좀 도와줘'라는 의미이다. 나 - 메시지는 상대방의 행동을 그대로 서술하고 자신의 느낌을 솔직히 말하는 것으로 상황 - 결과 - 느낌 - 바람이라는 구성요소가 필요하다(박민수, 마음을 움직이는 커뮤니케이션 기법, 2015).

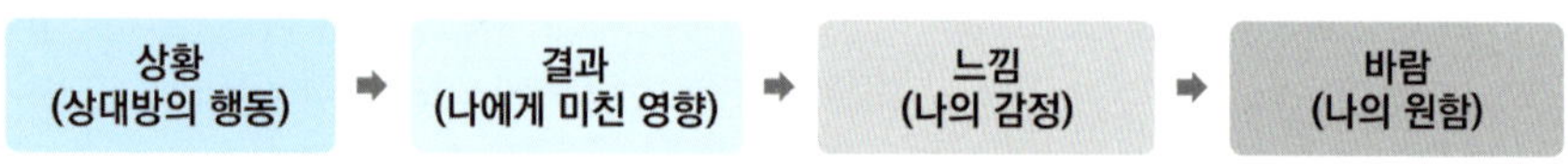

[그림 11-2] 나 - 메시지 구성요소

1단계: 상황 - 상대방의 행동

상황은 나 자신에게 문제가 되는 상대방의 말과 행동을 의미한다. 1단계에서는 나에게 문제가 되는 상대방의 행동을 비난하거나 가치판단적인 용어를 사용하지 않고 보고들은 것을 그대로 표현하는 것이다.

2단계: 결과 - 나에게 미친 영향

결과는 상대방의 말이나 행동이 나에게 미친 긍정적 혹은 부정적 영향에 대하여 자신의 생각을 전달하는 것이다.

3단계: 느낌 - 나의 감정

감정은 상대방의 말이나 행동 때문에 자신이 느끼는 감정을 표현하는 것이다. 이때 느낌은 부사나 부사구를 사용하여 결과로 인한 자신의 정확한 감정을 표현하는 것이 좋다.

4단계: 바람 - 나의 원함

상대방의 행동변화에 대한 자신의 바람을 표현한다. 자신의 바람을 표현할 때는 정중하고 확고하게 표현하는 것이 좋다.

나 - 메시지 어구

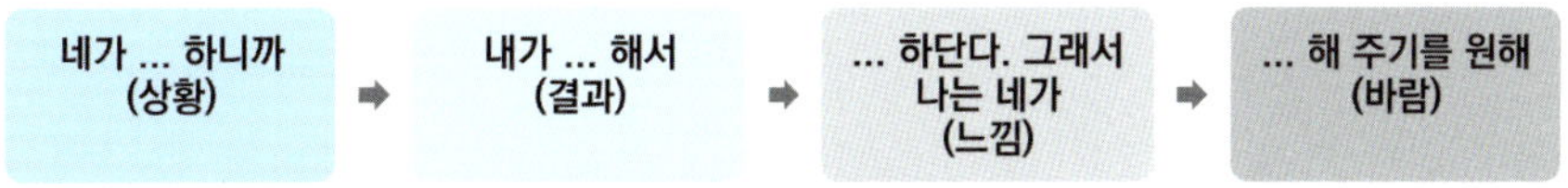

[그림 11-3] 나 - 메시지 어구

4) 나 - 메시지 요령과 실제

예시 1: 아빠가 뉴스를 보고 있는데 아이들이 떠들어서 뉴스에 집중할 수 없는 상황이다.

"아빠가 뉴스를 보고 있는데 너희들이 떠들면(상황) 뉴스를 제대로 들을 수 없어서(결과) 나는 짜증이 난단다(느낌). 그래서 너희들이 좀 조용히 해 주었으면 좋겠단다(바람)."

예시 2: 친구가 직장에서 있었던 억울한 일을 이야기하면서 울기 시작한다.

"네가 우는 것을 보니(상황) 내가 어떻게 도와야 할지 몰라서(결과) 무척 당황스럽구나(느낌)."

예시 3: 아이가 책상 위에 너저분하게 늘어놓은 책과 공책 등을 치우지 않고 있다.

"네가 공부를 하고 난 후에 책상 위에 물건들을 치우지 않고 그대로 두는 것이 문제란다.(상황) 네가 너를 따라 다니면서 책상을 치우려니 시간도 걸리고 피곤하기 때문에(결과) 나는 너희들에게 혹사당하는 것 같아 힘이 들고 화가 난다(느낌). 그래서 엄마는 네가 공부를 하고 난 후에 책상을 깨끗이 정리해 주었으면 좋겠다(바람)."

상황제시 1: (팀 회의 시간에 김 대리는 오늘도 지각을 했다.) 팀장으로서 김 대리에게 어떻게 말할 것인가?

상황제시 2: (친구가 나와 함께 있으면서 다른 사람과 20분 이상 전화통화를 하고 있다.) 친구에게 어떻게 말할 것인가?

상황제시 3: 친구들과 무엇을 할까 의논 중인데 한 친구가 계속 나의 말을 중단시킨다.

12

프레젠테이션과 의사소통

[학습목표]

1. 프레젠테이션의 개념 및 중요성을 설명할 수 있다.
2. 프레젠테이션의 과정을 이해하고 적용할 수 있다.
3. 바람직한 프레젠테이션의 방법을 알고 실행할 수 있다.

[미리 보기]

애플사의 창업자이자 최고 경영자인 스티브 잡스는 업계에서 프레젠테이션을 가장 잘하는 사람으로 정평이 나 있다. 잡스는 요점을 분명하게 전달하는 천재적인 재주를 지녔다. 그의 프레젠테이션은 상당한 반향을 일으키고 발표 내용은 언제나 새로운 입소문의 근원지가 된다. 이런 현상이 일어나는 이유는 기자나 일반인이 그의 발표 내용을 쉽게 이해하고 잘 기억할 수 있기 때문이다. 무슨 말인지조차 알아듣지 못하면 다른 사람에게 전하기도 어렵다. 잡스의 프레젠테이션은 언어적으로나 시각적으로나 명확하다. 이런 특징은 위대한 지도자들의 공통점이기도 하다.
잡스의 뛰어난 재능은 그의 슬라이드에서도 그대로 드러난다. 그의 슬라이드에는 절제, 단순함, 강력하면서도 미묘한 여백 활용 등의 특징이 나타난다.

출처: Reynolds(2008).

① 스티브 잡스의 프레젠테이션을 보고 느낀 바를 말해 보자.

② 스티브 잡스와 빌 게이츠의 프레젠테이션을 비교해 보고 각각 장단점을 찾아 보자.

③ 성공적인 프레젠테이션의 요소는 무엇인지 파악해 보자.

12 프레젠테이션과 의사소통

1. 프레젠테이션이란 무엇인가

1) 프레젠테이션의 개념 및 중요성

프레젠테이션(presentation)이란 발표 혹은 설명을 뜻하는 말로, 각종 세미나 및 학회, 회의에서의 발표, 직장에서 동료나 상사를 대상으로 하는 브리핑, 윗사람에게 하는 보고, 수업시간에 하는 발표와 설명, 인사말 등을 모두 포괄하는 말하기를 의미한다. 특정 주제나 비즈니스에 대한 계획안, 신상품에 대한 소개를 관련자들에게 브리핑하거나 광고 대리업자가 예상 광고주를 대상으로 하여 광고 계획을 제시하고 설명하는 행위 역시 프레젠테이션에 속한다.

이처럼 프레젠테이션은 자신의 주장을 전달해 상대방을 설득하는 의사소통 방식의 하나라고 할 수 있지만, 우리가 일상적으로 접하는 발표나 말하기와는 차이가 있다. 다시 말해, 프레젠테이션은 발표자의 목소리나 표정, 몸짓뿐 아니라 여건과 상황에 맞는 다양한 매체와 기술적 도구를 사용한다는 점이다.

오늘날 우리가 가진 커뮤니케이션을 위한 도구는 연필에서부터 스마트폰, AI에 이르기까지 매우 광범위하게 사용되고 있다. 기술의 발달과 더불어 의사소통의 방식이 획기적으로 변화하고 있는 까닭이다. 이러한 변화와 함께 다양한 형태의 기관이나 단체 혹은 개인들은 대중과 직접 접촉하면서 자신의 활동과 성과, 창의적 아이디어와 기획을 적극적으로 전달해야 하는 상황에 직면하게 되었다. 이를 위해 가장 널리

이용되는 말하기 방식이 프레젠테이션이다. 프레젠테이션은 단순한 말하기나 문서 형태로만 그치지 않고 다양한 매체와 기술을 도입한 보다 적극적인 소통방식으로 말하기와 글쓰기, 보여 주기의 방식이 효과적으로 결합한 종합적인 의사소통 방식이라고 할 수 있다.

한편 프레젠테이션은 전문가들만의 특별한 기술이 아니라 자신의 생각이나 아이디어, 경험, 노하우 등 제반 정보를 상대방에게 전달하고 설득하는 모든 행위를 지칭하는 포괄적 의미를 지닌다. 대학입시와 취직시험에서 치르는 면접, 학위논문 통과를 위한 논문 발표회, 결혼 상대를 찾기 위한 맞선 자리에서의 대화, 사내 회의에서의 발표, 회사 신제품 판매를 위한 상담, 강의와 강연 등 우리의 삶은 프레젠테이션의 연속이라 해도 지나치지 않다. 프레젠테이션의 성공이 곧 비즈니스의 성공이요, 인생의 성공으로 직결될 수 있다는 말이다.

오스트리아 출신의 경영학자이자 사회생태학자로 불리는 피터 드러커(1909~2005)는 인간에게 있어 가장 중요한 능력은 자기표현 능력이며 현대의 관리나 경영은 커뮤니케이션에 의해서 좌우된다고 했다. 자기를 어떻게 표현하는가, 자신의 생각을 어떻게 주장하는가에 따라 능력에 대한 평가도 달라질 수 있다. 같은 생각도 어떻게 말하고 어떻게 표현하는가에 따라 다르게 받아들일 수 있기 때문이다. 내가 알고 있는 것, 생각하고 있는 것을 남에게 정확히 전달한다는 것은 매우 중요하다. 프레젠테이션은 자신의 장점과 특기, 능력 등을 보다 효과적으로 표현하는 데 매우 유용한 도구로 사용되고 있으며, 원활한 커뮤니케이션을 위해서도 널리 활용되고 있다.

2) 프레젠테이션의 목적과 유형

프레젠테이션을 통해서 우리는 자신의 주장이나 견해를 다른 사람이 잘 받아들일 수 있도록 설득하거나, 모르는 것을 알 수 있도록 정보를 제공하거나, 청중의 무관심을 관심으로 전환할 수 있도록 동기를 부여해서 행동으로 옮길 수 있도록 안내한다. 이와 같은 프레젠테이션의 목적은 프레젠테이션이 곧 커뮤니케이션(communication), 소통이라는 것을 의미한다. 청중과의 소통이 잘되어야 자신이 목적한 바를 이룰 수 있다. 이를 위해 발표자는 목소리뿐 아니라 시각적인 자료들을 이용해 좀 더 쉽게 전달되고 이해될 수 있도록 청중을 배려함으로써 소통의 효과를 극대화하고자 한다.

프레젠테이션은 그 목적에 따라 다음의 4가지 유형으로 나누어 볼 수 있다.

(1) 제안 프레젠테이션

제안이란 어떤 일을 더 좋은 쪽으로 해결하기 위하여 의견을 내는 것을 말한다. 기업의 경우 경영 활동의 일환으로 사업 계획을 제안하거나 신규 프로젝트나 매출 증대를 위해서, 그리고 자사의 상품, 콘텐츠 등을 외부에 판매하기 위한 목적으로 행해지는 경우가 많다. 무역, 제조, 유통, 콘텐츠 분야에서 필수적이며 일반적으로 회사에서 가장 많이 이용되는 프레젠테이션이다.

(2) 설득 프레젠테이션

설득 프레젠테이션은 마음을 움직여 한번 해보겠다는 의지와 결정을 이끌어 내는 것에 목적이 있기 때문에 발표자의 도전의식과 강한 투지, 스스로의 확신과 자신감이 필요하다. 설득 프레젠테이션은 확실하고 정확한 정보가 필요한 프레젠테이션으로 투자 유치, 프랜차이즈 모집, 사내의 신규 투자 등을 이끌어 내는 데 주로 사용된다.

(3) 정보제공 프레젠테이션

세미나, 강의, 교육 등을 통해 조직이나 개인이 가지고 있는 유익한 정보를 전달하는 목적의 프레젠테이션이다. 정보제공 프레젠테이션은 일방적 전달보다는 새로운 정보를 기존의 정보와 비교하여 보여 주는 등 그림이나 동영상 등의 시청각 자료를 적극 활용하는 것이 좋다. 발표자의 깊이 있는 통찰과 전문가적 자질이 요구된다. 또 정보를 공유하고 이해시켜야 하기 때문에 중요한 부분은 강조, 반복하는 것이 필요하고, 청중의 지루함을 제거하고 집중할 수 있도록 배려해야 한다.

(4) 동기부여 프레젠테이션

동기부여 프레젠테이션은 새로운 목표와 달성을 위한 각오를 다지게 하는 것이 목적이기 때문에 이론이나 논리보다는 정신자세, 긍정적 마인드, 사기 진작, 시너지 효과 등을 만들고 심어 줘야 한다. 따라서 발표자의 강력한 카리스마, 전달 기술이 중요한 프레젠테이션이다. 주로 신입생 오리엔테이션이나 기업 연수, 워크숍 등에서 사용한다.

3) 프레젠테이션과 소통

사회적 존재로서의 인간은 다른 동물로서는 흉내도 낼 수 없는 고도의 커뮤니케이션을 한다. 소리와 문자, 즉 언어뿐만 아니라 비언어적 요소 - 그림이나 조각, 음악, 무용 등 - 를 통해서도 커뮤니케이션을 한다. 커뮤니케이션을 통해서 인간은 의미를 창출해 낸다. 커뮤니케이션은 이야기하는 사람의 의도를 제대로 해석해서 듣고, 그 해석을 기초로 반응하고 다시 메시지를 전달하는 과정이다. 이처럼 인간은 커뮤니케이션을 통해 의미를 창출해 낸다.

프레젠테이션은 혼자 하는 것이 아니고 발표자와 청중이 함께하는 것이다. 혼자서는 살 수 없으므로 더불어 사는 것과 마찬가지로 프레젠테이션 역시 청중을 필요로 한다. 발표자는 청중으로부터 예측했던 반응을 기대하고 발표자의 주장이나 견해에 동의해 주기를 바라며 나아가 적극적으로 동참해 주기를 바란다. 청중 또한 필요한 정보를 얻기를 바라고, 전에 생각하지 못했던 것을 깨달을 수 있기를 바라며, 영감을 얻을 수 있기를 바란다. 프레젠테이션의 과정은 이처럼 발표자와 청중이 서로 주고받는 소통의 장이라 할 수 있는 바, 발표자와 청중은 각자의 위치에서 자신의 역할에 충실해야 한다.

발표자는 전달하고자 하는 메시지를 분명하게 파악하고 있어야 하고, 참가자들의 반응을 예민하게 관측할 수 있어야 한다. 메시지는 바로 프레젠테이션의 내용이라 할 수 있으며, 이는 발표자가 사용하는 언어, 음성, 시각적인 것들에 의해 고스란히 청중에게 전달된다. 따라서 발표자는 언어와 음성뿐 아니라 청중에게 보여지는 표정, 모습, 의상, 태도, 제스처, 시각 자료 등에 세심한 주의를 해야 한다.

청중은 메시지를 받는 수신자를 말한다. 청중의 지적 수준이나 취향, 성별, 나이, 직업 등에 따라 같은 메시지도 다르게 받아들일 수 있으므로, 발표자가 프레젠테이션에 앞서 청중을 파악하는 일은 매우 중요하다. 피드백은 수신자인 청중이 발표자에게 보내는 반응을 뜻한다. 이러한 반응은 언어적일 수도 있고 비언어적일 수도 있으나 대부분 비언어적인 형태로 나타난다. 예를 들어, 청중이 자주 시계를 보거나 옆 사람과 이야기를 하거나 졸고 있는 사람이 많다면 프레젠테이션에 관심이 없다는 징표일 것이다. 반면 고개를 끄덕이거나 표정의 변화가 있다면 프레젠테이션을 경청하고 있다는 표시일 것이다. 이러한 반응은 상호 작용의 결과로서 청중이 프레젠터에게 보내는 하나의 메시지라 볼 수 있다.

커뮤니케이션 과정에는 말하는 사람, 듣는 사람, 말하는 내용, 전달하는 방법 그리고 듣는 사람이 말하는 사람에게 보내는 반응(피드백) 등이 모두 포함된다. 프레젠테이션의 과정 역시 커뮤니케이션의 과정과 같다. 프레젠테이션이건 커뮤니케이션이건 목적은 청중의 마음을 움직이게 하는 것이다. 청중이란 회사 내 임원, 계약상대자, 소비자 등 그 어떤 사람도 될 수 있을 것이다. 원활한 소통을 위해서는 누가(전달자), 무엇을(전달내용), 어떤 방법으로(통로), 누구에게(수신자), 무엇을 기대하고 의사를 전하는지의 요소가 분명하게 갖추어져 있어야 한다.

2. 프레젠테이션의 과정

프레젠테이션의 과정은 크게 기획단계와 실행단계로 나눌 수 있다. 각 단계를 살펴보면 다음과 같다.

1) 기획단계

기획단계는 프레젠테이션을 준비하는 밑그림 작업이라 할 수 있다. 이 단계에서는 프레젠테이션의 목적(Purpose) 확인과 청중(People) 분석, 자료수집 및 내용구성 그리고 현장(Place) 분석이 필요하다.

(1) 목적 확인

발표자는 전달하고자 하는 핵심 주제와 자신이 행하는 프레젠테이션의 목적 및 유형을 분명히 파악하는 것이 중요하다. 왜 발표를 하는지, 발표를 통해 얻고자 하는 것이 무엇인지를 분명히 한다. 어떤 방법이 발표에 적합한지를 검토한다

(2) 청중 분석

프레젠테이션에 있어서 청중을 이해한다는 것은 성공적인 프레젠테이션의 첩경이 될 수 있으며 두려움을 극복하는 방법이 되기도 한다. 적을 알아야 적을 이길 수 있듯이 청중이 누구인지를 알아야 그에 맞는 전략을 세울 수 있기 때문이다. 발표 내용 자체가 훌륭했음에도 불구하고 발표가 성공적이지 못한 경우는 대개 청중을 제대로 파악하지 못했기 때문이다. 청중의 규모, 청중의 지위나 수준, 성별, 연령층, 직업, 전문성 등을 충분히 파악해 말할 때의 어조나 난이도, 발표 복장, 동작 등을 미리 결정해 둔다. 또 청중이 관련 내용에 대해 어느 정도 사전 지식을 갖고 있는지, 자의에 의한 참가인지 타의에 의한 것인지 등을 미리 알아 두면 실제 프레젠테이션을 하는데 많은 도움이 될 수 있다.

(3) 자료수집 및 내용구성

프레젠테이션의 목적과 청중의 니즈가 반영된 자료를 수집한 뒤 발표 내용을 구성한다.

① 자료수집

자료는 발표 주제와 관련성이 높은 자료를 다양하게 확보해야 하며 무엇보다 신뢰할 수 있는 정확한 자료를 확보하는 것이 중요하다. 출처가 분명한 자료, 가급적이면 최신의 자료를 활용하는 것이 좋다.

② 내용구성

먼저 발표할 내용의 뼈대를 잡은 뒤 내용을 어떻게 배분할 것인지 정한다. 표제

슬라이드부터 마무리 슬라이드까지 차례를 구상하고, 핵심내용을 어떻게 전개할 것인지 결정한다. 순서를 작성할 때는 프레젠테이션 전체 내용을 개괄할 수 있는 '목차' 슬라이드와 마지막에 청중의 이해와 기억을 돕기 위한 '요약/강조' 슬라이드를 잊지 않도록 한다. 이때 주의해야 할 것은 진행시간의 배분이다. 정해진 시간을 염두에 두고 그에 맞춰 슬라이드를 구성한다.

③ 시각 자료 제작

프레젠테이션은 글쓰기와 말하기, 보여 주기가 어우러진 종합적인 의사소통의 과정이라 할 수 있다. 특히 시각자료를 활용한 보여 주기의 기법은 프레젠테이션의 핵심적인 부분을 차지하며 발표에 미치는 영향력도 크다. 따라서 시각자료, 슬라이드를 제작할 때는 개요와 밑그림을 바탕으로 요점이 뚜렷하게 부각되고 내용이 한눈에 들어오도록 제작한다.

프레젠테이션 화면 구성 시 유의 사항

- 한 화면에 하나의 내용만을 다룬다.
- 자세한 내용보다는 요점/요약을 넣는다
- 화면에 들어갈 텍스트는 다섯 줄 안팎으로 정리한다.
- 텍스트는 설명식이 아닌 요약식으로 제시한다.
- 내용은 가능하면 표나 도표, 그림, 그래프 등으로 제시한다.
- 색상은 3색 정도만 사용한다.
- 제목은 일관된 서식을 적용한다.
- 화면 전환 및 애니메이션 효과는 한 가지로 통일한다.
- 사진이나 인용 자료는 크고 선명하게 제시한다.
- 오/탈자는 성의와 신뢰성에 의심을 가게 하므로 철저한 검증이 필요하다.

④ 대본 작성

대본은 자신이 말하고자 하는 내용을 조리 있게, 정해진 시간 안에 발표하고 조절하는 데 효과적이다. 원활한 프레젠테이션을 위해서는 미리 대본을 작성하여 슬라이드와 연계해 연습해 보는 것이 필요하다. 대본은 암기가 목적이 아니라 충분한 연습을 통해 표현을 내재화하는 것이 중요하다. 연습용 대본과 발표 시 참고할 대본은 따로 작성하는 것이 좋다.

▌대본 작성 tip

- 대본은 발표자가 쓰기 편하도록 작성한다
- 대본의 크기는 손바닥 안에 들어갈 정도가 좋다.
- 쉽게 확인 가능하도록 글자는 크게, 진하게 작성한다.
- 많은 내용을 넣지 말고 핵심적인 사항만 기록한다.
- 첫인사와 도입부, 마무리 인사는 미리 준비해서 대본에 기록해 두는 것이 좋다.

(4) 현장답사

프레젠테이션을 하기 전 미리 발표 장소를 확인해 둔다. 발표장의 크기와 구조, 활용할 수 있는 장비의 지원상태, 조명 및 음향시설, 발표 위치와 방향 등을 꼼꼼히 체크한다.

2) 실행단계

실행단계에서는 프레젠테이션의 시연과 보완을 통하여 프레젠테이션의 완성도를 높이도록 하는 과정과 청중들 앞에서 실연하는 과정이 포함된다.

(1) 시연과 보완

① 유인물 작성

유인물은 청중의 이해를 돕기 위한 보조 인쇄물을 말한다. 발표 전 유인물을 나눠주면 청중은 미리 내용을 훑어보며 발표 내용을 짐작할 수 있다. 복잡한 설명이 필요한 경우 유인물을 참고하여 이해를 도울 수도 있다. 유인물을 작성할 때 화면에 제시된 자료와 동일하게 만들 필요는 없으며, 핵심적인 내용을 중심으로 작성하도록 한다.

② 어휘 선택과 문장 구사

프레젠테이션을 시연할 때 어휘 선택과 문장구사에 유의한다. 쉽고 선명한 어휘를 선택하고, 자신감 있는 어조로 말해야 한다. 문장은 될수록 짧게 표현하고 문어체가 아닌 구어체를 사용하도록 한다. 목소리 크기와 말의 속도, 억양 등도 적절한 변화를 주어 지루하지 않게 한다.

③ 시간의 안배

프레젠테이션에서 가장 중요한 것은 시간의 안배이다. 예정된 시간은 청중과의 약속이므로 반드시 지켜야 한다. 각 슬라이드마다 얼마의 시간이 필요한지 미리 계산해 두어야 하며, 발표 시간 외에 청중의 질의나 토론을 위한 시간도 고려해 두어야 한다.

(2) 프레젠테이션 실연

프레젠테이션의 목적은 청중을 설득하는 데 있으므로 발표자 혼자만의 공허한 외침으로 끝나서는 안 된다. 최대한 청중이 개입하고 참여하게 만들어야 한다. 많은 청중 앞에서 프레젠테이션을 하는 것은 경험이 풍부한 사람들에게도 항상 긴장되는 일이다. 따라서 할 수 있다는 자신감을 가지고 성공한 프레젠테이션을 마음속에 그려보며 긴장을 풀 수 있도록 해야 한다. 발표 도중에는 청중에 대한 시선 처리에 유의하고 부적절한 동작이나 태도에도 유의한다. 발표자는 한곳에 고정되어 있기보다 몸을 적당히 움직이거나 자연스러운 제스처를 사용하도록 한다.

① 도입부: 프레젠테이션의 시작

청중의 흥미를 이끌어내는 도입부는 이어질 내용에 몰입할 수 있도록 청중을 유도하는 역할을 하는 단계이다. 청중의 관심을 끌고 마음을 열기 위한 방법으로 질문하기, 의외의 사실이나 작은 일화 제시하기, 가벼운 유머나 경험담 등을 활용할 수 있다. 물론 이러한 방법은 흥미롭기만 한 것이 아니라 이어질 내용과 관련되어야 한다. 같은 내용의 발표라 하더라도 시작을 어떻게 하느냐에 따라 결과도 달라질 수 있기 때문에 각별한 준비가 필요하며, 무엇보다 자신감 있는 태도가 중요하다.

② **본론부: 프레젠테이션의 메인**

본론부는 발표의 메인 부분으로 발표자가 가장 잘 아는 부분이다. 그러므로 자신 있게 발표하여 청중을 설득하는 것이 중요하다. 발표 주제를 명확하게 전달하고 중요하게 느낄 수 있도록 표나 그림, 권위 있는 정보를 인용하는 것도 필요하다. 전달하고자 하는 내용을 먼저 이야기하는 화법을 취해 청중의 기억을 도울 수 있도록 한다. 발표 주제와 동떨어진 개인적인 이야기나 군더더기 표현은 삼가고, 청중과 대화하듯 적절한 시선 안배 및 자연스러운 목소리와 몸짓을 사용하도록 한다.

③ **결론부: 프레젠테이션의 마무리**

발표를 마무리하는 결론부 역시 강한 인상을 줄 수 있도록 철저히 준비해야 한다. 본론에서 전달한 내용을 요약하거나 강조하고, 질의와 응답, 의견수렴, 감사의 말을 전한다. 완결감이 들도록 중요한 메시지는 다시 한번 강조하고 청중이 무엇을 해야 할지 분명히 제시해줄 수 있어야 한다. 질의응답을 통해 발표 내용에 대한 이해를 돕고, 발표자와 청중들 사이에도 상호 소통의 기회를 마련함으로써 프레젠테이션을 더욱 성공적으로 마무리하도록 한다.

질의응답 시 tip

- 질문을 유도할 발언을 미리 준비한다.
- 질문자가 없을 때를 대비해 동료에게 미리 질문을 부탁해 놓는 것도 필요하다.
- 예상질문을 미리 준비해서 돌발적인 질문이나 비난에 당황하지 않아야 한다.
- 그 자리에서 답변하기 힘든 내용은 솔직하게 인정하고, 이후에 답변할 것을 약속한다.

3. 바람직한 프레젠테이션의 모습

1) 바람직한 프레젠테이션의 모습

프레젠테이션은 말을 잘하는 연설이 아니다. 빠르게 변하는 지식사회에서 프레젠테이션은 정해진 시간 안에 얼마나 효율성 있게, 적절한 메시지로 표현할 수 있는가가 중요하다. 또 프레젠테이션은 '잘 만든 파워포인트'가 아니다. 보조기구에 불과한 파워포인트 비주얼에만 신경 쓰다 보면 정작 중요한 프레젠테이션 자체를 망쳐 버릴 수 있다. 화려한 비주얼보다는 간결하면서도 설득력이 있어야 하는 프레젠테이션의 기본 개념을 잊지 않아야 한다.

훌륭한 프레젠테이션은 지적이면서도 동시에 감성적인 차원에서 진지하고 진솔한 대화, 공유, 교감을 끌어낸다. 음악연주회와 같이 연주자와 청중 사이의 거리감을 좁혀 교감을 이루는 것이 핵심이라는 말이다. 교감이 없이는 대화도 감동도 불가능하다. 견고한 내용과 논리적인 전개, 청중과의 소통이 중요하다. 바람직한 프레젠테이션이란 논리와 감성 모두를 갖춘 커뮤니케이션으로서의 가치를 지닌다.

2) 바람직한 프레젠터의 자세

정해진 시간 내에 전달해야 하는 내용을 효과적으로 전달하기 위해 프레젠터가 갖추어야 할 기본자세는 다음과 같다.

(1) 태도 및 자세

미소를 띠되 적절히 긴장된 표정, 자신감 있는 표정이 좋다. 위치는 청중의 왼편이 좋고, 가능한 한 등을 보이지 않아야 한다. 사람을 지목할 때는 손바닥을 곧게 펴서 전체로 하는 것이 좋고 어깨나 등은 굽은 자세로 이야기하거나 호주머니에 손을 넣는 등의 행위는 삼가야 한다. 청중과의 거리는 맨 앞줄과 2~3m가 적당하다.

(2) 옷차림

지나치게 화려한 색상은 피하고 단순하면서도 감각이 돋보이는 정장 차림이 무난하다. 요란한 장신구는 피하고 시선이 프레젠터의 옷차림에만 가지 않도록 상황에 맞게 준비한다.

(3) 제스처

몸짓, 손짓 등의 바디랭귀지가 상대에게 강렬하게 전달될 수 있다. 적절한 제스처를 사용하되 같은 제스처를 계속하는 것은 주의가 필요하다.

(4) 목소리

힘이 있지만 낮은 톤이 무난하다. 정확한 발음으로 절도 있게 발성한다. 강조할 부분에서는 목소리의 강약을 사용하고 명확하고 또렷한 목소리를 유지한다.

(5) 시선

말을 할 때는 반드시 청중과 시선을 맞추되 한 사람에게 집중하는 것은 피한다. 시선을 골고루 분배해 정중하고 성실한 태도로 임한다. 시선 분배를 할 때 시선이 너무 빠르게 움직이면 산만해질 수 있으므로 한 그룹당 4~5초, 또는 한 그룹당 한두 문장을 말하면서 시선을 머물러주는 것이 좋다.

(6) 메시지 전달

간결하면서도 쉬운 어휘를 사용한다. 대화체를 사용하고 긴 문장보다 짧은 문장을 구사한다. 내용을 숙지하여 청중을 보면서 핵심 위주로 설명한다.

3) 바람직한 청중의 자세

성공적인 프레젠테이션이란 발표자와 참가자 모두 일체가 되어 프레젠테이션에 참여했을 때 가능하다. 이를 위해 참가자, 즉 청중이 해야 할 몫이 있다. 그것은 바로 지켜야 할 기본 예의를 갖추는 것이다. 정해진 시간을 지켜야 하는 것은 물론이고 적극적인 경청의 자세 역시 중요하다. 밝고 웃음 띤 표정을 짓는 것, 메모하는 것, 질문의 요지를 준비하는 것, 얼굴 표정이나 고갯짓으로 긍정적인 반응을 보여 주는 등 참가자로서의 적극적인 태도를 지니는 것은 자신뿐 아니라 발표자와 참가자 모두에게 득이 되는 바람직한 모습이다.

성공적인 프레젠테이션 Tip

① 첫인상을 챙겨라.

첫인상이 중요하다. 프로페셔널한 느낌을 주는 외모로 프레젠테이션을 해 보라. 학생일 경우에도 정장을 입는 것이 좋다. 얼굴은 자신감 있는 표정을 짓고 절대 움츠러들지 말아야 한다.

② 자세를 바로 하라.

발표를 하면서 이리 기우뚱 저리 기우뚱 부산한 모습을 보여 주는 사람들이 많다. 그러나 자세를 바로잡고, 마이크는 자연스럽게 쥐고 발표하라. 시선은 청중과 적절하게 맞춰야 한다. 청중의 눈을 마주치는 것도 좋지만 부담스러워한다면 인중을 바라보는 것이 좋다. 적절한 눈높이는 청중의 집중력을 이끌어 내 전달력을 높일 수 있다.

③ 예행연습을 여러 번 하라.

준비되지 않은 프레젠테이션을 매끄럽게 끌고 나갈 수 있는 사람은 없다. 집에서 혼자 거울을 보며 연습을 하거나 혹은 동료 앞에서 연습을 하라. 사전 연습은 자신감을 키워 주고 적절한 시간 안배를 위해서도 필요하다.

④ 대본을 보고 읽지 마라.

대본을 준비하고 이를 읽는다면 프레젠테이션의 의미가 없다. 대신 연습을 하면서 발표의 흐름과 각각의 핵심 사항, 어휘 정도만 메모하고, 발표 도중 이를 체크하는 것이 적당하다.

⑤ 자신이 잘 아는 내용을 발표해야 한다.

청중들을 포함해서 이 자리에 모인 사람 중 자신이 이 주제에 대해서는 최고 전문가가 되어야 한다. 그럴 수 있도록 미리 철저하게 준비해야 한다.

⑥ 발표는 흐름을 타는 것이 중요하다.

발표는 흐름을 타기 마련이다. 말이 잘 풀리고 청중들이 몰입하기 시작하면 발표는 더욱 흥미롭게 진행된다. 만일 발표의 흐름이 잘못 흘러가고 있음을 느낄 때는 이를 전환하기 위해서 말을 잠시 끊고, 다시 시작하는 기분으로 발표를 이어 가는 것이 좋다.

⑦ LIVE의 묘미를 살려라.

발표는 생방송이기 때문에 청중들의 반응을 완벽하게 예상하고 준비하는 것은 불가능하다. 또한 실제 발표상황에서는 예상치 못한 일들이 일어나기 쉽다. 이럴 때는 상황에 따라 적절한 해결책을 찾아야 한다. 전략은 유지하되 전술을 바꿀 줄 알아야 한다.

⑧ 청중들과 대화한다는 자세를 가져라.

발표를 혼자 말하는 것으로 생각해서는 안 된다. 하나하나 말할 때마다 청중들의 얼굴을 살펴라. 만일 내용을 이해하지 못하는 것 같다면 쉬운 예를 곁들일 수도 있고, 지루해한다면 유머를 곁들일 수도 있다.

⑨ 보디랭귀지를 섞어 가면서 이야기하라.

보디랭귀지 없이는 청중이 쉽게 발표자의 말을 이해할 수 없다. 정보의 전달에서 큰 역할을 하는 보디랭귀지를 부산스러워 보이지 않게 적절히 사용해 보자. 청중의 지루함을 없애고 끊임없는 관심을 유도하는 데 좋다.

⑩ 말에는 강약이 중요하다.

교과서 톤의 목소리는 청중을 지루하게 만든다. 목소리의 톤을 활용해 보자. 중요한 부분에서는 목소리가 올라가고 가끔씩은 내려깔기도 하면서 말이다. 강약을 잘 조절해야 지루함을 덜 수 있다.

⑪ 발표기회는 있을 때마다 자청하라.

발표를 잘하기 위해서는 경험이 가장 중요하다. 경험을 통해서 자신의 부족한 점을 고치고, 잘하는 부분을 부각할 수 있기 때문이다. 무대 위에 오르는 것을 즐겨 보라.

참고문헌

고도원(2004). 고도원의 아침편지. 청아출판사.

권인아 · 오정주(2020). 대인관계능력, 의사소통능력. 한올출판사.

금진호(2018). 취업과 진로. 대전과학기술대학교.

금진호(2019). 자기개발능력, 문제해결능력. 양성원.

김동원 외(2015). 의사소통의 리더십. 공감북스.

김동현 외(2020). 비대면 비즈니스 트랜드. 정보문화사.

김동현 · 마정산(2020). 비대면 비즈니스 트렌드. 정보문화사.

김성근(2011). 김성근이다: 감독으로 말할 수 없었던 못다한 인생 이야기. 다산북스.

김은성(2020). 언택드 시대의 커뮤니케이션. 센시오.

김은영(2019). 인성과 리더쉽. 양성원.

김종두 · 김광우 · 김종구 · 김충일 · 성국경 · 이영주 · 이의걸 · 정주석 · 정헌정 · 현영렬(2018). NCS 직업기초능력 의사소통능력. 양성원.

김진수 외(2019). 4차산업혁명과 교육. 공감북스.

김창민 외(2016). 대학생과 리더십. 공감북스.

김혜숙 외(2019). 인간관계론. 양서원.

리우원 · 해커스 HSK연구소(2015). 해커스 중국어 HSK5급 해설집. 서울: 해커스 어학연구소.

문요한(2009). 그로잉-내 안의 성정본능을 깨워라. 웅진지식하우스.

박명숙(2017). 제롬글렌, 세계미래보고서. 교보문고.

박민수(2015). 마음을 움직이는 커뮤니케이션 기법. 시그마북스.

서현주(2018). 직업인성검사 연구보고서. 한국고용정보원.

손을춘(2018). 4차산업혁명은 일자리를 어떻게 바꾸는가. 을유문화사.

안말숙 외(2016). 글쓰기와 의사소통. 새문사.

안병욱(1989). 입을 열기전에 귀를 열어라. 자유문학사.

엄명용 · 노충래 · 김용석(2012). 사회복지 실천기술의 이해. 학지사.

오윤선 · 황인숙(2020). 청소년문화론. 양서원.

유상용 · 박양순 · 김동혁 · 김은송(2019). (NCS 직업기초 step up) 실전 의사소통능력. 양성원.

유순근(2016). 비즈니스 커뮤니케이션. 무역경영사.

이경순 · 이미경 · 김경희(2012). 인간관계와 의사소통. 현문사.

이은희 외(2017). 의사소통능력. 오성미디어.

이재희 · 임영수 · 금진호 · 김미선 · 박연희 · 김경진(2018). UP 의사소통능력. 양성원.

임성은(2018). 인간관계와 휴먼커뮤니케이션. 양성원.

정경수(2018). 문서작성 최소원칙. 큰그림.

조봉수(2017). 미래의 교육, 올린 현존하는 가장 이상적 학교. 북 저널리즘.

조성진(2019). 인성함양과 자기계발. 양성원.

천정웅 · 장근영 · 이채식 · 김윤나(2017). 청소년문화론. 양서원.

최선정 · 박경희 · 이은희(2017) (NCS 직업기초능력) 의사소통능력. 오성미디어.

최연구(2018). 4차산업혁명과 인간의 미래-나는 어떤 인재가 되어야 할까. 살림.

하나연 · 박진주 · 정경옥 · 김정란 · 전예숙(2019). NCS 직업기초능력 대인관계능력. 학지사.

허정미(2019). 인성과 이미지메이킹. 예스북.

황혜원 외(2018). 긍정심리와 인간관계. 양성원.

Bandura, A. (2004). 변화하는 사회 속에서의 자기 효능감. [Self efficacy in changing societies] (윤운성 · 정정옥 · 가경신 역). 서울: 학지사(워저출판: 1995년).

Covey, S. R. (1997). 성공하는 사람들의 7가지 습관. [Seven habits of highly effective people] (김경섭 · 김원석 역). 서울: 김영사(원저출판: 1989년)

Kenichi O. (1991). *Mind of the Strategist.* New York: McGraw-Hill.

Kenichi Ohmae(1991), Mind of the Strategist, McGraw-Hill.

Kouzes, J. M., & Posoner, B. Z. (2004). 격려의 힘. [Encouraging the heart : a leader's guide to rewarding and recognizing others] (최주연 역). 서울: 에코비즈(원저출판: 1999년).

Kusy, M. E., & Holloway, E. (2011). 당신과 조직을 미치게 만드는 썩은 사과. [Toxic workplace!: managing toxic personalities and their systems of power] (서종기 역). 서울: 예문(원저출판: 2009년).

Kusy, M. E., & Holloway, E.(2009). Toxic Workplace!: Managing Toxic Personalities and Their Systems of Power. CA: Jossey-Bass. 서종기 옮김 (2011).

Reynolds, G. (2008). 프리젠테이션 젠. [Presentation zen: simple ideas on presentation design and delivery] (정순욱 역). 경기: 에이콘출판.

월간 인재경영(2020.10.) 2020년 10월 호.

파이낸셜뉴스(2020. 12. 02.). 中 정부, "한국 음식인 김치" 질문에 '모르쇠'.

한국경제매거진(2013. 01. 14.). 한국 기업의 소통을 가로막는 벽.

한국경제신문(2018. 08. 27.). 5년만에 바뀐 인재상… 도전정신보다 소통 · 협력.

헤럴드경제(2020. 10. 12.). 관악구, 코로나19 위기에도 주민 참여와 소통 행정은 'ON'

한국경제매거진(2013년 1월 14일 제 894호. 작성자 권오준 기자)

한국경제신문(2018년 8월27일)

http://www.hrdkorea.or.kr/

https://cafe.naver.com/anggeums/183129

https://beautifulfund.org/

https://m.blog.naver.com/PostView

https://blog.naver.com/xcon63/222072397540

https://cafe.naver.com/anggeums/183129 경청

https://m.blog.naver.com/PostView 함성새싹의 블로그

NCS 의사소통능력. 경청능력 산업인력공단

찾아보기

(ㄱ)

가족 ········ 16
갈등 ········ 97
갈등관리 ········ 97
감춰진 나 ········ 109
강점 ········ 34
강화 피드백 ········ 208
개방적 화법 ········ 233
개방형 질문 ········ 204
개인적 가치 ········ 14
개인적 덕목 ········ 18, 19
견적서 ········ 140
결산보고서 ········ 139
경쟁력 ········ 25
경청 ········ 181
경험 ········ 17
공간 ········ 247
공감 ········ 120
공감 능력 ········ 23
공동체 ········ 68
공문서 ········ 139
공문서 작성법 ········ 146
공유적 인간관계 ········ 96
공정한 사회 ········ 59
과거형 질문 ········ 205
관용 ········ 20
관점채택 ········ 22
교환적 인간관계 ········ 96
근면 ········ 42
긍정 화법 ········ 233
긍정형 질문 ········ 206
기부 ········ 71
기안서 ········ 140
기획단계 ········ 261
기획서 ········ 140
기획서 작성법 ········ 148

(ㄴ)

나 - 메시지 ········ 249
나눔 ········ 70
내용구성 ········ 262
너 - 메시지 ········ 249
눈 ········ 115
눈먼 나 ········ 109

(ㄷ)

대본 작성 ········ 263
대인 간 가치 ········ 14
대화 ········ 239
도덕적 감수성 ········ 22
도덕적 능력 ········ 18, 21, 22
도덕적 열정 · 의지 ········ 22
도덕적 인성 ········ 13
동기부여 프레젠테이션 ········ 259
동의 ········ 122
동일시 ········ 123
동정 ········ 123
디지털 미디어 ········ 150

(ㅁ)

맞장구 화법 ······ 233
목적 확인 ······ 262
몸짓 ······ 115
문서 ······ 135
문서이해 ······ 136
문화 ······ 16
문화적 가치관 ······ 16
미래형 질문 ······ 205
미지의 나 ······ 109

(ㅂ)

바람직한 프레젠테이션 ······ 267
반영적 공감 ······ 127
배려 ······ 20
보고서 ······ 139
보고서 작성법 ······ 147
보도자료 ······ 141
보완 ······ 264
봉사 활동 ······ 72
부정형 질문 ······ 206
분배 ······ 60
불성실 ······ 45
비난 피드백 ······ 209
비난형 ······ 241
비대면 방식 ······ 168, 170
비대면 비즈니스 경영활동 ······ 173
비대면 연결 ······ 170
비언어적 메시지 ······ 122
비언어적 의사소통 ······ 245
비즈니스 레터 ······ 141
비즈니스 메모 ······ 142
비즈니스 문서 ······ 142
비즈니스 소통 ······ 170
비지니스 회의 ······ 157

(ㅅ)

사피엔스 ······ 87
사회변화 ······ 84
사회생활 ······ 53
사회적 가치 ······ 14
사회적 정의 ······ 54
산만형 ······ 242
산업혁명 ······ 87
생략 ······ 245
설득 프레젠테이션 ······ 259
설명서 ······ 140
설명서 작성법 ······ 148
성공 ······ 24
성공 경험 ······ 41
성공적인 프레젠테이션 ······ 269
성실 ······ 19, 44
세계화 ······ 90
소통 ······ 224
소통능력 ······ 225
수직적 관계 ······ 95
수평적 관계 ······ 95
시민의식 ······ 53
시선 ······ 247
시연 ······ 264
신뢰 ······ 62
신뢰화법 ······ 232
실행단계 ······ 264

심리적 인성 ··· 14
심리적 특질 ··· 18, 21
심층적 공감 ··· 128

(ㅇ)

애정 중심적 인간관계 ··· 95
언어적 의사소통 ··· 245
언택트 ··· 170
얼굴 표정 ··· 247
얼굴표정 ··· 114
업무 중심적 인간관계 ··· 95
열린 나 ··· 109
영업보고서 ··· 139
예절 ··· 31
올바른 경청 ··· 183
왜곡 ··· 245
외모 ··· 114
우호적 인간관계 ··· 95
유망 직업 ··· 29
유전적 요인 ··· 15
음성 ··· 115
의뢰형 화법 ··· 232
의사소통 ··· 77, 227
이차적 인간관계 ··· 94
인간관계 덕목 ··· 18, 20
인간관계 유형 ··· 94
인격적 인성 ··· 13
인성 ··· 11, 31
일반화 ··· 245
일일업무보고서 ··· 139
일차적 인간관계 ··· 94
일치형 ··· 242
일탈 ··· 58

(ㅈ)

자기개방 ··· 103
자기소개서 ··· 141
자료수집 ··· 262
자신 ··· 37
자아존중감 ··· 21, 36
자유 ··· 49
자존감 ··· 36
자존감 척도 ··· 38
적대적 인간관계 ··· 95
절제 ··· 20
절차 ··· 61
정보제공 프레젠테이션 ··· 259
정의 ··· 20
정의로운 국가 ··· 55
정의로운 사회 ··· 53
정직 ··· 19, 46, 47
정직한 사회 ··· 57
제안 프레젠테이션 ··· 259
조언 피드백 ··· 209
조하리의 창 ··· 107
주간업무보고서 ··· 139
준법의식 ··· 65
준법정신 ··· 64
지각확인 ··· 112
직업 ··· 29
직업관 ··· 30
질문 ··· 201

(ㅊ)

책임 ········ 19, 48
책임의식 ········ 49
청중 분석 ········ 262
초이성형 ········ 242
출장보고서 ········ 140
침묵 피드백 ········ 209

(ㅋ)

쿠션 화법 ········ 232

(ㅍ)

판단 능력 ········ 23
폐쇄형 질문 ········ 204
표면적 공감 ········ 127
품성 ········ 19
품의서 ········ 140
프레젠테이션 ········ 257
피드백 ········ 201

(ㅎ)

행위 능력 ········ 23
현장답사 ········ 264
협동 ········ 21
협력 ········ 26, 221
협력(업)능력 ········ 222
환경적 요인 ········ 16
회보 ········ 141
회유형 ········ 241
회의 보고서 ········ 140
효율적인 비즈니스 ········ 166
후천적 인성 ········ 17

(기타)

1.2.3기법 ········ 234
4차산업혁명시대 ········ 88
BMW기법 ········ 234
CPS 의사소통 ········ 89
FAMILY법칙 ········ 234
I-message 화법 ········ 233
O2O ········ 89

저자 소개

금진호
한남대학교 대학원 교육학석사
현, 목원대학교 창의교양학부 겸임교수
대전과학기술대학교 세무회계학과 겸임교수
큐프라임경영컨설팅 의사소통/리더십 전문위원
TJB 대전방송, 쿠키뉴스, 충남일보 칼럼니스트
<저서> 의사소통능력, 자기개발능력, 문제해결능력 외 다수

최혜경
조선대학교 대학원 문학박사
현, 조선이공대학교 교양교육 교수
목포대학교 차문화연구소 연구원
<저서> 명인명사를 찾아 떠나는 한국 차문화 기행 외 다수

박경미
충남대학교 대학원 간호학박사
현, 대전과학기술대학교 간호학부 교수

최성규
세종대학교 경영대학원 호텔경영학석사
전, (주)신안관광 호텔리베라 기획 감사실장 및 총지배인 역임
현, 국제대학교 호텔외식조리학과 교수
한국호텔 전문 경영인협회 위원

김향남
조선대학교 대학원 문학박사
현, 조선대학교 / 광주여자대학교 외래교수
동강대학교 겸임교수
<저서> 李鈺문학연구, 수필의 이야기방식

배상정
경희대학교 대학원 관광학박사
원광대학교 대학원 영문학박사
전, 전북과학대학교 호텔관광계열 부교수
현, 원광보건대학교 물리치료과 겸임교수
전주대학교 산학협력단 교수

인성과 의사소통

1판 1쇄 인쇄 — 2021년 3월 2일
1판 1쇄 발행 — 2021년 3월 5일

저　　자 - 금진호 최혜경 박경미 최성규 김향남 배상정
발 행 인 - 강철원
발 행 처 - 양성원
주　　소 - 경기도 파주시 검산로 173번길 29-20
전　　화 - 031-946-3861(代)
팩　　스 - 031-946-3864
이 메 일 - tnwpub@naver.com
홈페이지 - tnwpub.co.kr
출판등록 - 2015년 8월 31일 제 2015-000211 호

ISBN 979-11-6126-359-5

정가 17,000원